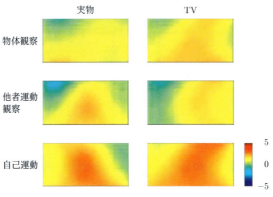

□絵 1　乳児のミラーシステム（Shimada & Hiraki, 2006）
（本文 p.148 を参照）

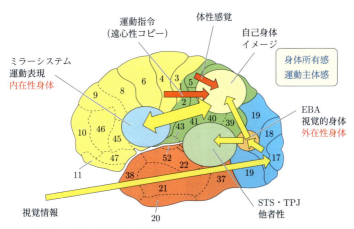

□絵 2　ミラーシステムと自己身体認識の脳領野（本文 p.161 を参照）

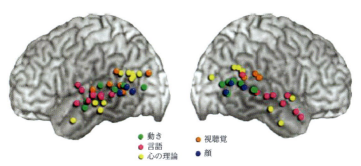

□絵 3　さまざまな他者情報に対する STS の活動（Hein & Knight, 2008）
（本文 p.182 を参照）

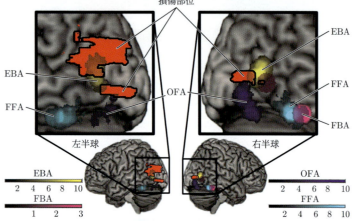

□絵4 顔と身体の視覚刺激に反応する脳領野 (Moro et al., 2008)
(本文 p.180 を参照)

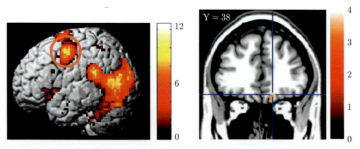

□絵5 代理報酬におけるミラーシステムと報酬系の機能的結合
(Shimada et al., 2016)(本文 p.221 を参照)

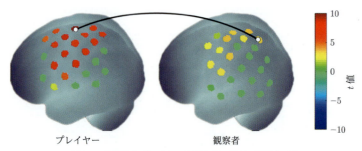

□絵6 応援時のプレイヤーと観察者の脳間の機能的結合
(Koide & Shimada, 2018)
(本文 p.223 を参照)

The Cutting Edge of Cognitive Science

越境する認知科学
日本認知科学会 編

1

脳のなかの自己と他者
身体性・社会性の認知脳科学と哲学

嶋田総太郎 著

共立出版

「越境する認知科学」編集委員会（＊は本巻担当編集委員）

  鈴木宏昭 青山学院大学教育人間科学部（編集代表）
  植田一博 東京大学大学院総合文化研究科
  岡田浩之 玉川大学工学部
  岡部大介 東京都市大学メディア情報学部
  小野哲雄 北海道大学大学院情報科学研究院
  高木光太郎 青山学院大学社会情報学部
＊ 田中章浩 東京女子大学現代教養学部

「越境する認知科学」刊行にあたって

21世紀に入り，20年が経とうとしている。この間，認知科学は飛躍的な変化を遂げた。その結果，前世紀には存在しなかった，あるいはきわめてマイナーであった分野が，認知科学の表舞台どころか，中心に躍り出ることになった。

こうした分野の1つに「身体」がある。従来，身体は単に情報の入り口，認知の出口として捉えられてきた。しかしこの分野の展開により，身体は知性の重要なパートナーであることが明らかにされた。また「社会」，「環境」もそうだ。以前の認知科学は，個人の頭の中の働きを探る学問とされてきた。しかし，近年の研究は，社会と知性は二重らせんのように，よじれあいながら人を特徴づけていることを明らかにしてきた。そして「創造」，「創発」。あらかじめ決められたプログラムの実行としての認知ではなく，個と場との相互作用による創発，創造が認知の本質であることが示されつつある。

このような変化は，「越境」に支えられている。従来の研究領域，方法の境界を越え，他分野の研究者，そこでの知見との対話と協力が，認知科学を拡大，深化させてきた。越境先は，脳科学，ロボット科学，進化論，哲学，社会学，芸術，フィールドワークなどさまざまである。こうした次第でシリーズ名を「越境する認知科学」とした。

本シリーズの著者たちは，まさに越境を通して，新しい時代の認知科学を牽引してきた一線級の研究者ばかりである。野心的でありながらも，緻密な論理に貫かれた彼らの研究を通して，新時代の認知科学が明らかにした知性の姿を読者と共有できれば幸いである。

「越境する認知科学」編集委員会

はじめに

　この本は、「自己」と「他者」が脳のなかでどのように生まれ、存在しているのか、認知脳科学の近年の成果をまとめつつ、哲学の力を借りて考察を加えたものである。その中で重要なキーワードとなってくるのが「身体性」と「社会性」である。身体性とは、人間の認識が身体の構造や機能に深いレベルで結びつけられていることを意味しており、「自己」の基盤とも切り離せない。一方、社会性は、他者とのコミュニケーションや協調作業など、他者を認識し、他者と相互作用する能力と関係している。人間は高度に社会化された動物であり、日々の交友関係だけでなく高度な組織や文化を作り上げられたのもこの社会性の能力による。

　この身体性と社会性は脳のなかで複雑に絡み合っている。身体性を突き詰めていくといずれ社会性に突き当たるし、社会性を深く覗き込んでみると身体性が見えてくる、というように両者は切っても切れない関係にある。そしてそれらを繋ぎ合わせるものが「自己」と「他者」である。この本では、この「自己」と「他者」が脳のなかでどのように表現され、またどのように関係しているのかについて考える旅に読者を誘いたい。そこで見えてくるのは、あるときには「他者」として捉えていたものがいつのまにか「自己」に同化され、一方で「自己」からそれとは異なるものとして「他者」が分離していくというような、自他融合と自他分離のダイナミックな脳のプロセスである。「自己」とは何なのか、「他者」とは誰なのか、本書を読み進めながらじっくりと考えていただければと思う。

　筆者の専門は認知脳科学であり、本書では脳機能イメージング研

究や脳損傷患者の症例，また心理実験のデータなど，最新の知見をふんだんに紹介している。特に健常者や患者を対象とした脳機能イメージング研究はこの20年ほどで飛躍的に発展してきており，読者は本書の中でそのような多くの研究成果に触れることができる。一方で，古くから「自己」について考え続けてきたのは哲学である。本書ではそのような「自己」の哲学についても紹介したい。優れた哲学は認知脳科学研究の良き指針となる，というのは筆者の持論でもある。本書では，デカルト，フッサール，メルロ＝ポンティ，ハイデガー，アンリ，レヴィナス，ブーバー，ギャラガー，ポランニー，デネット，リクールなど，多くの哲学者の論考を紹介している。どれも「自己とは何か」あるいは「他者とは誰か」という問題を考える上で，深遠なヒントを与えてくれるものばかりである。これらの哲学を踏まえた上で，最新の認知脳科学の成果を見ると，その見方もまた変わってくるのではないかと期待している。もちろん，本書はそれぞれの哲学者の解説書ではないし，紙面も限られているので，各哲学の全貌をまとめているわけではない。その代わりに，筆者なりのそれらの哲学のダイジェストと，そこから認知脳科学の最新の知見をどのように読み解けるかを示す試みを書かせて頂いた。読者にもそのように読んで頂ければ幸いである。

とはいえ，哲学が苦手だという方も読者の中にはおられるかもしれない。哲学に関する記述は各章の第1節に留めてあるので，そういう方は第2節以降を読んでいただければと思う。認知脳科学についても，これまでの知見をなるべく整理して紹介するように努めた。これからこの分野で研究を始めようという学生や若手の研究者にとって，ひとまずは十分なリファレンスが与えられるようにと思って書いている。この本を読んで，この分野の研究を始めたいと思う人が出てきてくれれば本望である。

見取り図として全体の構成を述べておく。第1章から第3章までは「自己」に関する章である。ここでは「身体」が脳のなかでどのように表現され，そこからどのように「自己」が生まれてくるのかを考えていく。第1章では身体所有感（身体保持感），第2章では運動主体感，第3章では情動・感情（情感性）が中心的なテーマとなる。これらはいずれも身体的な自己感の源となっており，それらの複雑な関係性と役割の違いについても見ていただければと思う。

　第4章から第6章までは「他者」に関する章である。「他者」とは誰か，「自己」と「他者」の関わりはどのようにして可能となっているのか，考えていきたい。第4章はミラーシステム，第5章は他者認識と「心の理論」，第6章は共感とwe-mode認知が主なテーマとなる。他者の認識や他者との相互作用の仕方は一通りではなく，いくつかのモードをわれわれは持っているのだということを見ていく。また，これらのテーマの中では第1章から第3章までに見てきた身体性の研究成果も登場する。

　第1章から第6章までの議論は主として「身体」がベースに据えられているが，最後の第7章では，この身体からの飛躍，すなわち「脱身体性」として生じる「意識」について検討をしている。その中で「プロジェクション（投射）」と「物語的自己」の概念についても紹介する。これは第1章から第6章までを別の見方で振り返るための概念的枠組みともなる。本書を通じて，読者は「自己」と「他者」が脳内でどのように表現されているのか，いくつかのアイデアを得ることができるだろう。

　なお本書の中では脳の基本的な構造や仕組み，部位ごとの機能の違いについてまとめて書くことは紙面の都合でできなかった。認知脳科学についての基本的な知識を補いたい場合は他書（拙著『認知脳科学』もぜひご参照いただきたい）を当たって頂ければと思う。

はじめに　　vii

本書のベースは，私の勤務校である明治大学，および東京大学，京都大学，慶應義塾大学等で行った大学3，4年生および大学院生向けの講義を，数年間かけて少しずつ修正していったものである。学生たちの熱心に授業に取り組む姿勢と授業内容に対するフィードバックは本書の随所に活かされているし，本書を書く原動力ともなった。また，その間に行った学会や研究会での発表・講演に対する研究者仲間からのフィードバックも貴重な情報として取り込んでいる。ここに感謝の意を記したい。

目　　次

第 1 章　自己とは何か　…………………………………………　1

1.1　自己とは何か　………………………………………………　2
　1.1.1　デカルトの「われ思う」　…………………………………　2
　1.1.2　フッサールの現象学　………………………………………　5
　1.1.3　メルロ゠ポンティの身体性哲学　…………………………　6
　1.1.4　ギャラガーの身体所有感と運動主体感　…………………　8
　1.1.5　意識と身体性　………………………………………………　10
1.2　脳のなかの自己身体　………………………………………　11
　1.2.1　幻肢　…………………………………………………………　12
　1.2.2　身体失認　……………………………………………………　14
　1.2.3　消えてゆく手足　……………………………………………　16
　1.2.4　エイリアンハンド症候群　…………………………………　17
　1.2.5　統合失調症　…………………………………………………　19
　1.2.6　解離性障害　…………………………………………………　20
1.3　ラバーハンド錯覚　…………………………………………　24
　1.3.1　自己身体認識　………………………………………………　24
　1.3.2　ラバーハンド錯覚　…………………………………………　25
　1.3.3　遅延視覚フィードバックの影響　…………………………　28
　1.3.4　ラバーハンド錯覚の脳メカニズム　………………………　31
1.4　フルボディ錯覚　……………………………………………　33
1.5　自己身体認識のモデル　……………………………………　38
参考文献　……………………………………………………………　40

第 2 章　世界の中の自己—"I can, therefore I am" ……… 44

2.1　自己と世界の関係 ……………………………………………… 44
　2.1.1　ハイデガーの「世界内存在」 ………………………… 44
　2.1.2　アフォーダンス ………………………………………… 49
　2.1.3　道具を使うサル ………………………………………… 50
2.2　運動主体感 ……………………………………………………… 53
　2.2.1　運動主体感とコンパレータモデル …………………… 53
　2.2.2　遠心性コピーの影響 …………………………………… 57
　2.2.3　失行症における運動主体感 …………………………… 58
　2.2.4　感覚減衰とコンパレータモデル ……………………… 61
　2.2.5　運動主体感と順応 ……………………………………… 65
2.3　運動主体感とポストディクション …………………………… 67
　2.3.1　リベットの実験 ………………………………………… 67
　2.3.2　意図性バインディング ………………………………… 69
　2.3.3　高次認知が運動主体感に与える効果 ………………… 71
　2.3.4　ポストディクション …………………………………… 73
　2.3.5　運動主体感の 2 段階モデル …………………………… 75
2.4　運動主体感の脳メカニズム …………………………………… 77
　2.4.1　コンパレータモデルと頭頂葉 ………………………… 77
　2.4.2　運動意図と SMA 領域 ………………………………… 78
　2.4.3　運動意図と頭頂葉 ……………………………………… 80
　2.4.4　運動主体感を形成する脳ネットワーク ……………… 80
2.5　運動主体感と身体所有感の関係性 …………………………… 82
　2.5.1　「動くラバーハンド」錯覚 …………………………… 82
　2.5.2　ロボットハンド錯覚 …………………………………… 83
　2.5.3　運動主体感と身体所有感の関係 ……………………… 85
参考文献 ……………………………………………………………… 87

第3章　感じる自己
　　　　―自己の「存在感」はどこから来るのか ………… 94

3.1　アンリの「情感性」 ……………………………………… 94
 3.1.1　情感性 ……………………………………………… 94
 3.1.2　情感性と認識 ……………………………………… 97
 3.1.3　情感性と行動 ……………………………………… 98
3.2　情動と感情 ………………………………………………… 100
 3.2.1　情動と感情の定義 ………………………………… 100
 3.2.2　情動の無意識的性質 ……………………………… 101
 3.2.3　情動と島皮質 ……………………………………… 103
 3.2.4　内受容感覚とラバーハンド錯覚 ………………… 105
3.3　情動と自己の乖離 ………………………………………… 107
 3.3.1　アレキシサイミア ………………………………… 107
 3.3.2　離人症 ……………………………………………… 109
 3.3.3　コタール症候群とカプグラ症候群 ……………… 112
3.4　ダマシオの自己モデル …………………………………… 114
参考文献 ………………………………………………………… 119

第4章　ミラーシステム
　　　　―なぜ他者とわかりあえるのか ……………… 123

4.1　他者とは誰か ……………………………………………… 123
 4.1.1　デカルトの独我論的自己 ………………………… 123
 4.1.2　フッサールの「感情移入」論 …………………… 124
 4.1.3　メルロ=ポンティの間身体性 …………………… 128
4.2　ミラーシステム …………………………………………… 132
 4.2.1　ミラーニューロンの発見 ………………………… 132
 4.2.2　運動選択性 ………………………………………… 134

4.2.3　目標指向性 ………………………………………… 136
　4.2.4　模倣 ……………………………………………… 137
　4.2.5　運動エラー観察時の活動 ………………………… 139
　4.2.6　ロボット観察時の活動 …………………………… 143
4.3　ミラーシステムの発達 …………………………………… 146
　4.3.1　乳児の模倣とミラーシステム …………………… 146
　4.3.2　合理的模倣 ………………………………………… 149
　4.3.3　自閉症スペクトラムのミラーシステム ………… 152
4.4　ミラーシステムの機能的モデル ………………………… 154
　4.4.1　ダイレクトマッチング …………………………… 154
　4.4.2　目的論的推論説 …………………………………… 155
　4.4.3　予測コーディングモデル ………………………… 157
4.5　ミラーシステムとは何か ………………………………… 160
参考文献 …………………………………………………………… 163

第5章　脳のなかの「他者」
―それでも人の気持ちはわからない？ ………… 167

5.1　レヴィナスの「他者」 …………………………………… 167
　5.1.1　他者の了解不能性 ………………………………… 167
　5.1.2　顔：＜他者＞の現出の仕方 ……………………… 169
　5.1.3　意識・主体性と＜他者＞ ………………………… 171
5.2　他者認識の脳領野 ………………………………………… 175
　5.2.1　顔の認識 …………………………………………… 175
　5.2.2　身体の認識 ………………………………………… 178
　5.2.3　他者運動や視線の認知 …………………………… 180
5.3　「心の理論」 ……………………………………………… 183
　5.3.1　「心の理論」と社会脳仮説 ……………………… 183

5.3.2	自閉症スペクトラム（ASD）	187
5.3.3	「心の理論」の脳領野	189
5.3.4	自己と他者の「心の理論」	192

5.4　ミラーシステムと「心の理論」領野 …………… 194

参考文献 ……………………………………………… 196

第6章　共感からwe-modeへ
　　　　—「われわれ感」の脳メカニズム ……………… 200

6.1　ブーバーの「我と汝」 ……………………………… 200
　6.1.1　＜われ—なんじ＞と＜われ—それ＞ ………… 200
　6.1.2　＜なんじ＞へ向かう＜われ＞ ………………… 204
6.2　共感 …………………………………………………… 207
　6.2.1　共感とミラーシステム …………………………… 207
　6.2.2　痛みへの共感 ……………………………………… 208
　6.2.3　痛みへの共感と身体知覚 ………………………… 211
6.3　情動的共感と認知的共感 …………………………… 212
6.4　共感のモジュレーション …………………………… 214
6.5　代理報酬と応援 ……………………………………… 216
　6.5.1　代理報酬 …………………………………………… 216
　6.5.2　他者の報酬と腹内側前頭前野 …………………… 216
　6.5.3　応援の脳メカニズム ……………………………… 219
　6.5.4　応援時の二者脳活動計測 ………………………… 221
6.6　we-mode認知 ………………………………………… 224
　6.6.1　共同行為と創発的協調 …………………………… 224
　6.6.2　共同行為における「表象」 ……………………… 226
　6.6.3　共同行為中の運動主体感 ………………………… 228
　6.6.4　ハイパースキャニング …………………………… 229

| 6.6.5　we-mode 認知の脳メカニズム ……………………… 232
参考文献 ………………………………………………………………… 235

第 7 章　プロジェクションと物語的自己
　　　　―身体性の彼方へ ……………………………… 241

- 7.1　身体性と意識 ……………………………………………… 241
  - 7.1.1　「見えるもの」と「見えないもの」 …………………… 241
  - 7.1.2　記号接地問題 …………………………………………… 243
  - 7.1.3　メルロ゠ポンティの「肉」 …………………………… 244
  - 7.1.4　シンボルとシグナル …………………………………… 249
  - 7.1.5　ヒトにおける道具使用 ………………………………… 252
  - 7.1.6　ポランニーの暗黙知 …………………………………… 255
- 7.2　プロジェクション ………………………………………… 259
  - 7.2.1　プロジェクションとは ………………………………… 259
  - 7.2.2　予測モデルとプロジェクション ……………………… 261
  - 7.2.3　プロジェクションとしての自己と他者 ……………… 263
  - 7.2.4　バックプロジェクション（逆投射） ………………… 265
  - 7.2.5　認知的プロジェクション ……………………………… 268
- 7.3　物語的自己（ナラティブ・セルフ） ……………………… 270
  - 7.3.1　身体性と物語性 ………………………………………… 270
  - 7.3.2　物語的自己同一性 ……………………………………… 271
  - 7.3.3　物語的自己とプロジェクション ……………………… 273
- 参考文献 ……………………………………………………………… 275

おわりに ………………………………………………………………… 277

索　　引 ………………………………………………………………… 281

第1章 自己とは何か

　自己とは何だろうか？　古くから多くの人々が問いかけてきた問題だが，未だに明確な答えはない。本書では，認知脳科学と哲学およびそれに関連する諸分野の知見を踏まえながら，「自己とは何か」を巡る旅に出てみたい。その中で「世界」や「他者」とも出会うことになるだろう。

　自己とは脳が創り出したものであるわけだから，自己を創り出す脳のメカニズムを明らかにできれば，「自己」の本質に迫ることができるはずである。しかし，これは実際にはなかなかの難問である。自己を創り出す脳といわれても，「自己」とは何なのかをまず明らかにしなければ，その脳メカニズムを特定することなどできるはずもない。「自己」とは何なのだろうか？　なぜ脳は「自己」を創り出したのだろうか？　「自己」は「世界」や「他者」とどのような関係にあるのだろうか？　動物や生まれたばかりの赤ちゃんにも「自己」はあるのだろうか？　「自己」と「意識」は同じものなのだろうか？

　本書ではこういった問題にさまざまな角度からアプローチしてみたいと思っている。この探求の中で，多くの哲学者たちの洞察に満ちた試論を紹介していくことにする。優れた哲学的洞察は認知脳科学研究に対して比類のない助言を与えてくれる。「自己とは何か」という，どこから攻めたらよいのかもわからないような難問に挑

む際に，偉大な哲学者たちの洞察は大きな助けとなる。哲学になじみのない読者には，最初は取っつきにくい部分もあるかもしれないが，ぜひ哲学の世界に慣れていってもらえればと思う。そしてそれに続いて最新の認知脳科学研究を紹介していく。本書を読み進めるうちに哲学と認知脳科学の親和性に気づいてもらえるのではないかと思う。

では，まずはデカルトから始めてみよう。

1.1 自己とは何か

1.1.1 デカルトの「われ思う」

デカルト（1596-1650）の「われ思う，故にわれあり」という言葉はきっとどこかで聞いたことがあるだろう。この「われ思う，故にわれあり」こそ近代哲学の「自己」の探求の始まりであり，本書もまずここを旅の出発点としたい。

デカルトは近代哲学の父と呼ばれるが，彼は世界のあらゆるものについて真実ではないかもしれないと疑ってかかる哲学的方法（方法論的懐疑）を用いて，世界のほとんどのものは偽物かもしれない（たとえば自分の目の前に見えているコップはただの幻覚かもしれない）という疑いを拭えないことを指摘した。方法論的懐疑というのは，実際に自分が疑っているということではなくて，「方法」としてまず疑ってみて，その疑いが間違いであることが証明できるかどうかを確かめるという，いわば数学の証明法にも似たやり方である。デカルトは，もしかしたら「悪魔」が自分に幻覚を見せていたり，自分の感覚が間違っていたりするかもしれず，したがって自分の見ている世界そのものの存在が疑わしいことが論理的には排除できないとしたわけである。

ここからさらに，デカルトは自己について以下のような考察を行

う。

> 私とは何であるかを注意ぶかく検査し，何らの身体をも私が持たぬと仮想することができ，また私がその中で存在する何らの世界も，何らの場所もないと仮想することはできるが，そうだからといって私が全く存在せぬと仮想することはできないこと，それどころではない，私が他のものものの真理性を疑おうと考えるまさにこのことからして，私の存在するということがきわめて明証的に，きわめて確実に伴われてくる…（中略）私というものは一つの実体であって，この実体の本質または本性とは，考えるということだけである。
>
> デカルト（1637）『方法序説』
> （落合太郎 訳，岩波書店，1953, pp.45-46）

　世界のあらゆるものの存在が疑いうるとしても，最後の最後にどうしても疑いようのないのは，私が考えているということ（「われ思う」）であること，つまりいまこうして世界を疑っている自分の考えだけは疑いようがないわけである。そして私の考えだけは消去できないのだから，私が存在していることも紛れもない事実だとデカルトは結論づけた。
　ここで，デカルトの「われ思う」は「意識（心）」と読み替えても差し支えない。そうするとデカルトの命題は「意識」があるということは「自己」の存在証明となるということになる。「意識」は「自己」の十分条件である。これは直感的にも理解しやすく，実際にこの命題自体には特に問題はないように思われる。しかしながら，デカルトはいつのまにかこの逆も真である（これは論理学的には間違いである）ような議論を進めてしまう。つまり，「自己」とはすなわち「意識（心）」のことである，したがって，自己には身

体など必要ないという主張である。

> 私をして私であらしめるところの精神は身体と全く別個のものであり，なおこのものは身体よりもはるかに容易に認識されるものであり，またたとえ身体がまるで無いとしても，このものはそれが本来あるところのものであることをやめないであろう。
>
> デカルト（1637）『方法序説』
> （前掲書, p.46）

　これがデカルトの「心身二元論」である。心と身体は別々の存在であり心こそが自己の本質である，という主張である。心（精神，意識）は単にいまこの身体に宿っているだけで，身体が滅びれば心（魂）はまたどこか他へ移っていくのだ，という俗世間的な考え方にも通じている。
　しかし果たして本当に自己に身体は必要ないのだろうか？
　実は，デカルトの自己の最大の問題点はここにある。デカルトの自己には「身体」が必要ないのである。心と身体が別々のものであるとすると，では心と身体はどのように結びつけられるのかという新たな難問（「心身問題」）が生じる。デカルト自身は，脳のなかの「松果体」と呼ばれる部位で心と身体の交流が行われるとしたが，これは現代の脳科学の見地からはとても受け容れられない。その後，デカルト以後の多くの哲学者が心身問題に取り組んだが，結局，満足な説明はできなかった。
　なぜならば，これはそもそも問題の立て方が間違っているからである。
　ではどこがいけなかったのか，もう少し考えてみよう。

1.1.2　フッサールの現象学

デカルトの「自己」にまず反論したのがフッサール（1859-1938）である。フッサールは「意識」について記述的に分析していく哲学である「現象学」を創始した哲学者である。フッサールは，1) 意識には必ず対象が存在すること（意識の志向性）と，2) 意識は必ずある視点を伴うこと（意識のパースペクティブ性）を指摘した。意識は必ず何かについての意識であり，何も思い浮かべない「ただの」意識というのはない。さらに「視点」とは空間的なある地点からの見えを指すが，意識は必ずある視点から対象を見たときの見えを伴う。フッサールの「意識」がデカルトの自己と決定的に違うのは，この志向性とパースペクティブ性にある。

デカルトの自己をよく考えると，「世界」が必要ないことがわかる。なぜなら私が「思えば」それが世界だからである。真っ暗な部屋の中に身体も持たない「私」がいたとしても，「思う」ことさえできれば，それで世界は成り立つのである。映画「マトリックス」では，主人公の脳にプラグが差し込まれ電気信号が入力されることで，「世界」で生きていると思い込まされていたわけだが，それとも近い世界観である。私の脳が世界を作り出しているのであり，それは実際の世界とは何の関係もない。このことからデカルトの自己は，「私」だけが存在する「独我論」であると批判される。

フッサールによれば，そのような自己は存在しない。フッサールは，意識の志向性，すなわち意識は必ず何かについての意識であるという点を重要視する。この意識の志向性は，意識には「私」だけでなく必ず私と対峙する「世界（対象）」が存在することを含意している。意識は「私」と「世界」の間から立ち上がってくるのであり，「私」が一人で作り上げるものではないのである。この私と世界の間の「関係性」は意識から消去することはできないということをフッサールは指摘する。

さらに、この関係性には視点、すなわち私と対象の位置的関係が含まれている。あらゆる対象（たとえばコップ）は、そのときどきにおいて、ある角度からの見えを伴って意識に現れる。このような意識のパースペクティブ性は、私と対象の位置関係を常に含んでおり、それはつまり、私自身も世界の中に物理的に存在していなければならないことを意味している。すなわち、「意識」にはこの世界内に存在する「私の身体」が必要だということになる。

デカルトの方法論的懐疑では、この「世界との関係性」や「身体」がいつのまにか消去されてしまっていた。デカルトの自己は、この関係性すら自ら作り出せたのである。フッサールは、この関係性を私と世界との間に正しく戻した。自己が意識を持つためには、この世界に存在する身体が必要不可欠なのである。

1.1.3 メルロ゠ポンティの身体性哲学

このようにフッサールは身体の重要性を明らかにしたが、これをさらに身体性哲学として発展させたのがメルロ゠ポンティ（1908-1961）である。メルロ゠ポンティはフッサールの指摘した身体の重要性をさらに推し進めて、意識よりも手前にある身体性について考察を行った。われわれは日常生活をする上でさまざまな行為を行うが（たとえばテーブルの上に置いてあるカップに手を伸ばしてコーヒーを飲む）、このすべてを意識的に行っているわけではない。むしろほとんどが無意識的に行われている。たとえばカップに手を伸ばすときにどの筋肉にどれくらい力をいれるべきか、考える人がいるだろうか？　われわれがこの世界の中でどのように生きているかを知るためには、意識を調べるだけでは不十分であり、無意識に遂行されている身体性のレベルの処理を知らなければならない。意識とは「私」の氷山の一角でしかないのである（図 **1.1**）。

メルロ゠ポンティはこのような無意識的な身体性の領野を「生き

図 1.1 意識と無意識

られる世界」と呼び,「意識」と区別した。つまりわれわれには意識の手前にある「前意識的な」世界が与えられており,われわれの身体はこの「生きられる世界」の中で行動している。ここでは単純な反射だけではなく,さまざまな無意識的な処理が遂行されている。意識には上がらないが,諸々の行動の可能性が与えられている世界である。そして意識はこの「生きられる世界」から,どのようにして,立ち現れてくる。たとえば,われわれはコーヒーを飲もうとして半ば無意識のうちにカップに手を伸ばすが,カップを取ろうとした手が滑ってコーヒーがこぼれそうになったときに,初めて自分の手に意識を向けるのである。

このように考えると,意識はデカルトの考えたように身体と独立して存在しているのではなく,身体と世界との関連の中から「身体的意味」を含みながら立ち現れてくるのだと考えられる。

> 厳密に言って独我論が真であるのは,何者であることもなく,何事もなすことなしに,暗黙のうちに自己の実存を確認することに成功するような人に関してだけであるが,実存するとは世

1.1 自己とは何か

界内に存在することなのであるから，こうしたことはまったくありえないことなのだ。

メルロ゠ポンティ（1945）『知覚の現象学』
（竹内芳郎ほか 訳，みすず書房，1967, p.231）

私が対象の状態を知るのは私の身体の状態を介してであり，また逆に私の身体の状態を知るのは対象の状態を介してなのであって，しかもそれは論理的な包摂関係や，未知の大きさを既知の大きさとの客観的関係によって決定するようなやり方によってではなく，現実的な包含関係によってなのであり，私の身体が世界に向かう運動であり，世界が私の身体の支点だからなのである。

メルロ゠ポンティ（1945）『知覚の現象学』
（前掲書，pp.212-213）

メルロ゠ポンティはこのようにデカルトの心身二元論を乗り越え，さらにここから，われわれの存在は「われ思う（I think）」ではなく，「われ成し能う（I can）」によって支えられている，と論を進める。「I think, therefore I am」ではなく，「I can, therefore I am」である，というわけである。われわれの意識は運動可能性＝身体性を帯びているのである。身体が環境に対して影響を与えられるということが，われわれの「生きられる世界」を成り立たせている。「自己」は根源的には，思考・意識によってではなく，身体の運動性・感受性から生まれてくるのである。

1.1.4　ギャラガーの身体所有感と運動主体感

近年では，哲学者のギャラガーが，メルロ゠ポンティの哲学を引き継いで，最も基本的な自己感（最小自己，minimal self）とし

て，身体所有感（または身体保持感，sense of self-ownership）と運動主体感（sense of self-agency）の二つがあるとしている（Gallagher, 2000）。身体所有感は「この身体はまさに自分のものである」という感覚であり，運動主体感は「この行為を引き起こしたのはまさに自分自身である」という感覚である。どちらの自己感も自己身体を起因としており，われわれがその気になればいつでも感じることのできる感覚である。

　身体所有感と運動主体感は一見似ているが，異なる感覚である。たとえば意図的な行為のときには身体所有感と運動主体感の両方が引き起こされるが，非意図的な身体の運動（たとえば誰かがぶつかってきたときの腕の動き）については，身体所有感は相変わらず存在するものの，運動主体感は存在しない。意識は身体の運動性・感受性に基づいていると考えられるわけだが，おおざっぱには身体所有感は身体の感受性から生起する自己感，運動主体感は身体の運動性から生起する自己感だといえるかもしれない。

　ところで，これらの自己感は身体の状態が意識化されることによって生じるものであると考えられる。そのためにはまず身体に関する情報が参照可能でなければならない。ギャラガーは，「身体イメージ」を自分自身の身体についての知覚，概念，感情などからなる，意識によってアクセス可能な内的表象のことであると定義している（Gallagher, 1995）。身体イメージの内容は必ずしも実際の身体と一致しているとは限らず，また互いに矛盾する信念等を包含していることもある。一方，われわれが運動をするときには，ある感覚入力に対してどのような運動を行うか，またある運動を行うことでどのような感覚フィードバックが返ってくるかという感覚−運動マップが脳内に存在すると考えられる。ギャラガーは，この感覚−運動マップのことを「身体スキーマ（運動スキーマ）」と定義した。身体スキーマは通常は意識化されることなく，環境に対して適切な

行為を遂行するのに用いられる。たとえばわれわれが歩くときには「歩行」の身体スキーマが駆動しているが，どの筋肉がどのように使われているのかを完全に報告することは不可能である。

身体イメージが意識化可能な身体の表象だとすれば，身体所有感はこの身体イメージをベースとして生じると考えられる。身体イメージは身体に関する視覚や聴覚，体性感覚などを含めた種々の感覚情報から構成されるが，この中の自己身体に固有の感覚である体性感覚や触覚，内臓感覚などの内在性感覚は，自己のみが参照可能な感覚であり（他者の内在性感覚は決して参照できない），このような内在性感覚が自己感に対して果たす役割は大きいと考えられる。

一方，運動主体感は身体スキーマと関わっていると考えられるが，身体スキーマが必ずしも意識化できないことを踏まえると，その関係はそれほど明らかではない。むしろ，より高次の情報である運動意図と，運動結果の整合性が関わっているとも考えられる。事実，運動がうまくいっている間に運動主体感を感じるというよりは，運動が失敗したときに運動主体感が消失したことに気づくというほうが一般的である。いずれにしてもここでは運動とその結果（フィードバック）のマッチングが重要だと考えられる。運動主体感については第2章で再び詳しく見る。

1.1.5 意識と身体性

さてこのようにデカルトから始まってギャラガーまで，自己の哲学の中で身体がどのように取り上げられてきたかを見てきた。ここでもう一度，意識と身体の関係について触れておきたい。

図1.1で見たように，意識とは自己の活動のほんの一部であり，多くは無意識の身体性のレベルで遂行されている。メルロ＝ポンティが述べたように，自己は根本的には，意識によってではなく，身体の運動性・感受性によって支えられているのである。しかしその

一方で，ギャラガーが言うような自己感をわれわれは意識として経験している。この無意識的身体性と意識的自己とのギャップはどのようにして埋められるのだろうか？

> しかし世界のこの絶対的な近さは，それを良く検討し，言葉に表現しようとするやいなや，不思議なことに，埋めようもない距離になるのである。
> メルロ゠ポンティ（1964）『見えるものと見えないもの』
> （滝浦静雄ほか 訳，みすず書房，1989, p.18）

メルロ゠ポンティのこの嘆きは印象的である。自己は身体性のレベルでは世界とぴったりと合わさっており，そこには邪魔の入る余地がないくらいであるにもかかわらず，この関係性を意識化し，言語化しようとした途端，途方に暮れてしまうのである。先にも述べたように，われわれは運動を難なく遂行できるにもかかわらず，これを逐一言語化することはできない（どの筋肉をどれくらいの強さで動かしているのか，等々）。つまり，われわれが身体性のレベルで行っている処理のすべてを意識化することはできない。にもかかわらず，そこから自己意識が生まれるのはどのようにしてだろうか。

ここではこれ以上，この問題には踏み込まないが（身体性と意識の問題については第 7 章で再び取り上げる），身体性を意識化するプロセスには未解決の問題がまだ多いこと（ギャラガーの議論でも決して十分ではない），そしてそのことが「自己」の理解を難しくしていることを頭に留めておいてもらいたい。

1.2 脳のなかの自己身体

では次に，脳や身体に損傷を負った患者に見られる自己や身体性

の変調について見ていこう。複雑なシステムの挙動を理解するときに一つの有効なアプローチは，そのシステムはどういうときに誤作動を起こすのかについて調べてみることである。脳や身体の損傷によりさまざまな自己身体認識の変容が起こる様子を見ていきながら，「自己」を作り出す脳のメカニズムについて考えてみたい。

1.2.1　幻肢

幻肢とは実際には存在しない手足に対して身体所有感を抱く現象をいう。たとえば，手術や事故で前腕部を切断した患者の一部は，切断して既にないはずの手がありありと存在するように感じられ，ときには痛んだりする。本人としては手が痛いのだが，その手は現実には存在していないのだからどう対処してよいかわからない。このような症状を幻肢（phantom limb）や幻肢痛（phantom limb pain）という。

幻肢は，身体所有感にとって実際の身体そのものは必ずしも必要ではないことを示している。もし実際の身体から身体所有感が直接生じるのだとすれば，存在しない手足に対して身体所有感を持つという事態は起こりえない。幻肢が起こるためには，患者は実際の身体の状態と一致していない何らかの内的表象，すなわち身体イメージを持っており，身体所有感はこの身体イメージから生じていると考えなければならない。

ここで興味深いのは幻肢の頑健さである。一般に幻肢は簡単になくなるものではなく，何年，何十年というあいだ存在し続ける。患者が自分の意志によって幻肢を動かせる場合は良いのだが，少なからぬケースにおいて，幻肢を自分の自由に動かせなかったり，手が掌に食い込むなどして強烈な痛みがあるケースが存在する。動かせない幻肢を持つ患者は手術前の長い間，その腕が麻痺していたりギブスで固定されていたりすることが多い。また幻肢に痛みのある場

合には切断前にも痛みがあることが多い。そして手足が切断してなくなるとともにその麻痺や痛みの症状が固定化してしまうらしい。すなわち幻肢は記憶を持つといえ，このことも幻肢が患者の脳のなかにある身体イメージから現れることを示唆している。

この頑固な幻肢痛を取り除くために，ラマチャンドランは，きわめて独創的な「手術」を行った（ラマチャンドラン & ブレイクスリー，1998）。ここでは患者は健常な手と幻肢との間に鏡を置き，ちょうど幻肢の部分に健常な手の鏡像が映るように手を置く。そうすると，患者にはこの鏡像があたかも自分の手のように感じられる。この状態で両手で同じ動き（たとえば手の開閉）をすると，それまで動かなかった幻肢がその鏡像につられて動き出すのだ。自分の意思ではどうしても動かせなかった幻肢を，視覚像の助けを借りることによって動かせたのである。さらに驚くべきことに，幻肢の手を開くと痛みも同時に消え去ったのである。

このことは，幻肢は視覚入力によって駆動させることができるのだということを意味している。このとき，単に視覚によって身体イメージが「補完」されたというのでは十分ではない。なぜなら幻肢の患者は手を「動かせて」かつ「痛みが消えた」のであるから，単に欠如した身体部位の視覚像が付加されたというのではなく，その身体部位にまつわる諸感覚が視覚像とともに変化したと考えるべきである。だからこそ，患者は手が「動いた」と感じたのだし，痛みも消失したのである。

幻肢が現れる理由として，ラマチャンドランは，脳の一次体性感覚野の活動の重要性を指摘している。一次体性感覚野には脳の中心溝に沿って大まかに，足，体幹，腕，指，顔の順にマップ（体部位局在マップ）が形成されている（図 **1.2**）。切断された手に相当する領域では，身体からの感覚信号が来なくなるために，対応する神経が死滅・減少していく。このとき近接する他の身体部位（たとえ

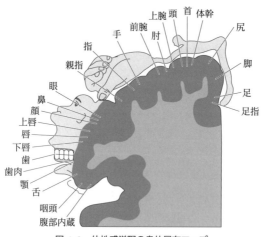
図 1.2 体性感覚野の身体局在マップ

ば顔)からの神経が侵食してきて,手の領域に神経投射を始める。たとえばある患者は,顔の頰の部分の神経が手の指の領域に侵入した結果,頰を触られると手の指も触られたように感じられる。つまり他の身体部位からの感覚情報が手の領域に入力されるために,もはや存在しない手からの体性感覚入力がまだ存在しているかのように脳が錯覚してしまうのだと考えられる。幻肢の身体所有感は,脳内に固定化された身体イメージの他に,この「にせの」体性感覚も主要な役割を果たしていると考えられる。

1.2.2 身体失認

身体失認(asomatognosia)とは,自分の身体を無視したり,その所有を否定したりする症状である(森岡 & 嶋田,2018)。特に自己身体の麻痺を否定・無視する症状を病態失認(anosognosia),自己身体の所有を否定する症状を身体パラフレニア(somatoparaphrenia)とも呼ぶ。たとえば身体パラフレニアの患者は,自分の

手を「妻の手だ」と主張したりする。幻肢は存在しない手足の存在を感じるというものであったが，身体失認では反対に存在する手足の存在が否定される。ここで否認される手足は麻痺していて動かない場合がほとんどであり，主に右頭頂葉の損傷によって引き起こされる（Berlucchi & Aglioti, 1997；ファインバーグ，2001）。たとえばある患者は以下のように主張する。

> 彼女は麻痺した手足が自分のものだと認めず，「あなたの」手足だとか，一緒にベッドに入っている誰かの手足だと言い張った。その手足はあなたの身体についている，腕は肩に繋がっている，だからあなたの手足のはずだといわれると，彼女は言った。「でも，目と感じるのとは違うんです。感じるほうが本当でしょう。たしかに私のもののように見えますけど，でも自分のものとは感じられません。だから，私は自分の目を信じません。」
>
> ファインバーグ（2001）『自我が揺らぐとき
> ―脳はいかにして自己を創り出すのか』
> （吉田利子 訳，岩波書店，2002, p.17）

幻肢の場合には，身体所有感を持つためには実際の身体が必ずしも必要でないことを示していた。身体失認においては，身体は身体所有感を生じさせるのに十分でないことを示している。身体失認においては，否認されている手は麻痺しており，自由に動かすことができず体性感覚情報も得られないことが多い。したがって，動かすことも感じることもできない手は視覚的には存在していても自分の手ではないと脳が解釈しているのだといえる。

身体失認は，運動や感覚障害が改善されるにつれて消失する一過性のケースも多い。この場合の病巣は右半球の頭頂葉を中心とした

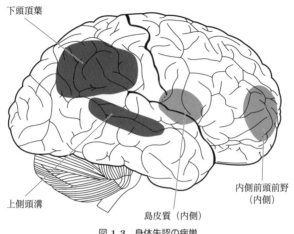

図 1.3　身体失認の病巣

領野であり，反側無視や麻痺とも関連していると考えられている。一方，身体失認が慢性的に続く場合には，右頭頂葉（Antoniello & Gottesman, 2017）のほかに，島皮質（Karnath et al., 2005; Moro et al., 2016）や内側前頭前野（Feinberg et al., 2010），右上側頭回（Moro et al., 2016）などの損傷が起こっていることが多く，その関連性が指摘されている（図 1.3）。これらを合わせると，身体失認は，右頭頂葉の損傷による左手足の麻痺をベースとして，より広い範囲にわたる右半球の内側前頭前野，島皮質，頭頂・側頭領域などの損傷によって起こると考えられる（森岡 & 嶋田，2018）。

1.2.3　消えてゆく手足

もう一つ，実際に存在する手足の存在感覚が消失する事例がある。Wolpertらは左上頭頂葉の損傷患者が眼を閉じると自分の右手足が「消えていく」ように感じるという症例を報告している（Wolpert et al., 1998）。この患者は眼を開けていれば右手足の存

在を感じることができ，身体失認の症状はない。また，体性感覚や触覚自体を知覚できないというわけではなく，これらの感覚はほぼ正常であることが確認されている。したがってこの患者では視覚以外の感覚のみから身体イメージを形成・保持する能力が失われている。

　脳では左半球が右半身の情報を司っており，左頭頂葉は右手足の身体イメージと関連している。実際，患者は右頭頂葉は正常なので左手足の身体イメージについては問題がない。健常な人では眼を閉じてもこの身体イメージを参照することで身体所有感を感じ続けることができるのだが，この患者においては身体イメージを参照することができずに右手足の身体所有感を失ってしまうのだと考えられる。

　ここで興味深いのは，この患者も目を開ければ身体所有感を持つことができるという点である。身体所有感を感じる以上，この患者も何らかの身体イメージを持っているはずである。そうすると，上頭頂葉が身体イメージそのものを保持する部位だとは少し考えづらくなる。これについては，上頭頂葉にあるのは身体イメージというよりもむしろ身体イメージの短期記憶だと考えればある程度説明がつく。上頭頂葉は視覚入力のない場合に視覚的な身体イメージを短期間維持するのに重要な役割を果たしているのだと考えられる。

1.2.4　エイリアンハンド症候群

　エイリアンハンド症候群とは，自分の手が自分の意図に反して勝手に動いてしまうことをいい，その結果として，自分の手に対する運動主体感を失っている。たとえば自分の左手が勝手に自分の首を絞めてくるのを，自分の意図通りに動かせる右手を使って引き離す，というような普通では考えられない行動が見られる。患者は自分のエイリアンハンドに対して疎外感を感じていることも多く，中には自分のエイリアンハンドに名前を付けていたり，あるいはその

手を実験者のものだと主張すること（身体失認）もある。

　エイリアンハンド症候群は，脳の損傷部位によって大きく三つに分類される（Hassan & Josephs, 2016; Sarva, Deik & Severt, 2014）。一つは前頭タイプで，主に補足運動野や内側前頭前野の損傷を伴う。これは主に利き手に見られ，手にしたものを何でも摑んでしまう強制把握や，目の前にある道具を状況をわきまえずにいつでも使ってしまう道具行動（utilization behavior），目の前の人の真似を自動的にしてしまう模倣行動（mirror movements），物体が近くにないか探し続けるまさぐり行動（groping），把持した物体を手放せないなどの症状が見られる（Hassan & Josephs, 2016）。これらは主に前頭葉による抑制が効かなくなったためだと解釈される。彼らは意図的に自分の利き手を制御することはできないが，その手が自分のものであるという身体所有感は維持している。

　二つ目の脳梁タイプでは，主に脳梁付近に損傷があり，非利き手に現れる。このタイプで顕著なのは，両手を使った作業がうまくできないことや両手間で争いが起こることである。たとえば，利き手で物を摑もうとすると，非利き手がその手を振り払ってしまうなどが起こる。利き手と非利き手が「けんか」することもよくあることである。患者は自分のエイリアンハンドに対して不平を言うことも多く，その上に座って動けないようにしたりする。

　最後の頭頂タイプは，主に右頭頂葉の損傷によって引き起こされ，自分の非利き手に対して強い違和感（自己の手ではない感じ）を持つ。また感覚麻痺や半側盲，半側無視などを伴うこともある。特に半側空間無視を伴う場合には，1.2.2節で述べた身体失認を引き起こすケースも多い。症状としては，非利き手が何かに触れた際に不随意に引っ込められたり，勝手に腕が上がったり，手の動きのぎこちなさなどがある。頭頂タイプは体性感覚が弱くなっていたり，自分の運動に対する自覚が弱くなっていることも多く，それが

手の疎外感を引き起こしていると考えられる。

このように損傷部位によって症状に違いが出るが、運動を意図通りに制御できないという点では共通している。前頭・脳梁タイプの症例から、運動主体感を成り立たせるためには補足運動野や前頭前野などの領域が、また頭頂タイプの症例からは身体所有感に特に頭頂葉が関与していることが示唆される。

1.2.5 統合失調症

統合失調症は、幻覚妄想や自我障害など、自己の精神状態に変調が起こる精神疾患である。たとえば、自分の行った行為に対して「これは自分がやったのではない。自分の身体は外部の何者かが操っているのだ」という幻覚妄想を持つ患者がいる。これは「作為体験（させられ体験）」と呼ばれ、自分の行為に対して運動主体感が持てないことを反映していると考えることができる。つまり自分の身体が動いているのだが、自分がその行為を始めたという感覚が欠如しているために、誰か他人が自分の身体を操っているに違いないという結論にたどり着く、という仮説である (Frith, 1992)。

> これまでの日常世界とは違う「不気味さ」に脅かされ、他人はよそよそしく、悪意をもったものとして迫ってくる—全ての偶然が意味のあるものとして感じられ、それは終末的な予感に満ちている。慣れ親しみ、安心を与えてくれた日常世界は崩壊し、得体の知れないものに変質している—これが典型的な統合失調症の始まり方なのである。
>
> 　　　　　　岡田尊司（2010）『統合失調症—その新たなる真実』
> 　　　　　　　　　　　　　　　（PHP研究所, 2010, pp.33-34）

このような「妄想気分」は初期症状として表れやすい。運動主体感

が変調することによる副作用なのだろうか。「幻聴」もよく見られる症状である。最も多いのは自分への批判や悪口であり，自分の行動にいちいち注釈を加えてくるようなものもある。「～しろ」と命令をしてくる幻聴もあり，幻聴の言いなりになってしまうケースも多い。このような幻聴は「神の啓示にも似た強い呪縛力，迫真性」をもって感じられることが多く，幻聴だとわかっていても無視することは難しい。この場合も自分の頭の中に浮かんだ自分の言葉に対する主体感を持てないために，それを他者や神に帰属させた結果だと考えることができる。

統合失調症では，このように自己と他者の境界が崩れ，自他の混同が起こる「自我障害」が特徴的である。たとえば自分の秘密や考えが皆に伝わっていると感じる「自己漏洩感」もよく見られる。逆に他者が自己の中に入ってくるように感じられる「侵入症状」や上述の「作為体験」なども見られる。有名なムンクの絵『叫び』は，ムンク自身が統合失調症を患い始めたころの苦しみを描いており，耳を塞いでも外界が自己の中に迫ってくる不安と恐怖を生々しく描いている。後述するように，統合失調症の患者では，特に運動主体感が健常者と比べて変調していることが示されており，統合失調症の病態解明に一つの重要な知見を与えている。

1.2.6 解離性障害

解離性障害は，意識や自己の同一性についての障害一般を指し，さまざまな症状を含む（柴山，2007）。その代表的な症状に「離人」があるが，これは自分が「ここにいる」という実感がなく，どこか離れた場所から自分のことを見ているような感覚のことをいう。特に顕著な場合には，自分が身体の外へ出て行き離れたところから自分自身の身体を見るという「体外離脱体験（out of body experience, OBE）」となって現れる。これは決してオカルト的な事象で

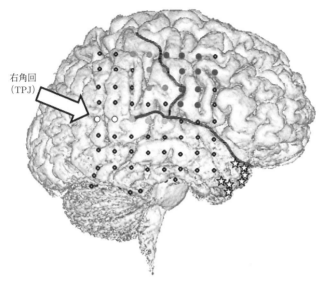

図 1.4 右角回の刺激によって体外離脱が引き起こされる
(Blanke et al., 2002)

はなく，神経学者の Blanke らは脳の右半球の角回と呼ばれる領域を電気刺激すると体外離脱を人為的に引き起こせることを示した (Blanke et al., 2002)（図 1.4）。すなわち，体外離脱は科学的に再現可能な現象なのである。実際に戦場や虐待など極度なストレス状況に曝されたときに，自らを体外に「飛ばす」ことによって，その場を外から冷静に見ていたという報告は数多くあり，健常者でも起こりうる体験であるといえる。解離性障害では，これが頻繁に見られるようになる。

自己像幻視も体外離脱体験と似た症状である。体外離脱が自分が身体から離れて自分を見るという構図であるのに対し，自己像幻視では自分はここにいたまま，離れた場所に自己の分身を見るという構図になる。分身はリアルな姿形を取ることもあればそうで

1.2 脳のなかの自己身体　│　21

表 1.1　体外離脱と自己像幻視の比較

	体外離脱	自己像幻視	自己幻視
自己の位置	分身	実際の身体	実際の身体／分身
自己同定	分身	実際の身体	実際の身体／分身
一人称視点	分身	実際の身体	実際の身体／分身
脳損傷部位	右 TPJ	後頭葉	左島皮質

(Hyedrich & Blanke (2013) を一部改変)

ないぼんやりとしたものであることもある。自己像幻視には、いわゆる自己像幻視 (autoscopy) と自己幻視 (heautoscopy) の二つのタイプがあり、自己像幻視は自己像が視覚的に現れ、ときに自分の行為の真似を鏡映像のように行うものであるが、主観的な自己の中心や位置の変化は起こらず、分身と自己を混同するということは起こらない。一方、自己幻視では自己の識別や位置の認識に大きな混乱が起こり、当人と分身の間に強い繋がりが感じられる。主観的な視点や自己位置感覚も両方の地点に同時にあるように感じられたり、自己と分身の間で行ったり来たりする。Blanke らのグループは、自己像幻視と自己幻視の患者について調べ、前者の脳損傷部位の中心が後頭葉にあるのに対して、後者は左島皮質にあることを突き止めている (Heydrich & Blanke, 2013)。また、体外離脱が起こる患者の主な脳損傷部位は右半球の角回を含む頭頂・側頭接合部 (temporo-parietal junction, 右 TPJ) である。これらの症状の比較を表 1.1 にまとめた。

体外離脱と自己像幻視では、分身と実際の身体の違いはあるものの、主観的な自己の位置は安定している。これに対して、自己幻視では分身に対する強い一体感を有しており、自己の位置も両者を行き来して安定しない、もしくは 2 箇所に同時に存在しうる。体外離脱や自己幻視は「自己が分裂しうること、ひとは経験・観察する主体として、二重の意識や視点を持ちうること」(ファインバーグ,

2001）を示唆している。

このような複数の視点を持つという状況は，われわれには即座には理解しがたいが，解離性障害患者の以下のようなコメントからその特異な知覚状況が垣間見える。

> 「見慣れているはずの光景や家族が馴染めない感じがして，見知らぬ人と一緒にいるように思える。そのときもう一人の自分がいるように感じる。つねに最低二つの視点でものを見ている。自分を離れたところから見ている視点と自分の視点という二つの視点がある。自分以外の視点は時々一つ以上になる。自分は一人だけど，いろんな面から自分を見ることができる人がいる。自分という人間が舞台に立っていて客席にお客さんがいるけど，それぞれが自分だったりして，たくさん自分がいる。自分がばらばらになっている。舞台にいる自分はここに立っているという感じがしない。」
>
> 柴山雅俊（2017）『解離の舞台―症状構造と治療』
> （金剛出版，2017, p.51）

解離性障害の患者は，何もないところに他者の気配を感じる気配過敏症状などを呈することも多く，ときには他者像や影などを知覚することもある。これは「誰かに見られている」「後ろに誰かいる」という感覚を伴う。柴山（2007）によれば，このような幻覚は自分を襲ってくるなどの過剰な意味を伴うことは少なく，「不気味な映像はあくまでその不気味さの程度にとどまり」，統合失調症患者が，不明瞭な知覚に過剰な意味を投射するのとは対照的であると指摘している。

柴山は解離を，世界の中で知覚し行動する「存在者としての私」とそれを傍観者のように見ている「眼差しとしての私」の分離で

あるとしている。解離性障害では，この二つの「私」が分離・交替し，「眼差しとしての私」でいるときには自分の身体から離れ，傍観者として世界と「存在者としての私」を見ているが，「存在者としての私」でいるときには「眼差しとしての私」を何者かの気配ないし視線として感じている。そして，そのどちらかに留まるのではなく，両者を行き来するような症状を呈する。

柴山（2017）はさらにこの「存在者としての私」と「眼差しとしての私」の分離を自己の「空間的変容」としている。このうち，眼差しとしての私に片寄ったときに起こるのが「離隔」であり，現実感を失う離人症（第3章で取り上げる）や体外離脱が起こる。逆に「存在者としての私」に片寄ったときを「過敏」とし，他者の気配を過敏に感じてしまう対人過敏や気配過敏が起こる。この空間的変容がさらに進むと自己の「時間的変容」が起こり，一人の人物の中で複数の人格が現れる交代人格（多重人格）などの症状を呈することがある。この場合，人格間で意識は連続していないことが多く，他の人格がしていることを別の人格は知らなかったりする。興味深いことに，人格ごとに持病が異なることもあり，ある人格は高血圧だったり糖尿病だったりするが，他の人格は至って健康ということもあるらしい。その意味では自己は垂直方向に分裂しているのであり，身体と人格的自己の密接な繋がりが見えるようで興味深い。なお多重人格や解離性障害のより詳細な症例と解説については柴山（2017）を参照してほしい。

1.3 ラバーハンド錯覚

1.3.1 自己身体認識

さて前節では脳や身体に損傷を受けると自己認識にさまざまな変容が起こる様子を見てきた。自己とはそれほど脆弱であり，脳のな

かに確固としたものとして存在するわけではないことがよくわかる。ここでは脳のなかの自己，特に自己身体イメージがどのように生成されるのか，もう少し考えてみたい。

われわれの脳は身体からのさまざまな入力を受けている。自分の目で手や足を見たときの視覚情報，手を鳴らしたり歩いたりしたときに聞こえる聴覚情報，何かに触ったり触られたりしたときの触覚情報，自分の身体の姿勢に関する体性感覚情報，そして平衡感覚や内臓感覚などがある。運動をしたときにはそのフィードバックとしての感覚情報も生じる。脳のなかでの身体イメージはこのような種々の情報を統合することによって創られている。

1.1.4 節で述べたように，身体所有感はこの身体イメージから立ち上がると考えられる。それにしても，この身体イメージはなぜ「自己」の基盤となりうるのだろうか？ もし身体イメージが視覚や聴覚情報だけから形成されているとすると，それが自己なのか他者なのかを区別することは難しいだろう。一方で，触覚や体性感覚，内臓感覚などの内在性感覚情報は自分のもの以外，感じようがない。他者の内在性感覚情報は私には絶対に直接的に感じることはできない。したがって，このような内在性感覚を伴って立ち現れる身体イメージは，「自己」の身体以外にはありえないことになる。自己身体はそのようにして他者の身体と区別できるのである。

1.3.2　ラバーハンド錯覚

身体所有感は，当然ながら自分の身体に対して抱く感覚である。しかしながら，上で述べたように，内在性感覚と常に一致する外在性感覚を伴う物体を呈示するという特殊な状況を作ってやれば，自己身体以外の物体に対して身体所有感を抱くことがありうる。その代表的な例の一つが「ラバーハンド錯覚」である。

ラバーハンド錯覚とは，自分の手ではない偽物の手（ラバーハン

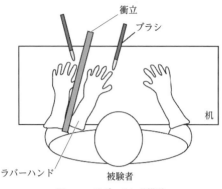

図 1.5 ラバーハンド錯覚

ド）と自分の手に同時に触覚刺激を与えることで，ラバーハンドが自分の手のように感じられるようになるという現象である（Botvinick & Cohen, 1998）。ラバーハンド錯覚の実験を行うためには，まずラバーハンドを机の上に置き，その横に自分の手を置く（図 1.5）。このときラバーハンドと自分の手の間には衝立などを置き，自分の手が直接見えないようにする。この状態で他の人にラバーハンドと自分の手を同時にブラシなどで撫でてもらう。これを 2〜3 分間繰り返すと，自分の手ではないはずのラバーハンドが段々と自分の手のように感じられてくる。実際にやってみるとわかるが，頭では自分の手ではないとわかっているのに，ラバーハンドから自分の手の触覚が生じているかのような奇妙な感覚が起こる。

ラバーハンド錯覚は，ラバーハンドに対して与えられる視覚刺激と自分の手に対して与えられる触覚刺激が同時に脳に伝わることによって，ラバーハンドが自己身体イメージに取り込まれる現象だと考えられる。前節で述べたように，内在性感覚を伴って現れる視覚的身体は「自己」のものに違いないと脳は解釈し，その結果，ラバーハンドが身体イメージに取り込まれ，自分の手だと感じられるよ

うになる。

　ラバーハンド錯覚における感覚間の整合性には，空間的整合性と時間的整合性の二つがありうる。ラバーハンド錯覚では，二つの手（ラバーハンドと自分の手）は異なる位置にあるので空間的整合性は厳密には整合していない。したがって空間的整合性はそれほど厳密に成り立っていなくても錯覚は生起するといえる。ただし，ラバーハンドが自身の手から遠い位置に置いてある場合（Armel et al., 2003）や自身の手と逆向きに置いてある場合（Ehrsson et al., 2004）には錯覚が有意に弱まることが報告されているので，ある程度の空間的整合性が必要であることもわかる。一方，二つの手を撫でるタイミングをずらすとラバーハンド錯覚が生じなくなることは繰り返し報告されており（Botvinick & Cohen, 1998 など），刺激の時間的整合性は重要であるといえる。このように，ラバーハンド錯覚が起こるためには，触覚・体性感覚などの内在性感覚と視覚などの外在性感覚が時空間的に整合して与えられることが重要である。

　ラバーハンド錯覚が起こっていることは実験後の主観評価（アンケート）によって調べられるほか，体性感覚ドリフトと呼ばれる現象によっても確かめられる。これは実験の前後に，自分の手がどの位置にあるかを，目を閉じた状態で，もう一方の手で机の下から指さしてもらうという手続きで調べられる。錯覚が起こっていれば，実験前よりもポイントする位置がラバーハンドのほうへずれることが知られており，これを体性感覚ドリフト（proprioceptive drift）という。

　ただし，後述するように，主観的アンケートと体性感覚ドリフトの指標は必ずしも一致しない（Rohde et al., 2011 など。ただし初期の論文，たとえば Botvinick & Cohen, 1998 では，両者が相関することが報告されている）。筆者らの研究室で行った実験でも，

被験者が（主観的には）まったく錯覚は起こらなかったと主張する場合にも，有意に大きな体性感覚ドリフトを示すケースは多い。

これ以外にも，ラバーハンド錯覚の指標として，生理指標を用いる方法もある。たとえば，錯覚が起こるように十分に長い時間，触覚刺激を与えた後で，ラバーハンドだけに対して物理的に強力な刺激（たとえばハンマーでなぐる，ナイフを突き刺すなど）を加えたときの被験者の皮膚電気反応を調べる方法がある。皮膚電気反応は，恐怖や驚きなどの情動によって引き起こされる自律神経反応を反映しており，錯覚が起こっているときほど反応が有意に大きくなることが示されている（Armel et al., 2003）。

1.3.3 遅延視覚フィードバックの影響

ラバーハンド錯覚が起こるためには視覚と触覚が時間的に整合している必要があるが，これはどの程度厳密に整合していなければならないのだろうか？　別の言葉で言えば，脳はどの程度の感覚間の時間ずれを許容するのだろうか。これに答えるために筆者らは，ラバーハンド錯覚実験において視覚情報を数百ミリ秒遅延させること

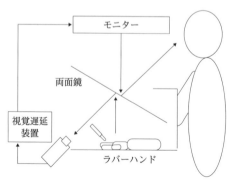

図 1.6　遅延視覚フィードバック下でのラバーハンド錯覚実験

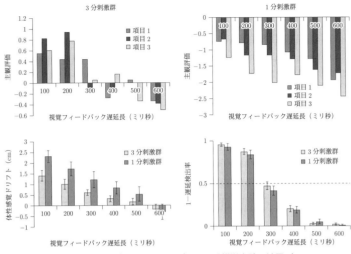

図 1.7 遅延視覚フィードバック下でのラバーハンド錯覚実験の結果（Shimada et al., 2014）

ができる装置を用いて実験を行った（Shimada et al., 2009; 2014）。実験では被験者の手と同時に撫でられるラバーハンドをビデオカメラで撮影し，この映像に数百ミリ秒の遅延を挿入してモニターに呈示する。このとき，図 1.6 のように両面鏡を用いて撮影および投影を行い，被験者にはあたかも自分の手の位置にラバーハンドがあるかのように見えるようにした。このときの遅延がどの程度までであればラバーハンド錯覚が起こるのかを検証した。

ここでは刺激を 1 分間与える被験者群（1 分刺激群）と 3 分間与える群（3 分刺激群）の 2 群を用意した。3 分刺激群では，200 ミリ秒の遅延までであれば，有意にラバーハンド錯覚が起こることを示すアンケート結果が得られた（図 1.7 左上）。逆に 300 ミリ秒以上の遅延では錯覚は徐々に減衰し，600 ミリ秒になると錯覚は起こらなくなった。一方，1 分刺激群では，最小遅延（100 ミリ秒）でも有意な錯覚は報告されなかった（図 1.7 右上）。しかしながら，

体性感覚ドリフトを見ると,両群で有意な錯覚が起こっており,遅延幅が大きくなるにつれてドリフト量が減衰することがわかった(図1.7左下)。

　これらの結果は,ラバーハンド錯覚の指標として,アンケート(主観評価)と体性感覚ドリフトは異なる側面を測るものであることを示している。アンケートで有意な錯覚が起こるには3分間の刺激が必要であり,1分間では錯覚が起こらなかったこと,一方で体性感覚ドリフトでは1分間刺激でも十分な錯覚が観測されたことから,アンケートよりも体性感覚ドリフトのほうが指標としては敏感であることがわかる。しかしながらその特性をもう少し詳しく見ると単に体性感覚ドリフトのほうが感度が良いというだけではないことがわかる。なぜならアンケートは200ミリ秒遅延あたりを境に急激に錯覚量が減衰するのに対し,体性感覚ドリフトは500ミリ秒遅延までほぼ線形に減少するという違いが見られるからである。これについてもう少し詳しく調べるために,同じ被験者に指をブラシで1回撫でる映像(視覚フィードバック)を呈示し,その映像が触覚に比べて遅延していたかどうかを答えさせる課題を行った。その結果,遅延検出のカーブはアンケートの形と類似しており,200ミリ秒を境に急激に遅延検出が増えることがわかった(図1.7右下)。実際,線形関数と非線型関数(ロジスティック関数)によるカーブフィッティングを行った結果,アンケートと遅延検出は非線形関数のほうに良くフィットするのに対して,体性感覚ドリフトは線形関数にフィットすることが明らかになった。これはアンケートと体性感覚ドリフトは異なるプロセスを反映する指標であることを示している。アンケートは遅延検出と似ていることから,意識的にアクセスできる身体イメージに基づいているのに対して,ドリフトは無意識的な身体スキーマの変化を反映している可能性が考えられる。

1.3.4 ラバーハンド錯覚の脳メカニズム

ラバーハンド錯覚の基盤となる脳メカニズムに関する知見も蓄積されつつある。Ehrssonらはラバーハンド錯覚を経験しているときの脳活動をfMRIを用いて測定した（Ehrsson et al., 2004）。ここではラバーハンドの向き（自分の手と同じ向きまたは逆向き）と刺激の同時性（同時または非同時）を組み合わせて4条件で比較を行った。アンケート結果から，ラバーハンドが自分の手と同じ向きで，かつ刺激が同時に与えられる条件でのみ主観的なラバーハンド錯覚が起こり，他の条件では起こらないことが確認された（体性感覚ドリフトはこの実験では測定されていない）。このときの脳活動を見てみると，腹側運動前野でラバーハンド錯覚の強さと相関する活動が観察された。つまり錯覚の度合いが強いほど運動前野での活動が高かった。また，相関は見られなかったものの，頭頂葉（頭頂間溝）でも条件間の活動の違いが見られ，ラバーハンド錯覚が起こる条件で最も活動が大きかった。これらの活動はより詳細な検討を行った最近の研究でも確かめられている（図 1.8）(Gentile et al., 2013; Limanowski & Blankenburg, 2016)。このことから，ラバーハンド錯覚には腹側運動前野と頭頂葉の運動ネットワークが深く関与しており，このうちの腹側運動前野の活動が主観的な錯覚量と相

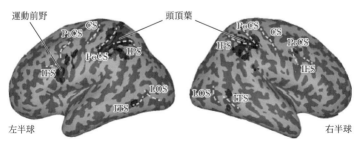

図 1.8　ラバーハンド錯覚に関連する脳領野（Gentile et al., 2013）

関することが示されている。

一方で側頭頭頂接合部（TPJ）の関与も報告されている。TPJは下頭頂葉（角回と縁上回）の下部と上側頭回の後部を含む領域であり，外側溝の後ろに位置している。Tsakirisら（2008）はラバーハンド錯覚の刺激直後に右半球のTPJへ磁気刺激（TMS）を行うと左手の体性感覚ドリフトが起こらなくなることを報告している。同様にKammersら（2008）も左下頭頂葉への反復磁気刺激（repetitive TMS; rTMS）を行ったところ，右手の体性感覚ドリフトは起こらなくなるが，主観的なラバーハンド錯覚は影響を受けないことを報告している。TMSは磁場を発生することで脳活動を局所的に阻害する働きがある（ただし逆に促進する可能性も指摘されているが，ここでは阻害として考えておく）ことから，TPJないし下頭頂葉がラバーハンド錯覚における体性感覚ドリフトの生起に関与していることが示唆される。

これらの結果は，主観的錯覚と体性感覚ドリフトの神経基盤が異なることを示唆している。Brozzoliら（2012）は，身体周辺空間（peripersonal space: PPS）の脳内表現を調べる研究においてラバーハンド錯覚（右手）を利用し，左腹側運動前野の活動がラバーハンドの主観的錯覚（身体所有感）に，右下頭頂葉（縁上回）の活動が体性感覚ドリフト量に相関することを報告している。

片麻痺患者や統合失調症の患者ではラバーハンド錯覚が健常者よりも起こりやすいことが報告されている（Burin et al., 2015; Thakkar et al., 2011）。片麻痺患者では身体失認が起こりやすいことや，統合失調症患者は自分の行動を他者にさせられていると感じやすいことを考えると，これらの患者ではラバーハンド錯覚が起こりにくいと予想されるが，実際には健常者よりもラバーハンド錯覚が起こりやすい，すなわち他者身体を自己の身体イメージに取り込みやすいという点は興味深い。これらの患者では触覚刺激

を与えなくても，ラバーハンドを「視覚的に呈示するだけ」で身体所有感が生起されることが少なくない。Martinaud ら（2017）は，片麻痺患者におけるこのような「視覚的ラバーハンド錯覚」の効果（visual capture effect）を調べたところ，腹側運動前野の損傷によって錯覚が起こりやすくなることを発見した。さらにこれらの患者のうち，自己身体の所有を否定する患者の病巣は右 TPJ ないし縁上回にあることがわかった。このことから 1.2.2 節でも見たように身体所有感には右頭頂葉を中心とする領野が重要であるが，ラバーハンド錯覚の起こりやすさはむしろ腹側運動前野との関連が深いことがわかる。

このほかに，ラバーハンド錯覚の生起と右の島皮質との関連を報告している研究もあるが（Tsakiris et al., 2007; Wawrzyniak et al., 2018），数はそれほど多くはない。

これらをまとめると，ラバーハンド錯覚の生起には腹側運動前野と右半球の頭頂葉（TPJ を含む）が関与しており，主観的な身体所有感には腹側運動前野が，無意識的な体性感覚ドリフトには右半球の領野が強く関連しているといえる。

1.4 フルボディ錯覚

ラバーハンド錯覚は，自分の手に対する身体所有感が他の物体にも起こり得ることを示すものであった。では，手以外，あるいはいっそ身体全体に対してそういった錯覚を抱くことはありうるのだろうか？ 前節で述べた体外離脱体験が起こりうるのであれば，健常者においても，他の身体に対する身体所有感を生起させられる可能性はある。

これに関して，Blanke らのグループと Ehrsson はほぼ同時期に実験を行い，その結果を Science 誌の同じ号で発表している（Ehrsson, 2007; Lenggenhager et al., 2007）。彼らの実験設定は

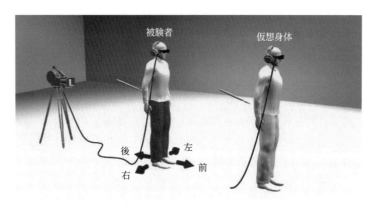

図 1.9 フルボディ錯覚 (Lenggenhager et al., 2007)

ほぼ同じもので、後方2メートルの位置から被験者またはマネキンの後姿をビデオカメラで撮影し、それを被験者が被っているヘッドマウントディスプレイ（HMD）に提示するというものである（図 1.9）。このとき、被験者自身の背中と被験者の見ている仮想身体の背中（実際にはこれは同じ被験者の背中であるが）に同時に触覚刺激を与えることで、目の前の仮想身体に対する「フルボディ錯覚」を引き起こすことができる。Blankeらは、錯覚を起こした後に、被験者に目を閉じて1.5メートル下がってもらい、そこから元にいた位置に戻るように指示を出し、戻った位置と元の位置との差を「自己位置ドリフト」として測定した。その結果、錯覚が起こっているときには元の位置よりも前方へ（つまり分身の方へ）近づいていた。一方 Ehrsson は、同様のセッティングで、被験者の胸とビデオカメラの下方に同時に触覚刺激を与えることでフルボディ錯覚を引き起こしている。錯覚が起こった後に、ビデオカメラに向かって（つまり仮想の自己に向かって）ハンマーを打ち下ろし、そのときの皮膚電気反応を測定した。その結果、錯覚が起こっているときのほうが有意に大きな皮膚電気反応が計測された。いずれの実験

も，フルボディ錯覚が実験的に引き起こせるものであることを示している。

フルボディ錯覚には上記のような自己身体を他の視点から眺める「体外離脱型」(Ionta et al., 2011; Aspell et al., 2013) の他に，自己と他者（マネキン）の身体を入れ替える「身体スワップ型」がある。身体スワップ型のフルボディ錯覚では，被験者のHMDにマネキンの身体を一人称視点で表示し，被験者とマネキンの胴体を同時にブラシで撫でたりすることによって実現できる。これは基本的にはラバーハンド錯覚と同じ脳メカニズムによって実現されており，運動前野と頭頂葉のネットワークが身体スワップ型のフルボディ錯覚にも深く関わっていることが示されている（Petkova et al., 2011; Gentile et al., 2015）。この中で，特に左腹側運動前野は刺激された身体部位（手，足，胴体）にかかわらず，全身の身体所有感を反映していた。一方，マネキンの身体が自分の前に三人称的に置かれているときや，マネキンの手が分離して置かれているときには活動は起こらなかった。このことは，左腹側運動前野は身体部位特異的な自己身体の表現ではなく，全身としての身体が自己に属するかどうかの判断に関わっていることを示している。

一方，体外離脱型のフルボディ錯覚では，自己の位置が実際の身体から乖離する点が特徴的であり，これにはラバーハンド錯覚や身体スワップ型のフルボディ錯覚とは異なる脳のメカニズムが関与する（Blanke & Metzinger, 2008; Serino et al., 2013）。体外離脱型のフルボディ錯覚では，身体所有感と自己位置感覚が分離しうる。たとえば Lenggenhager ら（2007）のフルボディ錯覚では自己位置は前方に見えるアバター側へドリフトするが，Ehrsson ら（2007）のフルボディ錯覚では自己位置はカメラの側に（つまり後方に）変化する（図 1.10）（Lenggenhager et al., 2009）。実験設定はほぼ同じだが，身体の背中と胸のどちらを刺激するかで自己位

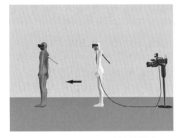 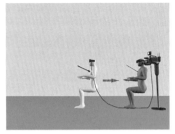

図 1.10 体外離脱型フルボディ錯覚における自己位置
(Lenggenhager et al., 2009)

置感覚が変化するのは興味深い。

　Blankeらのグループは，この自己位置感覚の変化を表現する脳部位を特定するために，「心的ボール落下課題」を作成した（Ionta et al., 2011）。これはfMRIスキャナで横になった被験者に対して，その位置からボールを地面に落下させる様子を想像させ，地面に着地する時間を予測させるという課題である。この課題の前にスキャナの中でHMDを通して仮想身体に対してフルボディ錯覚を起こさせると，身体が上方にあるように見える人と下方にあるように見える人がいる。その後に心的ボール落下課題を行うと，身体が上方にあるように見えたと報告したグループではボールの主観的落下時間が有意に増大し，逆に身体が下方にあるように見えたと報告したグループでは落下時間が減少した。これは心的ボール落下にかかる時間がフルボディ錯覚を起こした対象の身体の位置に依存して変化することを示しており，この課題が身体位置のドリフトを測るのに有効であることがわかる。さらにこの錯覚の程度と相関する脳部位を調べたところ，左右のTPJの活動が有意に関連していた。このことから体外離脱における自己位置のドリフトにはTPJが関わっていると考えられる。これは前述のBlankeら（2002）による右TPJの脳刺激によって体外離脱が誘発されるという報告とも関連

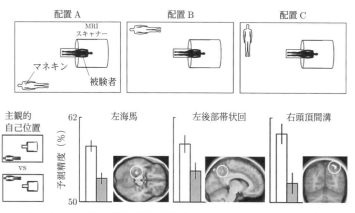

図 1.11 自己位置感覚と関連する領野（Guterstam et al., 2015）

性が高いといえる。

　Ehrssonらのグループは，身体スワップ型のフルボディ錯覚を用いて，身体所有感と自己位置感覚の分離ができる実験（身体テレポーテーション実験）を行った（Guterstam et al., 2015）。実験ではMRIスキャナの外にマネキンの身体を置き，そこから見える映像をスキャナ内の被験者にHMDを通して呈示した（図1.11上段）。このマネキンの身体と被験者の身体に同時に触覚刺激を与えると，被験者はマネキンの身体に対する身体所有感を感じると同時に，自己位置がマネキンの置いてある位置に「テレポート」したように感じる。被験者には自分自身の身体も見えるので，ある種の体外離脱体験だといえるかもしれない。

　脳活動の結果を見ると，前述の身体スワップ型の実験と同様に，この実験においても身体所有感は運動前野と頭頂間溝の活動と関係していた。一方，自己位置感覚を表現する脳領野を特定するために，錯覚が起こっているときにだけ位置による活動の違い（配置A vs. Bおよび配置B vs. C）が見られる領野を調べると，海馬と

後部帯状回，および頭頂間溝が自己位置をコードしていることがわかった（図 1.11 下段）。海馬が自己位置をコードしていることは，海馬に「場所細胞」が存在していることを示した動物実験やヒトを対象とした脳活動計測実験からもサポートされているといえる。頭頂間溝は，身体所有感と関連しているが，自己位置の処理を行っている可能性も十分に考えられる。頭頂間溝は，体外離脱と深い関係のある TPJ とも位置的に近く，その関係は興味深い。さらに機能的結合解析を行ったところ，後部帯状回が中心となって他の領野の活動を統合している可能性が示された。後部帯状回の役割はまだそれほど明らかではないが（ただし第 3 章を参照のこと），Ehrsson らは身体所有感と自己位置感覚の統合を行う部位だと主張しており，今後のさらなる研究が待たれる。

1.5 自己身体認識のモデル

Blanke ら（2015）は，ラバーハンド錯覚やフルボディ錯覚での知見を踏まえて，身体部位または全身に対して身体所有感が生起するためには以下の四つの条件が必要であると提唱している。

(1) その身体部位に関する体性感覚が存在すること（体性感覚制約）
(2) その身体部位に関する視覚情報が存在すること（身体的視覚情報制約）
(3) それが身体周辺空間（PPS）に存在すること（PPS 制約）
(4) 視覚-体性感覚情報が長い期間にわたって同期して与えられていること（エンボディメント制約）

体性感覚制約は，体性感覚が自己にしかアクセスしえない情報であることから，自己感を醸成するうえで不可欠の感覚だと考えられる。この体性感覚と対応する身体部位の視覚情報も必要であろう。これは必ずしも視覚入力として外から与えられていなくても，視

覚的な身体イメージが脳内にあれば、これと代替できると考えられる。このとき視覚像が身体的でないもの（たとえば木片など）のときには身体所有感が減衰することは繰り返し確認されている（ただし必ずしも身体所有感が持てないわけではない）。

　PPS制約は、体性感覚と視覚物体の空間的制約を表している。自己の体性感覚とあまりにも空間的に離れた物体に対しては、身体所有感を持ちづらい。ラバーハンド錯覚において、離れた位置にあるラバーハンドに対しては錯覚が生じにくいことが知られている（Brozzoli et al., 2012）。またフルボディ錯覚においても、自分と対峙したり、斜め後ろからなどの三人称視点で身体が呈示されると錯覚が起こりにくいことが報告されている（Petkova et al., 2011; Maselli & Slater, 2014）。ただし、興味深いことに、三人称視点のフルボディ錯覚でも、身体所有感は生じないものの、自己位置ドリフトは誘発されうる（Maselli & Slater, 2014）。このことも身体所有感と自己位置感覚が分離しうるものであることを示している。Serinoら（2013）は、身体所有感と自己位置感覚を分離し、前者は運動前野によって、後者はTPJによってコードされるという自己感のモデルを提唱している。ラバーハンド錯覚の脳メカニズムとして、身体所有感は運動前野によって、体性感覚ドリフトは頭頂葉によって担われていることを示す結果を先に見たが、これとも整合性のあるモデルだといえる。

　PPS制約はエンボディメント制約によってある程度緩和される可能性がある。エンボディメント制約は、体性感覚情報と視覚情報が、それなりの長い期間（たとえば数分）にわたって、同期して与えられることによって身体所有感を引き起こすことができるというものである。事実、上述のラバーハンド錯覚やフルボディ錯覚はこのエンボディメント制約を満たす刺激を与えることで引き起こされることを見てきた。ここで、これらの感覚が同期していることが

重要であり,非同期な刺激では身体所有感を引き起こすことはできない。この「同期」は先に示した通り,完全な一致でなくとも200ミリ秒以内程度の整合性があれば,身体所有感を引き起こすのに有効である(Shimada et al., 2005; 2009; 2014)。

　これらの(1)〜(4)の制約の境界条件をさらに明確にし,身体的自己感が生起する条件を明らかにしていくことが,今後の研究に望まれているといえる。

参考文献

岡田尊司(2010)『統合失調症―その新たなる真実』(PHP 新書),PHP 研究所.

柴山雅俊(2007)『解離性障害―「うしろに誰かいる」の精神病理』(ちくま新書),筑摩書房.

柴山雅俊(2017)『解離の舞台―症状構造と治療』金剛出版.

デカルト(1637)『方法序説』(落合太郎 訳),岩波書店(1953).

ファインバーグ,T. E.(2001)『自我が揺らぐとき―脳はいかにして自己を創り出すのか』(吉田利子 訳),岩波書店(2002).

メルロ=ポンティ,M.(1945)『知覚の現象学』(竹内芳郎,小木貞孝 訳),みすず書房(1967).

メルロ=ポンティ,M.(1964)『見えるものと見えないもの』(滝浦静雄,木田元 訳),みすず書房(1989).

森岡周,嶋田総太郎(2018)身体失認・失行症のリハビリテーション―身体意識の問題から捉える,『身体性システムとリハビリテーションの科学 2 身体認知』(近藤敏之,今水寛,森岡周 編),東京大学出版会.

ラマチャンドラン,V. S.,ブレイクスリー,S.(1998)『脳のなかの幽霊』(角川 21 世紀叢書)(山下篤子 訳),角川書店(1999).

Antoniello, D., Gottesman, R. (2017) Limb misidentification: A clinical-anatomical prospective study. *Journal of Neuropsychiatry and Clinical Neuroscience*, **29**, 284-288.

Armel, K. C., Ramachandran, V. S. (2003) Projecting sensations to external objects: evidence from skin conductance response. *Proceedings of Royal Society of London B*, **270**, 1499-1506.

Aspell, J. E., Heydrich, L., Marillier, G., Lavanchy, T., Herbelin, B., Blanke, O. (2013) Turning body and self inside out: Visualized heartbeats alter bodily self-consciousness and tactile perception. *Psychologi-

cal Science. **24**, 2445-2453.

Berlucchi, G., Aglioti, S. (1997) The body in the brain: neural bases of corporeal awareness, *Trends in Neuroscience*, **20**, 560-564.

Blanke, O., Ortigue, S., Landis, T., Seeck, M. (2002) Stimulating illusory own-body perceptions, *Nature*, **419**, 269.

Blanke, O, Metzinger, T. (2008) Full-body illusions and minimal phenomenal selfhood. *Trends in Cognitive Sciences*, **13**, 7-13.

Blanke, O., Slater, M., Serino, A. (2015) Behavioral, neural, and computational principles of bodily self-consciousness. *Neuron*, **88**, 145-166.

Botvinick, M., Cohen, J. (1998) Rubber hands 'feel' touch that eyes see. *Nature*, **391**, 756.

Brozzoli, C., Gentile, G., Ehrsson, H. H. (2012) That's near my hand! Parietal and premotor coding of hand-centered space contributes to localization and self-attribution of the hand. *Journal of Neuroscience*, **32**, 14573-14582.

Burin, D., Livelli, A., Garbarini, F., Fossataro, C., Folegatti, A., Gindri, P., Pia, L. (2015) Are movements necessary for the sense of body ownership? Evidence from the rubber hand illusion in pure hemiplegic patients. *PLoS ONE*, **10**, e0117155.

Ehrsson, H. H., Spence, C., Passingham, R. E. (2004) That's my hand! Activity in premotor corte reflects feeling of ownership of a limb. *Science*, **305**, 875-877.

Ehrsson, H. H. (2007) The experimental induction of out-of-body experiences. *Science*. **317**, 1048.

Feinberg, T. E., Venneri, A., Simone, A. M., Fan, Y., Northoff, G. (2010) The neuroanatomy of asomatognosia and somatoparaphrenia. *Journal of Neurology, Neurosurgery & Psychiatry*, **81**, 276-281.

Frith, C. D. (1992) "The cognitive neuropsychology of schizophrenia", Psychology Press.

Gallagher, S. (2000) Philosophical conceptions of the self: implications for cognitive science, *Trends in Cognitive Sciences*, **4**, 14-21.

Gallagher, S. (1995) Body schema and intentionality, In: J. L. Bermudez, A, Marcel, N. Eilan, (Eds.) "The body and the self", MIT Press, 225-244.

Gentile, G., Guterstam, A., Brozzoli, C., Ehrsson, H. H. (2013) Disintegration of multisensory signals from the real hand reduces default limb self-attribution: An fMRI study. *Journal of Neuroscience*, **33**, 13350-13366.

Gentile, G., Bjornsdotter, M., Petkova, V. I., Abdulkarim, Z., Ehrsson, H. H. (2015) Patterns of neural activity in the human ventral premotor cortex reflect a whole-body multisensory percept. *NeuroImage*, **109**,

328-340.

Guterstam, A., Bjornsdotter, M., Gentile, G., Ehrsson, H. H. (2015) Posterior cingulate cortex integrates the senses of self-location and body ownership. *Current Biology*, **25**, 1416-1425.

Hassan, A., Josephs, K. A. (2016) Alien hand syndrome. *Current Neurology and Neuroscience Reports.* **16**, 73.

Heydrich, L., Blanke, O. (2013) Distinct illusory own-body perceptions caused by damage to posterior insula and extrastriate cortex. *Brain*, **136**, 790-803.

Ionta, S., Heydrich, L., Lenggenhager, B., Mouthon, M., Fornari, E., Chapuis, D., Gassert, R., Blanke, O. (2011) Multisensory mechanisms in temporo-parietal cortex support self-location and first-person perspective. *Neuron*, **70**, 363-374.

Kammers, M. P. M., Verhagen, L., Dijkerman, H. C., Hogendoorn, H., de Vignemont, F., Shutter, D. J. L. G. (2008) Is this hand for real? Attenuation of the rubber hand illusion by transcranial magnetic stimulation over the inferior parietal lobule. *Journal of Cognitive Neuroscience*, **21**, 1311-1320.

Karnath, H-O., Baier, B., Nagele, T. (2005) Awareness of the functioning of one's own limbs mediated by the insular cortex? *Journal of Neuroscience*, **25**, 7134-7138.

Lenggenhager, B., Tadi, T., Metzinger, T., Blanke, O. (2007) Vide ergo sum: Manipulating bodily self-consciousness. *Science.* **317**, 1096-1099.

Lenggenhager, B., Mouthon, M., Blanke, O. (2009) Spatial aspects of bodily self-consciousness. *Consciousness and Cognition*, **18**, 110-117.

Limanowski, J., Blankenburg, F. (2016) Integration of visual and proprioceptive limb position information in human posterior parietal, premotor, and extrastriate cortex. *Journal of Neuroscience*, **36**, 2582-2589.

Martinaud, O., Besharati, S., Jenkinson, P. M., Fotopoulou, A. (2017) Ownership illusions in patients with body delusions: Different neural profiles of visual capture and disownership. *Cortex*, **87**, 174-185.

Maselli, A., Slater, M. (2014) Sliding perspectives: dissociating ownership from self-location during full body illusions in virtual reality. *Frontiers in Human Neuroscience*, **8**, 693.

Moro, V., Pernigo, S., Tsakiris, M., Avesani, R., Edelstyn, N. M. J., Jenkinson, P. M., Fotopoulou, A. (2016) Motor versus body awareness: Voxel-based lesion analysis in anosognosia for hemiplegia and somatoparaphrenia following right hemisphere stroke. *Cortex*, **83**, 62-77.

Petkova V. I., Bjornsdotter, M., Gentile, G., Jonsson, T., Li, T.Q, Ehrsson,

H. H. (2011) From part-to whole-body ownership in the multisensory brain. *Current Biology*, **21**, 1118-1122.

Rohde, M., Di Luca, M., Ernst, M. O. (2011) The rubber hand illusion: Feeling of ownership and proprioceptive drift do not go hand in hand. *PLoS ONE*, **6**, e21569.

Sarva, H., Deik, A., Severt, W. L. (2014) Pathophysiology and treatment of arien hand syndrome. *Tremor and Other Hyperkinetic Movements*, **4**, 241.

Serino, A., Alsmith, A., Costantini, M., Mandrigin, A., Tajadura-Jimenez, A., Lopez, C. (2013) Bodily ownership and self-location: Components of bodily self-consciousness. *Consciousness and Cognition*, **22**, 1239-1252.

Shimada, S., Fukuda, K., Hiraki, K. (2009) Rubber hand illusion under delayed visual feedback. *PLoS ONE*, **4**, e6185.

Shimada, S., Hiraki, K., Oda, I. (2005) The parietal role in the sense of self-ownership with temporal discrepancy between visual and proprioceptive feedbacks. *NeuroImage*, **24**, 1225-1232.

Shimada S, Suzuki T, Yoda N, Hayashi T. (2014) Relationship between sensitivity to visuotactile temporal discrepancy and the rubber hand illusion. *Neuroscience Research*, **85**, 33-38.

Thakkar, K. N., Nichols, H. S., McIntosh, L. G., Park, S. (2011) Disturbances in body ownership in schizophrenia: Evidence from the rubber hand illusion and case study of a spontaneous out-of-body experience. *PLoS ONE*, **6**, e27089.

Tsakiris, M., Costantini, M., Haggard, P. (2008) The role of the right temporo-parietal junction in maintaining a coherent sense of one's body. *Neuropsychologia*, **46**, 3014-3018.

Tsakiris, M., Hesse, M. D., Boy, C., Haggard, P., Fink, G. R. (2007) Neural signatures of body ownership: A sensory network for bodily self-consciousness. *Cerebral Cortex*, **17**, 2235-2244.

Wawrzyniak, M., Klingbeil, J., Zeller, D., Saur, D., Classen, J. (2018) The neuronal network involved in self-attribution of an artificial hand: A lesion network-symptom-mapping study. *NeuroImage*, **166**, 317-324.

Wolpert, D. M., Goodbody, S. J., Husain, M. (1998) Maintaining internal representations: the role of the human superior parietal lobe, *Nature Neuroscience*, **1**, 529-533.

第2章 世界の中の自己
— "I can, therefore I am"

前章で身体は自己にとって必要不可欠なものであることを見た。われわれは身体があるからこそ世界と関わることができるのであり、自己もその身体と世界との関係の中から生起するのであった。本章ではこの世界と対峙する自己、すなわち「われ成し能う (I can)」としての自己 (I am) とはどのようなものなのか、運動主体感はそれとどのように関わっているのか、そしてその脳メカニズムは何なのかについて考えていきたい。

2.1 自己と世界の関係

2.1.1 ハイデガーの「世界内存在」

前章ではまずデカルトからフッサールへと意識の哲学がどのように展開したかを見た。その後、フッサールの発見した身体の重要性がメルロ=ポンティにおいて身体性の哲学として開花したことを見たが、実はフッサールに直接師事したのはメルロ=ポンティではなく、ハイデガー（1889-1976）である。

ハイデガーは、フッサールの哲学を学びながらも、「意識」を主題に据えるデカルトやフッサールの考え方とは決別するアプローチを選ぶ。ハイデガーは「意識以前」に人間はどのように「存在」しているのかを徹底して考察した。そのためハイデガーの哲学は「存

在論」と呼ばれ，代表作である『存在と時間』(1927) は 20 世紀で最も重要な哲学書の一つとして名高い。

ハイデガーの存在論では独特な用語が用いられる。その代表は「現存在」であり，これはいわゆる自己のことを指す。しかし自己というと何かしら意識のようなものを連想させるので，それを避けるために，「意識以前の自己」を指す言葉として「現存在」という用語をハイデガーは作ったのである。したがって，現存在を，差し当たっては，意識を持った主体だと考えないでもらいたい（ただしハイデガーは現存在が意識を持つことを否定しているわけではないし，現存在が意識を持っているかのような記述を行っている箇所も多く見られる。ここでは，ハイデガーの探求の対象は，現存在の存在の仕方であって意識ではないということを頭に留めておいてもらいたい）。

フッサールと同じく，ハイデガーもまず現存在が世界の中に存在していることに着目する。この世界の中に存在するということは現存在の最も基本的な属性であり，このことからハイデガーは，現存在とは「世界内存在」であるとする。ただし，これは「世界」というものがまずあって，その中に現存在がぽっと入れられた，という風な意味ではない。そうではなくて，現存在は存在するそのときからすでに常に「世界」の中に存在しているのであって，「世界の内に存在すること」は現存在の本質なのだということである。

ではここでいう「世界内存在」とはどのような存在なのだろうか。ハイデガーは特に難しい概念を持ち出すわけではなく，忠実にわれわれの日常的な世界との関わり方を列挙していく。

> （世界）内存在の様式の多様な姿を，つぎのように数えあげて例示することができる。すなわち，＜何かに関わりを持つ＞，＜何かを制作する＞，＜何かを整頓し，手入れをする＞，＜何

かを使用する＞，＜何かを棄てたり，なくしたりする＞，＜企てる＞，＜やり通す＞，＜探す＞，＜問いかける＞，＜考察する＞，＜論ずる＞，＜規定する＞等々である。（世界）内存在のこれらの様式は，なお立ちいって記述するような，配慮という存在様相を備えている。

ハイデガー（1927）『存在と時間』
（細谷貞雄 訳，筑摩書房，1994，p.138）

このようなさまざまな世界との関わり方は，実際に世界の中にある事物に対する行動として現れるものから，現存在の内部に生起するその準備状態や思考程度のものまで含めて，これもまたハイデガー独特の用語である「配慮」という用語でまとめられる。この配慮の中で最も基本的なものは「ただ覚知するだけの認識というようなものではなくて，ものを操作し使用する配慮」（前掲書，pp.158-159）であるとしている。このように，世界の「認識」よりもモノの「操作」を第一義的な配慮だとするわけだが，これはハイデガーが「意識以前」の存在のあり方を主な探求対象としていることを考えれば，世界を認識することではなく，世界に働きかけることが現存在にとって最も重要な活動であるとする意図は理解できるだろう。このあたりはメルロ＝ポンティの身体性哲学への流れを読み取ることができる。

　さてこのような操作できるモノは「道具」と呼ばれるが，道具と現存在の関わり方は重要である。道具への配慮は，それが何であるかということを主観的に認識するときよりも，まさにそれを使用しているときにこそ現れてくる。ハイデガーは「道具がその存在においてありのままに現れてくる」のは，たとえばハンマーで釘を打つときのように，それぞれの「道具に呼吸を合わせた交渉」のときであるとしている。このとき，われわれはハンマーの構造を頭に思い

浮かべながら使っているわけではない。むしろそのようなときには道具は，ハイデガーの言葉を使えば，「透明」になっており，「それ以上適切にはできないほどこの道具をすっかり自分のものにしている」のである。

このように道具は現存在と一体化して操作される。ここにはもはや道具を使うという意識が入り込む隙はないように思われる。フッサールは意識の志向性を指摘していた。ハイデガーも志向性の概念は受け入れるが，それは意識の持つ性質ではなく，現存在の持つ属性だとする。これをハイデガーは「現存在は世界の中で志向的にふるまう」と言い換える。ここでの「ふるまい」という用語はなるべく意識的な要素を含まない行為を表すために採り入れられたものであり，ハイデガーがここでいう「志向性」には（差し当たっては）意識的内容は含まれない。

人工知能研究者であり，ハイデガー研究でも有名なドレイファスは以下のように述べている。

> ハイデガーの（デカルトやフッサールへの）反論は，自足した個別的主観がその心的内容によって世界へと向けられているというような志向性よりも，もっと基礎的な志向性の形式が存在する，ということである。ハイデガーの新しいアプローチの根底にあるのは，日常的事象に対処していく「心抜きの」技能の現象学であって，この技能こそあらゆる理解可能性の基礎なのである。
>
> ドレイファス（1991）『世界内存在
> ―『存在と時間』における日常性の解釈学』
> （門脇俊介 監訳，産業図書，2000，p.3）

このように現存在と道具との「親密さ」を明らかにした上で，さら

にハイデガーは，道具は単体で存在するのではなく，他のさまざまな道具との連関を持つのであって，結局，世界はこれらの道具の連関の全体性として構成されているということを指摘する。ここで「道具」というのはいわゆる道具だけでなく，現存在が世界の内で交渉するあらゆるものを含めた広い意味で用いられている。このような道具的全体性のことをハイデガーは「有意義性」と呼ぶ。

> この世界は，なんらかの有意義性としての世界として開示されているだけでなく，世界の内部に存在するものごとの受け渡しも，これらの存在者（ものごと）をそれぞれの可能性へ向けて明け渡しているのである。手もとにある用具的なものは，そのようなものとしてもともとそれぞれの使用可能性や被害可能性において発見されている。
>
> ハイデガー（1927）『存在と時間』
> （細谷貞雄 訳，筑摩書房，1994，p.313）

世界は有意義性として開示されているというのは，世界はわれわれにさまざまな関わり方の可能性を呈示しているということである。こうなると，現存在にとって，世界は可能性に満ちあふれた世界として現れてくる。フッサールやメルロ＝ポンティは自己の本質は「われ成し能う（I can）」であることを指摘したが，まさにそのような自己がハイデガーの哲学のおいても中心にいる。現存在とは，まずもってさまざまな可能性を持った存在として世界内存在しているのであり，そこから何を実現していくかに対して自由な存在なのである。

> 現存在はおのれ自身に委付された可能的存在であって，底の底まで被投的な可能性である，ということを意味する。現存在と

は，ひとごとでない自己の存在可能へむかって自由であることの可能性なのである。

ハイデガー（1927）『存在と時間』
(前掲書，p.312)

以上が『存在と時間』の上巻の大まかな流れである（当然ながら，実際の議論はもう少し踏み込んだものになっている。また，下巻の時間性の話には本書では立ち入らない）。このハイデガーの哲学から感じ取ってほしいのは，意識という「心的表象」を自己からひとまず脇に置いたとしても，依然として存在し続けている，自己の世界の中での多様なふるまいの可能性についてのイメージである。

2.1.2 アフォーダンス

ハイデガーの存在論ときわめて親和性の高い心理学理論に，「表象抜き」での認知的処理を表す概念の一つである「アフォーダンス」がある（Gibson, 1979）。アフォーダンスとは，環境が主体に対して提供する価値や意味のことであり，狭義には物の形（たとえばコップ）がある種の運動（摑む）をダイレクトに引き起こすことを指す。アフォーダンスの概念で重要なのは，物を記号的に「表象」し，その後の記号処理の結果として運動が出力されるという従来の認知科学における記号主義的な考え方ではなく，物の知覚と運動が不可分に結びついていること，言い換えれば表象の操作は必ずしも必要ではなく，物の持つ意味が「直接に知覚」され運動を引き起こしうることを指摘した点にある。これは「知覚」と「運動」という従来の二分法ではなく，一つのシステムとしての「感覚運動系」のループを考えるべきだということであり，そこではこの感覚運動系ループが物の意味を提供しており，表象は必ずしも必要ない。たとえばGibsonの言葉を借りれば「郵便ポストは手紙を投函

するように誘っているし,ハンドルは握られたがっているのであり,すべてのものは自分に対して何をしてほしいのかをわれわれに語りかけている」のである。物体はわれわれに行為をアフォードし,われわれは表象抜きでそれを直接知覚する。ハイデガーの「ふるまい」ときわめて近い考え方であるといえる。

アフォーダンスの概念は,サルの運動前野（F5野）にあるカノニカルニューロンと呼ばれる神経細胞の発見によってもサポートされている（Murata et al., 1997）。カノニカルニューロンは,物体を手で摑む運動（把持運動）を行うときに活動するが,興味深いことに,実際に運動を行わなくても,同じ把持運動を必要とする3次元物体を見ただけでも活動する。この活動は物体の形や大きさ,置いてある向きなどによって変化し,実際に把持運動をするときの活動とよく一致する。たとえば手全体での握り（power grip）と親指と人差し指での精緻把持（precision grip）では異なるニューロンが活動する。すなわちカノニカルニューロンは,その物体が何であるか,ではなく,物体へどのような「運動」が行えるのかを表現している。別の言い方をすれば,物体の視覚入力は「直接に」運動（運動野の活動）を導くのである。これはハイデガーやGibsonの言う「心的表象抜きの技能」というものが存在し,それを司るニューロンとしてカノニカルニューロンが有力な候補だということを示している。

2.1.3 道具を使うサル

サルは一般には道具を使えないといわれている。類人猿や他の一部の動物には道具を使う種も少数ながら存在する。しかし,人間ほど多種多様な道具を使いこなし,また作り出す種は他にはいない。ハイデガーの考察も人間がいかに巧みに道具を使いこなしているかというところから発していた。

さてサルは一般には道具を使わないのだが，特殊な訓練を2週間ほど続けることで道具を使えるようになることを入來（2004）が報告している。彼らは熊手のような棒を使って遠くにある餌をたぐり寄せるという道具使用行動をサルに習得させた。最初は熊手に見向きもしなかったサルに対して，まず，先端に餌がついた棒を与えてそれを引き寄せる訓練から始め，熊手をまっすぐに引き寄せれば置いてある餌が引っかかるような状況にし，最後に熊手を取って，さらに遠くに置いてある餌まで自ら熊手を伸ばして取ってこれるまでに学習をさせた。これに少なくとも2週間はかかるそうだが，最終的には人間と同じように，熊手の先が自分の指先であるかのように器用に使いこなせるようにまでなる。

　われわれが道具を使う場合，その道具の先端部はあたかも自分の指先のように感じられる。たとえば箸を使って食べ物を摑むとき，われわれは自分の指で食べ物を摑んでいるような感覚を得ながら箸を操作しているのではないだろうか。いまサルは熊手を使って餌を引き寄せることができるようになったわけだが，このときサルも熊手の先端を指先のように感じていると考えられる。入來らはこれを確かめるためにサルの脳活動の計測を行った。

　サルの頭頂葉の中央部にある頭頂間溝と呼ばれる溝のなかに，自分の手に対する触覚刺激と視覚刺激の両方に反応するニューロンがある。これを二種感覚（bimodal）ニューロンと呼ぶ。たとえばこのニューロンは右手を触られたとき（**図 2.1**a）と，右手の上にレーザーポインタなどで視覚的な刺激を与えられたとき（図 2.1b）の両方で活動する。このことはこのニューロンは自己の身体に対する視覚と触覚を統合した身体イメージと呼べる表現を持っていることを示唆している。

　入來らはこの二種感覚ニューロンを調べれば，熊手が実際にサルの身体の一部として処理されているかどうかがわかると考えた。実

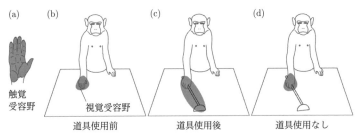

図 2.1　道具使用による二種感覚ニューロンの活動変化
（Maravita & Iriki, 2004）

験の結果，最初は熊手の上にレーザーポインタを横切らせても反応を示さなかった二種感覚ニューロンが，熊手を使用する訓練を終えた後では反応するようになることを突き止めた（図 2.1c）（Iriki et al., 1996）。つまり，神経細胞レベルでは熊手はサルの「右手」になっているわけであり，脳内の身体イメージが道具使用によって動的に変化しうることを端的に示している。興味深いことにこのニューロンは訓練後でも，使用する意図なしにただ熊手を持っただけでは受容野は拡がらない（図 2.1d）。身体イメージはそのときどきの運動の目的に応じて動的に拡張／収縮するのだといえる。

　ところで入來らは，さらにこのサルを訓練して，モニターに映った熊手を操作して餌を取り寄せることができるようにした（Iriki et al., 2001）。これも熊手を使えるようになればすぐにできるわけではなく，さらなる長期間の訓練が必要であった。モニター上に映っている熊手が自分が手に持っている熊手であることを理解するのは，サルにとっては簡単ではないらしい。しかし訓練によって，最終的にはサルもモニターを見ながら熊手を操作できるようになる。このとき，サルの二種感覚ニューロンは，モニター上の熊手に対する刺激に対しても反応をするようになった。さらに熊手の先端部だけに白いカーソルだけを表示する（熊手自体は見えない）ようにし

ても，この白いカーソルに対して反応を示した。

これはまさにわれわれがテレビゲームで遊んでいるときと同じ状況ではないだろうか。ゲームで遊んでいるときに敵に襲われると，思わず身体をのけぞらせてしまう。このとき，自らの身体イメージはテレビ画面上のゲームキャラクターに拡張・投射されているのだと考えられる。つまり，そのキャラクターへの攻撃は自分の身体に対する攻撃と同じなのである。われわれの身体はこのように柔軟に拡張可能なのであり，本節で見た二種感覚ニューロンの特性は，そのような身体性の変化がニューロンレベルで起こっていることをはっきりと示している。

2.2 運動主体感

2.2.1 運動主体感とコンパレータモデル

前節で，自己の世界に対するふるまいの中に，自己の本質が隠されているというハイデガーの哲学について紹介した。一方で前章では，ギャラガーによって自己の本質として，運動についての主観的感覚である運動主体感があると議論されていた。しかし運動とその運動に対する意識の間には依然として大きなギャップがある（これは前章で議論した）。ここでは運動から運動主体感がどのように生起するのかについて，モデルの検討を通して考えてみたい。

運動主体感とは，自己がその運動を制御している主体であるという感覚である。この運動主体感を説明するモデルとしてよく取り上げられるのが，フォワードモデル（順モデル）またはコンパレータモデルである（図 2.2）。これは元々は運動制御のモデルであるが，これを援用して運動主体感を説明しようという試みがなされている。一般に運動制御は，「目標状態」が入力として与えられたときに，出力として，環境（世界）に対して何らかの影響を与える運動

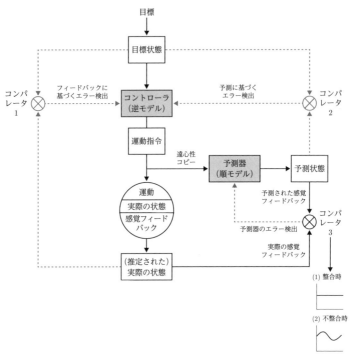

図 2.2 コンパレータモデル (Synofzik et al., 2008)

指令を生成するシステムとして定式化される。

さて理想的な運動制御システムであれば,「目標状態」と運動後の「実際の状態」は一致し, 目標は達成される。しかしながら, 実際には一致しないことがあるので, これを調整するためのフィードバック機構が必要となる。それが「コンパレータ(比較器)」(図中の $\otimes$) である。コンパレータは二つの状態を比較し, その誤差を出力する。たとえば図中のコンパレータ 1 は, 目標状態と実際の状態を比較し, その誤差をコントローラ(逆モデル)に返している。コントローラはこの情報から, 運動制御のパラメータを調節す

ることができる。

　これをより効率よく行うために，脳には順モデルという先読み機構が備わっていると考えられている。脳内のコントローラからの運動指令は筋肉へと伝えられるが，このときにこの運動指令情報のコピーが生成され，脳内の別の領域（頭頂葉や小脳）へ投射されると考えられている。これを遠心性コピー（efference copy）という。順モデルはこの遠心性コピーを用いて次の状態を内部的に予測する。このとき順モデルが正しければ，この「予測状態」は「実際の状態」と一致しているはずである。この比較は図中のコンパレータ3によって行われ，誤差があるときにはその情報を用いて順モデルの学習が行われる。またこの「予測状態」を用いて，コンパレータ1を代替する形で，目標状態と予測状態の比較を行うコンパレータ2を考えることもできる。

　さて，以上が運動制御のモデルであるが，運動主体感はここから次のように説明できる（Synofzik et al., 2008）。まずコンパレータ1および2では，自分の意図通りに自分の身体を制御できているという感覚（sense of being in control）が得られる。もしこの誤差が大きい場合には，自分の身体動作の不器用さを強く感じるだろう（たとえば新しいスポーツやゲームを初めて行ったときなど）。しかしながら，この誤差がある程度大きくなったとしても，運動主体感がなくなるということは起こらない（やる気をなくすことはあるかもしれないとしても）。

　一方，コンパレータ3では，結果を伝える感覚フィードバックと順モデルの出力が比較され，マッチしたときにはそれが自分によって引き起こされた運動だという感覚，すなわち運動主体感を強く生じさせる。一方，自分の予測と実際の状態が異なる場合には，その誤差情報から順モデルの学習が起こる。ただしこの誤差があまりに大きくなると，その結果はもはや自分が引き起こしたのではな

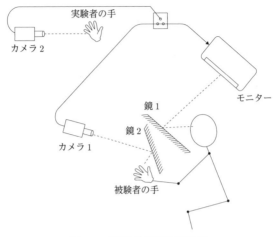

図 2.3　運動主体感を調べる実験

い，それは他者か何らかの外的要因によって引き起こされたのだという判断がなされることになる。これによってその運動の結果（状態），ひいてはそれを引き起こした運動に対する自己への帰属感，すなわち運動主体感が減衰または消失してしまう。

　運動主体感を実験的に調べるには，たとえば図 2.3 のような装置を用いる。この装置では被験者の手を映すカメラと実験者の手を映すカメラを分配器で切り替えることができ，被験者はモニター上に呈示された手を観察して自分の手なのか他者の手なのかを判断する。手が異なる動きをしていればそれが他者の手であることがすぐにわかるが，同じ動きをしている場合には健常者でもある程度の判断エラーが起こる。これが統合失調症患者や頭頂葉損傷患者では有意にエラー率が高くなることが示されている（Daprati et al., 1997）。同じ運動の場合には，自分の動きとモニターの動きのわずかな誤差をコンパレータが検出し，そこからその手が自己のものか他者のものかを判断するが，統合失調症患者や頭頂葉損傷患者では

このコンパレータがうまく動作せず，他者の手を自分の手だと答えてしまうエラーが増加するのだと考えられる。

2.2.2　遠心性コピーの影響

前節のコンパレータモデルによれば，遠心性コピーが運動主体感を生起させるのに重要な役割を果たすことが予想される。Tsakirisら（2005）は，遠心性コピーが自己身体認識に与える影響を調べるために，てこの原理で自らの右手で左手を動かすことができる装置を用いた実験を行った。自己または他者の手が画面上に表示されている状況で，自らの右手で左手を動かす条件（能動条件）と実験者によって左手が動かされる条件（受動条件）で，表示されている手が自己の手か他者の手かを区別できるか調べた。その結果，能動条件では受動条件よりも有意に正しく自他区別が行えることがわかった。この結果は，遠心性コピーが利用できる場合には自己の運動をより正確に識別できることを表している。

しかしながら，Tsakirisらの実験では，自己と他者の手の微妙な動きの違いやタイミングのずれについて十分な統制が取れておらず，能動条件と受動条件の結果の違いが本当に遠心性コピーだけによる効果なのかわからない。そこで筆者ら（Shimada et al., 2010）は，電磁石を用いて手を受動的または能動的に動かせる装置を作成し，これに数百ミリ秒程度の映像遅延を挿入して被験者に呈示する実験を行った（図 2.4）。その結果，遅延を検出できる閾値は 230 ミリ秒程度で能動運動でも受動運動でも差がないが，遅延検出カーブの傾きを調べると，能動条件のほうが有意に急峻であることがわかった（図 2.5）。これは遅延検出には 230 ミリ秒の時間窓があり，能動条件ではここを境に遅れているか否かの判断が急激に変化する（コントラストが強い）が，受動条件ではゆるやかに変化することを表している。換言すれば，能動条件では遅延が閾値内であるかど

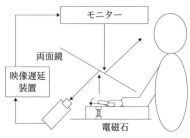

図 2.4 能動・受動運動時の遅延検出実験

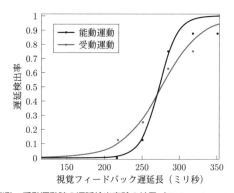

図 2.5 能動・受動運動時の遅延検出実験の結果（Shimada et al., 2010）

うかの判断が正確に行われるのに対して，受動条件では判断にぶれが生じやすいといえる。このことから遠心性コピーは自己身体の感覚統合における時間窓の幅を変化させるのではなく，時間窓周辺の感覚間の時間ずれに対して，許容範囲内のずれかどうか（自他の弁別）を精緻化する働きがあるのだと考えられる。

2.2.3 失行症における運動主体感

脳損傷によって運動機能に障害を受けると，自分の思ったとおりに運動が遂行できなくなる。その一つには前章で説明したエイリ

アンハンド症候群があるが，もう一つ，よく知られている疾患として失行症がある。失行症は，手や指の運動に問題がないにもかかわらず「学習された意図的な行為を遂行できない症状」であり，左半球の頭頂葉の損傷によって引き起こされる（森岡 & 嶋田，2018）。失行症の特徴は「意図的に」運動を遂行できない点にあり，自発的（無意識的）な運動の遂行には問題がない。左頭頂葉の損傷はしばしば右半身の麻痺や運動障害に繋がるが，失行症は麻痺していない左半身の運動に対しても起こる。

失行症の主な症状として，パントマイムやジェスチャー，道具使用ができなくなることが挙げられる。また誰かから言語的に指示された行動を遂行することもできない。この場合，言語的な意味の理解はできるので，言語理解に障害が起こっているのではなく，運動と言語をつなぐ何か（運動の「観念」）が左頭頂葉に存在しており，これを損傷したために意図的に運動を遂行することができなくなったのだと考えられる。そのためこれは「観念運動失行」とも呼ばれる。失行症の主症状に道具使用の障害も含まれる点は興味深い。健常者を対象とした脳機能イメージング研究においても，道具使用に左下頭頂葉が関わっていることは繰り返し確認されている（Reynaud et al., 2016; Ishibashi et al., 2016; Maravita & Romano, 2018）。2.1.3 節で，サルにおいて道具が身体に取り込まれる過程について見たが，身体と言語，道具，意図などをつなぐ領野としての左下頭頂葉の役割は興味深い（これについては第 7 章で再び取り上げる）。

失行症の患者では運動主体感はどのように変容しているのだろうか？ Sirigu ら（1999）は失行症患者では自他の運動の弁別能力が低下していることを報告している。われわれはこれについてさらに詳しく調べるために，失行症患者に対して自己運動の遅延視覚フィードバック検出課題を行った（Nobusako et al., 2018）。この課

題では，図1.6と同様の装置を用いて，患者の手に対して数百ミリ秒の映像遅延を加えて呈示した。このとき，自分の手の動きに対して映像が遅れているかどうかを判断させた。さらに手に触覚刺激を加えたときや手を受動的に動かしたときにも同様の遅延検出を行わせた。その結果，触覚刺激や受動的運動の遅延検出は健常者とほぼ同等であったが，能動的運動の遅延検出についてのみきわめて低下しているという結果が得られた（図 **2.6**）。同じく左頭頂葉を損傷しているが失行症状のない患者（非失行群）や，あっても軽度

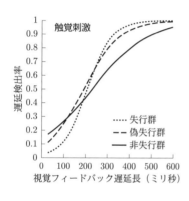
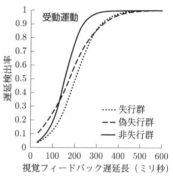
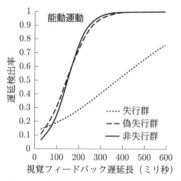

図 2.6 失行症患者における自己運動の視覚遅延検出（Nobusako et al., 2018）

の患者（偽失行群）ではそのような結果は見られなかった。この結果は，失行症患者においては，触覚や体性感覚情報と視覚情報の統合については問題がないが，遠心性コピーと視覚情報の統合には問題があることを意味している。このことは触覚・体性感覚等の感覚情報を用いたコンパレータ回路と運動情報を用いたコンパレータ回路が独立していることを示唆している。さらにこれらの患者（失行群）の脳損傷部位を調べたところ，左下頭頂葉から左下前頭回にかけての広範な領野が同定され，失行症と左下頭頂葉の関連が再確認される結果となった。

2.2.4 感覚減衰とコンパレータモデル

運動主体感を調べるには，ここまで見てきたように，その運動が「自己」によるものか「他者」によるものかを答えさせたり，「自分が実際にそれを行っている感じがどれくらいするか」を，たとえば7段階評価（「まったくそう思わない」から「強くそう思う」までなど）のアンケートで答えさせたりする。このような主観的評価を直接聞く方法は簡便かつそれなりの精度で結果を得られる一方で，認知バイアスなどによる影響を受ける可能性がある。これを回避するためにいくつかの客観的な指標が提案されている。その一つとして，感覚減衰（sensory attenuation）がある。

感覚減衰は，前出のコンパレータモデルと深く関連している。運動の結果が意図していた通りである場合には，順モデルによる予測と観測結果が一致するわけだが，このときの感覚フィードバックに対する反応が抑制される現象が古くから知られている。たとえば音刺激を聞いたときに脳波のN1成分が観測されるが，外的に鳴らされた音に対してよりも自分が鳴らした音に対してのほうが振幅が小さくなる（Schafer & Marcus, 1973）。これをN1抑制（N1 suppression）という（図 **2.7**）。また行動実験によっても，自分の

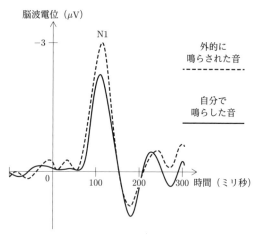

図 2.7 脳波における感覚減衰（N1 抑制）（Hughes et al., 2013）

鳴らした音は，そうでない音よりも主観的に小さく聞こえることが確められている（Sato, 2008; Weiss et al., 2011）。

　感覚減衰のもう一つの面白い例として，自分で自分をくすぐっても，くすぐったくないという現象がある。他者にくすぐられると，くすぐったくてたまらないという人も，自分で自分をくすぐることはできない。これは感覚予測によって触覚刺激に対する感覚減衰が起こり，くすぐったさが抑制されるためだと考えられる。Blakemore らは，ロボットを左手で操作して，自分の右手をくすぐる実験を行った（図 2.8）。その際，左手の操作から右手に与えられる触覚刺激までの間に時間遅れを挿入した。その結果，遅延のない場合にはくすぐったくないが，300 ミリ秒の遅延を加えるとくすぐったく感じられるという結果が得られた（Blakemore et al., 1999）。この結果は，くすぐったさはコンパレータモデルによる感覚予測誤差と関係していることを示唆している。

　ただし，感覚減衰と運動主体感の直接的な関係性を検討した研究

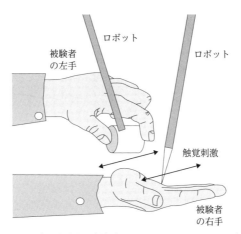

図 2.8 自己くすぐり実験（Blakemore et al., 1999）

はまだ数が少ない上，結果にもばらつきがあり（Beck et al., 2017; Weller et al., 2017），今後の精査が必要である。

　筆者らは，運動主体感に関連する脳波成分を同定するために，自己運動（マウスクリック）に対する聴覚フィードバックに遅延（100〜400 ミリ秒）を挿入したときの脳活動について調べた（Toida et al., 2016）。このときの 50% 遅延弁別閾は約 160 ミリ秒であった。脳波成分を解析したところ，遅延幅が 300 ミリ秒までは N1 抑制が起こったが，400 ミリ秒遅延では起こらなかった（図 2.9）。N1 に続いて発生する P2 成分は，50% 遅延弁別閾に近い 100 ミリ秒および 200 ミリ秒遅延条件で活動が強まったが（Enhanced P2: EP2），それ以上の遅延ではむしろ減衰していた。さらにそれに続く N300 成分は遅延が長くなるほど振幅が増大した。これらの脳波指標と被験者が抱いた運動主体感の強さの関係を調べたところ，N1 と EP2 では運動主体感との相関は見られなかったが，N300 では振幅が大きいほど運動主体感が感じられなくなるという

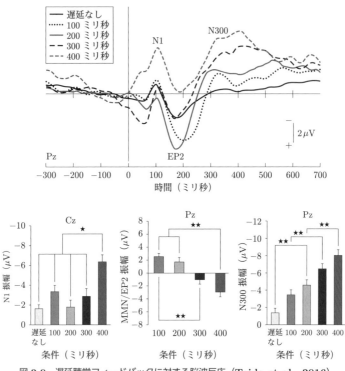

図 2.9 遅延聴覚フィードバックに対する脳波反応（Toida et al., 2016）

有意な負の相関が見られた。この結果は，運動主体感は N1 抑制よりもそれに続く後期成分（N300）に反映されている可能性を示している。N1 抑制は自己運動の聴覚フィードバックが 300 ミリ秒以内に入力されれば自動的に起こるが，必ずしも運動主体感に直接影響を与えているわけではないようである。さらに聴覚フィードバックの遅延検出を行う際に P2 成分の増強が起こるが，これは 100 ミリ秒および 200 ミリ秒遅延条件にのみ見られたので，刺激に対する注意や処理の負荷を反映していると考えられる。その後に生起す

る N300 成分になってようやく意識的なプロセスを反映し出し，遅延を検出したことによって運動主体感が減衰する処理過程に関わっていることが考えられる．

2.2.5 運動主体感と順応

運動とその感覚フィードバックの整合性がコンパレータによって検出され運動主体感に影響を与えることを述べてきたが，この「整合性」は学習によって変化するのだろうか？ これについて筆者らの行った関連研究を紹介したい（Toida et al., 2014）．この実験では，自分のボタン押しに対してさまざまな遅延時間の聴覚フィードバックを被験者に聞かせ，それが自分のボタン押しよりも遅れて聞こえたかどうかを答えさせた．聴覚フィードバックの遅延長の範囲を4種類（条件1〜4）用意して異なる被験者に実験を行ったところ，全ての条件間で50%遅延検出閾（DDT）が異なることが確認された（図2.10）．このことから，遅延弁別閾は呈示された遅延長の範囲に応じて調整されること，すなわち刺激の遅延長の分布によって弁別閾値が変化（順応）することが示された．

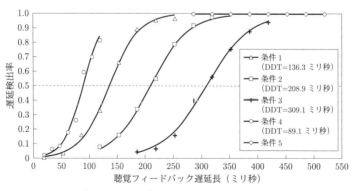

図 2.10 遅延聴覚フィードバックの遅延弁別閾（Toida et al. 2014）

さらに追加実験（条件5）として遅延範囲を約300〜500ミリ秒として実験を行ったところ，被験者全員が全ての試行において「遅れている」と回答し，弁別閾の順応現象は見られなかった。このことから，遅延弁別閾が順応するのは最小遅延が約300ミリ秒以下の聴覚フィードバックに対してのみであることが示唆された。この300ミリ秒の時間窓というのはこれまでに見てきた研究とも整合性があるといえる。

　もう一つの興味深い実験として，Stetsonら（2006）はボタン押しに対して135ミリ秒の遅延でフラッシュ刺激を提示することを繰り返して順応させた後で，フラッシュ刺激の遅延長を変化させ，それがボタン押しよりも先か後かを答えさせた。すると多くの被験者がボタン押しから約40ミリ秒以内のフラッシュ刺激に対して，ボタン押しよりも「先」に光ったと報告した。これは運動に対する遅延視覚フィードバックに順応させた結果，遅延のない視覚フィードバックに対する運動主体感が消失したこと（「自分が光らせたのではない。自分がボタンを押すよりも先に光ったのだ」）を意味する。Stetsonらはさらに順応刺激を250, 500, 1000ミリ秒と遅延させて同様の実験を行ったが，遅延長が長くなるほど順応が起こりにくくなり，1000ミリ秒では起こらなくなったことを報告している。

　筆者らはこれと同様の実験を100〜500ミリ秒の遅延聴覚フィードバックを用いて行った（嶋田，2014）。ここでは遅延聴覚フィードバックに順応させた後で遅延のない聴覚フィードバックを与え，それがボタン押しよりも先か後かを答えさせた。その結果，100ミリ秒遅延では逆転現象は見られなかったが，200〜500ミリ秒遅延に順応させた後では，被験者の20〜30%程度が遅延なしの聴覚フィードバックに対してボタン押しよりも先に聞こえたと答えた。100ミリ秒遅延で順応が起こらなかったのは，そもそも被験者が遅延に気づかないことが多かったためであり，順応が起こるために

はある程度の長さの遅延が必要であることが考えられる。一方で，Stetsonらの実験では135ミリ秒の遅延フィードバックでも順応が起こっていたので，視覚と聴覚では順応が起こる遅延幅がやや異なることも示唆される。いずれにしても運動に対する感覚フィードバックの遅延に順応させることで，運動主体感を感じられる感覚フィードバックの時間帯（タイミング）も順応することがわかる。

2.3 運動主体感とポストディクション

2.3.1 リベットの実験

　運動主体感が生起するためには，自らが運動を行おうという運動意図があらかじめ存在していなければならないはずである。このような運動意図はどのように生起するのだろうか。これについて調べた古典的な研究である，神経学者のリベットによる実験をまずは紹介したい（リベット，2004, Libet et al. 1983）。

　随意運動を行うときに脳波を測定すると，運動開始の1〜2秒前から運動野付近で陰性の電位が発生することが知られている。これを運動準備電位（readiness potential）と呼ぶ。しかしながら，運動を行うためにその1〜2秒前から脳活動が始まるというのは直感的にはかなり長い。われわれが何かをしようと思ったら，もっと早く運動が開始されるのではないだろうか？　リベットは，このような疑問を抱き，運動準備電位が本当に運動意図を反映しているのかどうかを調べるための実験を行った。

　リベットは運動準備電位の開始時刻と運動意図の発生時刻を比較することを考えた。そのためには運動意図の発生時刻を決定する方法を考えなければならない。このときボタン押しや口頭での回答などの方法を取ると，これらにも運動が必要となり，運動準備電位がどの運動を反映しているのかがわからなくなってしまう。そこで

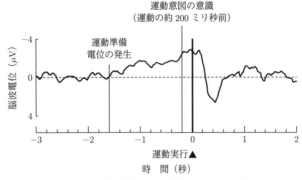

図 2.11 運動準備電位と運動意図の発生時刻

 リベットらはヴントの複雑時計と呼ばれる方法を考案した。これは1周（60点）を2.56秒で回る時計であり、1刻みが約43ミリ秒にあたる。被験者には、この時計を見ながら、自分の運動意図が発生したときの針の位置を答えてもらう。リベットらは事前に皮膚への感覚刺激を与えたときの時刻を答えてもらう実験を行い、十分な精度で刺激時刻を報告できることを確認している。

 実験では、脳波を計測しながら、被験者に自由にボタン押し運動をさせ、そのときの運動意図が発生した時刻をヴントの複雑時計で報告させた。その結果、運動準備電位の発生時刻はボタン押しの約550ミリ秒前であったのに対し、被験者が運動意図を感じたと答えたのはボタン押しの約200ミリ秒前であった。つまり、運動準備電位は運動意図よりも早く生起していたのである。事前に運動のタイミングを予定させた（一定間隔でボタン押しさせる）ときには運動準備の発生時刻はボタン押しの1秒前に延びたが、このときにも運動意図を感じたのは運動の約200ミリ秒前で変わらなかった（図 2.11）。もし運動準備電位が、運動意図によって生起するのだとすると、この結果は矛盾している。実際には、運動を起こそうと

いう脳活動は無意識のうちに始まり，それに対してわれわれは後付けで運動意図を感じるようになっているのだ。つまり運動は意識に先行して始まるのである。

2.3.2　意図性バインディング

意図性バインディング（intentional binding）とは，自己運動の意図とその結果のフィードバックの主観的生起時間に関する錯覚であり，リベットの実験を拡張させた実験によってHaggardら（2002）が見出した。実験ではまず被験者にボタンを押させ，その250ミリ秒後に音フィードバックを聞かせる。このときに，ボタンを押した時刻か音が聞こえた時刻のどちらかをヴントの複雑時計を用いて報告させる。すると，ボタン押しの時刻は実際よりも遅く，音フィードバックは実際の時刻よりも早く聞こえたと報告された。ボタン押しだけをする試行や音を聞くだけの試行では正確に時刻を報告できるし，ボタン押しを受動的にさせた（経頭蓋磁気刺激（TMS）によって被験者の指を動かした）ときにもこのような効果は得られなかった（むしろ時間的に離れて知覚された）。つまり，ボタン押しを意図的に行ったときにだけ，ボタン押しと音フィードバックという二つのイベントが時間的に近接して（バインドして）感じられるのである（図 **2.12**）。これを「意図性バインディング」と呼ぶ。またHaggardら（2002）の実験では，250ミリ秒よりも聴覚フィードバックのタイミングを遅くすると（450, 650ミリ秒），この効果は弱まった。したがって，運動とそのフィードバックが時間的に近接して認識されるというバインディング効果は，運動意図が存在し，かつ聴覚フィードバックが約300ミリ秒以内に返ってくるときに起こるのだと考えられる。

多くの研究から，意図性バインディングの大きさと運動主体感の強さには関連があることが示されている（Haggard, 2017）。つま

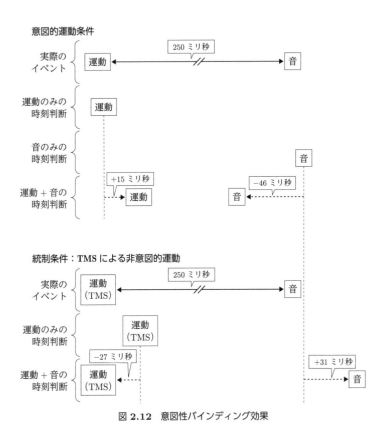

図 2.12 意図性バインディング効果

り運動主体感を強く感じているときほど，運動と音の聞こえる時刻は近接しているように主観的には感じられる。運動主体感を強く感じるためには，運動意図とその結果のフィードバックが重要であるという意味では前述のコンパレータモデルと整合しているといえるが，その主観的な生起時刻に関しては必ずしも正しい時刻が認識されるわけではないということがわかる。

2.3.3 高次認知が運動主体感に与える効果

ここまで，運動主体感は主として自己の運動に対する感覚フィードバックの整合性をベースとして生起することを見てきた。しかしながら，近年の研究では，運動主体感は感覚運動系の要因だけでなく，認知的な要因にも大きく影響を受けることがわかってきている。

佐藤ら（Sato & Yasuda, 2005）は，二つのボタンのうちから一つを選択することによって問題に回答させる課題を行い，ボタンに対応した音フィードバックが返されたとき（整合条件）には，ボタンに対応していない音フィードバックが返されたとき（非整合条件）よりも有意に高い運動主体感が生起することを確かめた。ここまでは従来の感覚運動系の運動主体感モデルで説明ができる。ところが，彼らは整合条件の中でも，正しい選択をした試行（正解試行）のほうが間違った選択をした試行（不正解試行）よりも有意に運動主体感が高くなることを発見した（図 2.13）。わかりやすく言えば，「うまくいったら自分の手柄，失敗したら他人のせい」ということである。運動主体感が単に感覚運動系の整合性によって生起するのであれば，問題の正解，不正解には影響を受けないはずである（ボタンを押した時刻と聴覚フィードバックの生起した時刻の関係だけで決まるはずである）。しかしながら佐藤らの結果は，運

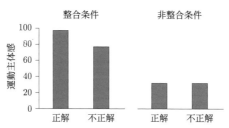

図 2.13 結果が運動主体感に及ぼす影響（Sato & Yasuda, 2005 を改変）

動が遂行された後に返ってくる正否のフィードバック情報が,「事後的（postdictive）に」運動主体感を変調することを示している。同様の結果は運動課題でも示されており,うまくいった運動では自分が行ったという運動主体感が高くなる（Wen et al., 2015）。つまり運動主体感には,感覚運動系の整合性だけでなく,その結果の望ましさという高次の認知処理が関わっていることを示している。

同様の結果は意図性バインディング効果を用いた研究でも示されている（Takahata et al., 2012; Yoshie & Haggard, 2013）。これらの研究では,先述の意図性バインディング効果実験と同じ手続きで,フィードバックとして返ってくる聴覚刺激をポジティブな音（たとえば笑い声）またはネガティブな音（たとえば泣き声）に変更して実験を行った。その結果,ポジティブな音では意図性バインディング効果が強まったのに対し,ネガティブな音では弱まっていた（図 2.14）。これは佐藤らの研究と同じく,行為の結果が望ましいものであった場合には運動主体感が高まり,逆に望ましくなかった場合には弱まることを示している。

一般に高次の認知情報が運動主体感に影響を与えるケースは存在する。たとえば,自分に身の覚えがなくても,状況的に自分以外

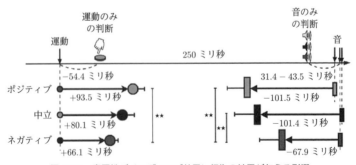

図 2.14　意図性バインディング効果に行為の結果が与える影響
（Takahata et al., 2012）

にその原因が考えられない場合（たとえば部屋にいるのが自分一人であるなど）には，自分がその結果を引き起こしたと判断する確率（運動主体感）は高まる。最近では，集中的な思考法（複数の項目に共通するものを探させる課題）よりも多様性のある思考法（ある項目から連想できるものを数多く生成させる課題）を被験者に行わせた後のほうが，バーチャルな手に対する運動主体感や身体所有感が生じやすくなることなども報告されている（Ma & Hommel, 2018）。このような一般的な高次の認知方略の違いが自己身体感に影響を与えるというのは興味深い。

　他にも，プライミングが運動主体感に与える影響などが報告されている。たとえば事前に自己を指し示す言葉（'I' や 'me' など）を閾下呈示するだけで運動主体感が高まったり（Wegner, 2002），選択課題で一方の選択肢にプライミングをかけるとそちらを選んだときのほうが運動主体感が高まったりする（Chambon et al., 2013）。また同様の実験で，聴覚野の N1 抑制がプライミングによって促進されることも報告されている（Gentsch & Schutz-Bosbach, 2011）。これらの現象は，プライミングによって「自己」の概念を活性化したり特定の運動を選択しやすくすることで運動主体感が促進されることを表しており，単純な感覚運動系のモデルだけでは運動主体感を説明しきれないことを示している。

2.3.4　ポストディクション

　ここまで見てきた例は，運動主体感が「後から」上書きされる可能性があることを示している。リベットの実験では，運動意図の生起時刻が運動から「逆算」されて約 200 ミリ秒前として知覚され，Haggard らの実験では，聴覚フィードバックによってそれを引き起こした運動の生起時刻が遅れて知覚された。また成功や失敗などの高次認知が運動主体感を変化させる研究についても見た。これら

はすべて運動意図や運動の生起時刻，あるいは運動主体についての情報が「事後的に」書き換えられた例だといえる。

　Wegner (2002) は，このように運動主体感が事後的に変容もしくは生成されることを「ポストディクション (postdiction)」と呼んでいる。前節のコンパレータモデルはどちらかと言えば順モデルによる予測 (prediction) に重きが置かれていた運動主体感の説明モデルであったが，Wegner はむしろ事後的な推論（ポストディクション）による運動主体感の生成を強調する。

　Wegner (2002) によれば，運動主体感が生起するためには，自分の中にあらかじめ存在していた「思考 (thought)」と「行動」の間の因果関係が事後的に形成される必要がある。この因果性は主体にとっては全く自明ではなく，「思考が行動を生み出した」という因果関係を直接知覚することはできない。その代わりに行動の結果とその原因を推論によって結びつけようとしたときに，他でもない自分の思考こそがその行動の原因だと結論づけられたときに初めて運動主体感が形成される。

　Wegner は，運動主体感が生起するための条件として三つ挙げている。一つ目は「事前性 (priority)」であり，これは主体が運動に関して事前に思考や計画を持っていることを指す。事前に思考（＝運動意図）がなければ，自分の身体が実際に動いていたとしても運動主体感は生じない（「これは自分が動かしたのではない。誰かが自分の手を押したのだ」）。二つ目は「整合性 (consistency)」であり，運動が事前に計画した運動と一致していることを指す。これについては前述のコンパレータモデルとほぼ同じであるが，ここでは（順モデルによる）予測よりもむしろフィードバックと思考（目標）との整合性が重要視される。三つ目は「排他性 (exclusivity)」であり，自分の行動がその結果となった出来事を引き起こした唯一の原因であることを指す。逆に言えば，その結果の原因とな

りうる事項が他にもある場合には運動主体感は減衰しうる。この排他性は前節で見たような高次認知の要素が強く入り込む可能性を提供している。つまり，運動の結果が自分が生み出したのではない可能性があるなら，主体はその可能性を積極的に使う場合があるということである（失敗したときなど）。また，前節の例を見ると，「結果の好ましさ」などの情動的要素によって運動主体感が高まったり弱まったりしているとも考えられる。このような「情動的価値」を第四の要因として考えることもできるかもしれない。

2.3.5　運動主体感の 2 段階モデル

Synofzik ら（2008）は，ここまでに見てきた多様な運動主体感の特徴を説明するために運動主体感の 2 段階モデルを提唱している（図 2.15）。Synofzik のモデルでは，運動主体感を，「フィーリングとしての運動主体感（feeling of agency）」と「判断としての運動主体感（judgement of agency）」の 2 段階に分けている。フィーリングとしての運動主体感は，自分自身が運動を行っているという非概念的な低次の感覚である（ハイデガーの「ふるまい」やアフォーダンスはこのレベルに相当するだろう）。この段階では，他

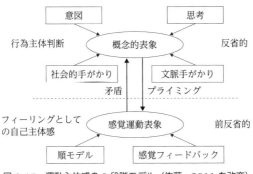

図 2.15　運動主体感の 2 段階モデル（佐藤，2011 を改変）

者が運動主体であるという概念は持ちえない。あくまでフィーリングとしての運動主体感を感じられるのは自己の運動に対してのみであり，問題がなければ通常は意識化されない。ここでは主に運動とそれに対する感覚フィードバックの整合性が重要であり，これが許容範囲内に保たれていればフィーリングとしての運動主体感が成立する。一方，この整合性が崩れると，フィーリングとしての運動主体感を保てなくなり，ここで初めて，運動主体が誰かということが意識化される。ここまでの部分はコンパレータモデルがうまくフィットする部分だといえる。

「フィーリングとしての運動主体感」に異常を検知すると，今度は，「判断としての運動主体感」が駆動する。ここでは，運動の主体が自分なのかあるいは他の誰かなのかについて意識的なプロセスが立ち上がる。感覚運動的には矛盾を検知しているが，文脈や社会的な手がかり，自らの意図などさまざまな要素を鑑みて，運動主体が誰なのかについての総合的な判断が下される。その結果，フィーリングとしての運動主体感が崩れているにもかかわらず，やはり運動主体は自分であるという判断が下されることもあれば，近くにいる他の誰かが運動主体だと判断されることもある。この部分は前節のポストディクションによる説明モデルが適用できる。ただし，Synofzik らが仮定しているように，フィーリングとしての運動主体感が崩れたときにだけポストディクションが働くのかについては検証が必要であるように思われる。

いずれにしても，コンパレータモデルによる予測とポストディクションによる事後推論のせめぎ合いが運動主体感を形成している様子を Synofzik の 2 段階モデルはうまく捉えている。別の言い方をすれば，無意識と意識のせめぎ合いでもあり，運動主体感の研究を難しくまた面白くもしているところであるといえる（Wegner, 2002; Synofzik et al., 2013）。

2.4 運動主体感の脳メカニズム

2.4.1 コンパレータモデルと頭頂葉

ここまで運動主体感の特徴を見てきたが，本節では運動主体感を形成する脳のメカニズムについて考察したい。運動主体感にはこれから見ていくようにいくつかの脳領野が複合的に関わっている。

まず頭頂葉は多くの研究でその関連が示されている。頭頂葉損傷患者は，前述のDapratiらの運動主体感を判断させる課題において，成績が著しく悪化することが知られている（Sirigu, 1999）。また，Spenceらは幻覚を持つ統合失調症患者を対象として，幻覚を報告しているときの脳活動を計測したところ，自分の生成した運動が他人によってコントロールされているように感じると報告しているときに右下頭頂葉で大きな活動が見られた（Spence et al., 1997）。Farrerら（2003）は健常者を対象としたfMRI実験を行い，CGでできた仮想の手をジョイスティックで操作する環境を用いてジョイスティックと手の動きを空間的にずらせた場合，ずれが大きくなるにつれて右半球の下頭頂葉の活動が大きくなることを見いだした。彼らはさらに自己運動映像に対して遅延を挿入した場合，右の角回の活動が増大することを報告している（Farrer et al., 2008）。他にも，画面上でカーソルを動かす課題におけるエラーが増えると右下頭頂葉などの活動が増加することが報告されている（Yomogida et al., 2010）。このように運動主体感に関わる脳活動を調べた研究では，運動主体感が「崩れた」ときに右下頭頂葉が活動することが繰り返し報告されている。このことは，右下頭頂葉は予測と実際のフィードバックの誤差を検出するコンパレータに対応する処理を行っていることを示唆しており，この誤差が大きくなると運動主体感も失われるのだと考えられる。

Balslevら（2006）は，能動的または受動的に動く自らの手に合

わせて画面上のカーソルを動かす fMRI 実験を行った。その結果，能動的か受動的かにかかわらず，手の動きとカーソルの動きが非整合的であるときに，右半球の側頭頭頂接合部（TPJ）付近の活動が高まることを見出した。Tsakiris ら（2010）も，能動的または受動的に動く自らの手を見ているときの脳活動を fMRI を用いて計測し，能動的運動の非整合条件では右の縁上回が，受動的運動の非整合条件では右半球の角回がそれぞれ強く活動することを報告している。また筆者ら（Shimada et al., 2005）も受動的運動において，視覚と体性感覚フィードバックに時間ずれが存在する場合に，右半球の下頭頂葉が活動することを見出している。これらの結果は，能動的運動と受動的運動の両方において，右半球の下頭頂葉が，運動感覚系の非整合を検出する役割を担っていることを示しているといえる。ただし，Balslev らの研究では能動的運動と受動的運動で活動領域に差が無かったが，Tsakiris らは同じ右下頭頂葉内ではあるが，両者の活動位置にずれ（縁上回と角回）があることを報告しており，この点についてはさらなる検証が必要と思われる。

　一方で，Farrer ら（2002; 2003）は前述の研究の中で，運動主体感の生起とポジティブに関連する領野として島皮質を挙げている。島皮質は内受容感覚や体性感覚，およびその他の身体性感覚が集まってくる領野でもあり，自己意識との関連は興味深い（ダマシオ，2003。次章も参照のこと）。ただし，その後の研究では運動主体感が生起しているときの島の活動はそれほど報告されていないので，今後の更なる検証が必要である。たとえば Philippi ら（2012）は，両側の島を損傷した患者でも運動主体感を含めた自己認識能力は失われないことを報告している。

2.4.2　運動意図と SMA 領域

　2.3.2 節でリベットによる運動準備電位の研究を紹介したが，こ

の運動準備電位は補足運動野（SMA）および前補足運動野（pre-SMA）領域から発生し，続いて運動前野や一次運動野へと活動が移っていくことが知られている（Shibasaki & Hallett, 2006; Zama & Shimada, 2015）。このことはこれらの領野，特にSMA領域が運動意図の発生と関連していることを示唆している。実際にSMA領域を損傷すると，自分の手が自分の意図に反して勝手に動いてしまうエイリアンハンド症候群や，逆に自発的な運動が消失してしまう無動無言症など，運動意図に関連した障害が起こる。Lauら（2004）は健常者を対象としたfMRI実験で，自分の運動意図に注意を向けたときにpre-SMAの活動が高まることを報告している。また，Tsakirisら（2010）も運動主体感を調べる課題で，pre-SMAの活動が運動主体感と関係していることを示している。

　意図性バインディングとSMA領野の運動準備電位に関係があることも示されている。Joら（2014）は意図性バインディング実験を行っているときの脳波を測定した。その結果，運動準備電位の初期成分（運動の約2.5〜1秒前）の勾配と音の聞こえた時刻が運動側へ引き寄せられた時間量の間に有意な相関が見られた。さらに1試行ずつ細かく見ると，運動準備電位が出ていた試行ではそうでない試行よりも有意に音の聞こえる時間が早まっていた。これは運動準備電位が意図性バインディングの生起に大きな影響を与えており，特に運動準備電位の初期成分が，運動によって引き起こされる音フィードバックの生起時間を早く見積もる効果に関連していることを示している。さらにKuhnら（2013）は，同様の課題を遂行中の被験者の脳活動をfMRIで計測したところ，前補足運動野（pre-SMA）の活動量が意図性バインディングの強さと比例していることを見出している。逆に，pre-SMA領域に経頭蓋直流電気刺激（tDCS）を与えると，意図性バインディング効果が縮小することも報告されている（Cavazzana et al., 2015）。これらの知見を総

合するとSMA領域は運動意図の形成や意図性バインディングの生起に深く関連しており，運動主体感の形成に関わる主要な脳部位だといえる。

2.4.3　運動意図と頭頂葉

一方，運動意図と頭頂葉の関係も指摘されている。Desmurgetら（2009）は脳外科手術を受ける患者に対して，脳を直接電気刺激し，そのときに運動意図が生じるかどうかを聞いた。すると，右下頭頂葉（角回，縁上回）を刺激されると左の手足を動かそうという意図が感じられた。さらに強く刺激すると，実際には手足が動いていないにもかかわらず，被験者は運動を行ったという感覚を経験した。また，左下頭頂葉の同じ部位を刺激したときには，発話や唇の動作の意図を感じた。一方，運動前野を電気刺激した場合には，運動意図を伴わない，実際の運動が誘発された。これらの結果は，運動意図の生起に下頭頂葉が深く関与していることを表している。

他にも，Chambonら（2013）は，「I」などの単語の閾下提示プライミングによって運動主体感を増加させたときに，左下頭頂葉（角回）の活動が増加することを報告している。また，頭部に微弱な電流刺激を流す脳刺激法であるtDCSを用いた実験で，左半球の角回への陽性（anodal）刺激によって意図性バインディング効果が抑制されることが報告されている（Khalighinejad & Haggard, 2015）。右半球の角回や陰性（cathodal）刺激ではそのような現象は見られなかった。これらの結果は，下頭頂葉が運動意図ないし運動主体感の生起に関係していることを示しているといえる。

2.4.4　運動主体感を形成する脳ネットワーク

運動主体感を形成する脳ネットワークについてのここまでの知見をまとめると，運動主体感を生起させるには(1)SMA領域ないし下頭頂葉において運動意図が生起していること，(2) 右下頭頂葉／

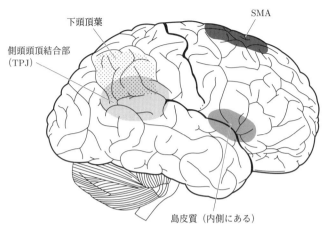

図 2.16 運動主体感を形成する脳ネットワーク

TPJを中心としたコンパレータで矛盾が検知されないこと，(3) 島における自己感が保たれていることが重要であると考えられる（図 **2.16**）。これはちょうどWegnerによって提唱された運動主体感が起こる3条件と合致している。すなわち事前性として運動意図が存在していること，整合性としてコンパレータによる矛盾の検出がないこと，そして排他性として自己以外に結果を引き起こした要因が存在しないことである。ただし，(1) と (2) についての知見は多く報告されている一方で，(3) についてはまだ報告例が少ない。また右下頭頂葉は (1) では運動主体感の高いときに活動が見られるが，(2) では運動主体感が低いときに活動が見られるというように一見矛盾した活動が報告されている。これは実験条件の違いによるのか，あるいはより解像度の高い脳機能イメージングや解析を行えば空間的に分離できるのか，今後の検討が必要である。さらに (1) から (3) までを同時に検討した研究も筆者の知る限り存在しない。したがって，これらはまだ仮説にすぎず，今後さらなる知見を蓄積

していき，それに加えてこれらの間の機能的結合などのネットワーク解析を行うことが重要になってくるだろう。

2.5 運動主体感と身体所有感の関係性

2.5.1 「動くラバーハンド」錯覚

さてここまで，運動主体感と身体所有感（第1章）をひとまず独立したものとして見てきたが，果たしてこれらは本当に独立と考えてよいのだろうか？ むしろ，運動主体感を強く感じる身体に対して身体所有感を強く感じたり，またその逆のことが起こると考えられないだろうか。本章の最後にこの二つの自己感の関係性について考えてみたい。

これを調べるための一つの方法として，能動的に自らの手を動かしたときと，受動的に手が動かされたときの違いを見ることが挙げられる。能動的に動かした手に対しては運動主体感と身体所有感が感じられるが，受動的に動かされた手に対しては身体所有感だけが感じられるはずである。

Kalckert & Ehrsson（2012）は自分の手の動きに合わせて動くラバーハンドを用いて「動くラバーハンド moving rubber hand」錯覚実験を行った（図 2.17）。このときにラバーハンドが自分の手の動きと同期または非同期に動く条件（時間的整合性），ラバーハンドの向きが自分の身体の向きと整合または非整合（180 度回転）の条件（空間的整合性），ラバーハンドを自ら動かすとき（能動的運動）または実験者によって動かされるとき（受動的運動）を組み合わせた条件で身体所有感と運動主体感を調べた。その結果，能動運動において同期―整合条件では身体所有感と運動主体感の両方を感じられたのに対し，同期―非整合条件では運動主体感のみが感じられ，非同期条件ではどちらも感じられなかった。一方，受動運動

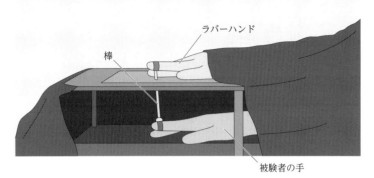

図 2.17 動くラバーハンド錯覚実験

の時には同期−整合条件では身体所有感のみが感じられ，運動主体感は感じられなかった。

その後の研究でも類似の結果が得られており（Kalckert & Ehrsson, 2014a; Braun et al., 2014），運動主体感は動きの時間的整合性が成立していれば比較的感じやすいのに対して，身体所有感は手の形をしていること（Ma & Hommel, 2015）や動かしている指（人差し指，中指，など）が一致していること（Caspar et al., 2015a），また自己身体周辺空間（PPS）に動くラバーハンドが存在すること（Kalckert & Ehrsson, 2014b）などが時間的整合性に加えて必要となることが報告されている。前章でも述べたとおり，身体所有感における空間的整合性の重要性がここでも確認できる。

2.5.2　ロボットハンド錯覚

前節の「動くラバーハンド」を拡張して，自分の手の動きに合わせて動くロボットハンドに対して自己感を抱かせる錯覚を「ロボットハンド錯覚」という。ロボットハンド錯覚では，自分がロボットハンドを動かしているという運動主体感と，ロボットハンドが自

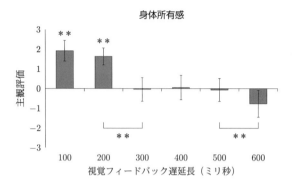
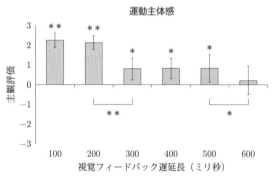

図 2.18 ロボットハンド錯覚時の身体所有感と運動主体感

分の手のように感じられる身体所有感の両方が生起すると考えられ，実際にそのことが複数の研究によって示されている（Caspar et al., 2015a; 2015b; Romano et al., 2015）。

筆者ら（Ismail & Shimada, 2016）は，被験者にデータグローブを装着して手の動きに合わせて CG の手が動く実験系を構築し，数百ミリ秒の視覚フィードバック遅延を挿入した。その結果，ラバーハンド錯覚の場合と同様に，200 ミリ秒前後の遅延を境にして，身体所有感と運動主体感の両方が大きく減衰することが示された（図 2.18）。興味深いのは，ともに 200 ミリ秒遅延で減衰するもの

の，運動主体感は 500 ミリ秒遅延まではある程度感じられる一方で，身体所有感は 300 ミリ秒以上の遅延では完全に消失してしまうことである。このことは，フィードバックの遅延に対して，運動主体感のほうが寛容であり，身体所有感は感じられなくても運動主体感は感じられるという状態がありうることを示している。これは前節の動くラバーハンド錯覚実験の知見とも整合性があるといえる。また Imaizumi & Asai（2015）も遅延適応パラダイムとロボットハンド錯覚を組み合わせた実験により，ほぼ同様の結果を得ている。これらの知見を組み合わせると，身体所有感は運動主体感に比べてより限局された空間的整合性と時間的整合性を必要としているといえる。

筆者らはさらにロボットハンド錯覚実験中の頭頂葉の活動を NIRS を用いて計測した（Ismail & Shimada, 2018）。この実験では CG ではなく実際のロボットハンドを動かし，100, 400, 700 ミリ秒の遅延条件での脳活動を比較した。その結果，右の角回において 100 ミリ秒遅延条件のときに 400, 700 ミリ秒遅延条件に比べて有意に強い脳活動が見られた。このことは下頭頂葉がロボットハンド錯覚における自己身体感の生起に関わっていることを示している。

2.5.3　運動主体感と身体所有感の関係

運動主体感と身体所有感の関係については，両者を独立した感覚であるとする「独立モデル（independence model）」とどちらかがどちらかに依存しているとする「加算モデル（additive model）」がこれまでに提唱されている。たとえば独立モデルを支持する結果として，Tsakiris ら（2010）は，能動的運動における整合条件，つまり運動主体感が強く感じられる条件において，pre-SMA が活動し，一方，受動的運動における整合条件，つまり身体所有感が強

く感じられる条件では，内側前頭前野が活動することを報告している。このとき能動的運動と受動的運動で共通して活動する領野が見つからなかったことから，運動主体感と身体所有感は独立した感覚であるという主張をしている。

　一方，身体所有感と運動主体感の相関や相乗効果を示すものなど，加算モデルを支持する結果も少なくない。たとえばCasparら（2015b）は，ロボットハンド錯覚を用いて運動主体感と身体所有感を調べた結果，両者の生起に強い相関があることを報告している。前述の筆者らのロボットハンド錯覚実験（Ismail & Shimada, 2016）においても，運動主体感と身体所有感に有意な相関を見出している。これらの結果は，運動主体感と身体所有感の加算モデルを示唆しているが，相関だけではどちらがどちらの上に「加算」されるのかはわからない。一方では，運動主体感のない身体所有感が存在すること（受動的運動）から，運動主体感が身体所有感の上に加算されると考えることもできる。また他方では，前述のロボットハンド錯覚実験など，身体所有感のない運動主体感も存在することから，まずロボットハンドに対して運動主体感を持った後に継続して使用することで，身体所有感が生じてくる可能性も示唆される。

　脳活動の側面から考えると，前章で見たように身体所有感は運動前野と頭頂葉のネットワークが深く関わっており，特に左運動前野が身体所有感と相関した活動を示していた。一方，本章で見たように運動主体感では，頭頂葉は同様に重要な働きを示すが，運動前野の活動はそれほど顕著ではなく，むしろSMA領域や島皮質の活動が示されている。つまり下頭頂葉は身体所有感と運動主体感の両方で重要な働きを担っているが，身体所有感では運動前野が，運動主体感ではSMAと島皮質が前面に出てくるという部分的な乖離も見られる。

　さらに，身体所有感と運動主体感はお互いに促進し合う相乗効

果があることも報告されている。たとえばTsakirisら（2006）は，ラバーハンド錯覚において人差し指を刺激したときに小指（およびその逆）へも錯覚が転移するかを調べた。すると，触覚刺激や受動的刺激の場合には転移が見られなかったが，被験者が能動的に手を動かした条件の場合には転移が見られた。このことから身体所有感は身体部位特異的に起こるのに対して，運動主体感はこれをより広範な身体部位へ拡張する働きがあると論じている。また最近の研究では，先にラバーハンド錯覚で身体所有感を持たせた後に，運動主体感を調べる実験を行うと，通常の場合よりも運動主体感を持ちやすいという結果が得られている（Burin et al., 2017）。これは身体所有感が運動主体感を促進する効果があることを示している。また逆に，携帯電話など普段から所持して使用し慣れている物体に対してラバーハンド錯覚実験と同じ刺激を与えると，ラバーハンドに対してとほぼ同等の強さの錯覚（身体所有感）が生じることが報告されている（Liepelt et al., 2017）。これは使用経験によって生じた道具に対する運動主体感が身体所有感を促進する可能性を示唆している。

　このように身体所有感と運動主体感の関係性は複雑であり，その特性を調べる更なる研究と，それらの結果を説明できるより包括的なモデルが必要とされているといえる。運動主体感と身体所有感は独立性と相互依存性の両方が示されており，かつ両者の間に相互作用も存在することから，どちらかがどちらかの上に「加算」されるという単純なモデルではなく，部分的に共通するメカニズムを持ちつつ，それぞれに異なる側面も持つという，もっと精緻なモデルを構築していく必要があるだろう。

参考文献

入來篤史（2004）『Homo faber 道具を使うサル』（神経心理学コレクション），医学

書院.

佐藤徳（2011）何が自己を自己たらしめるか：運動主体感の研究から．認知科学 **18**, 29-40.

嶋田総太郎（2014），身体的自己の生起メカニズム，『自己を知る脳・他者を理解する脳—神経認知心理学からみた心の理論の新展開』（社会脳シリーズ，苧阪直行 編），新曜社.

ダマシオ, A. R.（1999）『無意識の脳 自己意識の脳』（田中三彦 訳），講談社（2003）.

ドレイファス, H. L.（1991）『世界内存在—『存在と時間』における日常性の解釈学』（門脇俊介 監訳），産業図書（2000）.

ハイデガー, M.（1927）『存在と時間』（ちくま学芸文庫，細谷貞雄 訳），筑摩書房（1994）.

森岡周, 嶋田総太郎（2018）身体失認・失行症のリハビリテーション身体意識の問題から捉える，『身体性システムとリハビリテーションの科学 2 身体認知』（近藤敏之，今水寛，森岡周編），東京大学出版会.

リベット, B.（2004）『マインド・タイム—脳と意識の時間』（下條信輔 訳），岩波書店（2005）.

Balslev, D., Nielsen, F. A., Lund, T. E., Law, I., Paulson, O. B. (2006) Similar brain networks for detecting visuo-motor and visuo-proprioceptive synchrony. *NeuroImage*, **31**, 308-312.

Beck, B., Di Costa, S., Haggard, P. (2017) Having control over the external world increases the implicit sense of agency. *Cognition*, **162**, 54-60.

Blakemore, S. J., Frith, C. D., Wolpert, D. M. (1999) Spatio-temporal prediction modulates the perception of self-produced stimuli. *Journal of Cognitive Neuroscience*, **11**, 551-559.

Braun, N., Thorne, J. D., Hildebrandt, H., Debener, S. (2014) Interplay of agency and ownership: The intentional binding and rubber hand illusion paradigm combined. *PLoS ONE*, **9**, e111967.

Burin, D., Pyasik, M., Salatino, A., Pia, L. (2017) That's my hand! Therefore, that's my willed action: How body ownership acts upon conscious awareness of willed actions. *Cognition*, **166**, 164-173.

Caspar, E. A., Cleeremans, A., Haggard, P. (2015a) The relationship between human agency and embodiment. *Consciousness and Cognition*. **33**, 226-236.

Caspar, E. A., De Beir, A, Magalhaes De Saldanha Da Gama, P. A., Yernaux, F., Cleeremans, A., Vanderborght, B. (2015b) New frontiers in the rubber hand experiment: when a robotic hand becomes one's own. *Behavior Research Methods*, **47**, 744-755.

Cavazzana, A., Penolazzi, B., Begliomini, C., Bisiacchi, P. S. (2015) Neural underpinnings of the 'agent brain': New evidence from transcranial direct current stimulation. European *Journal of Neuroscience*. **42**, 1889-1894.

Chambon, V., Wenke, D., Fleming, S. M., Prinz, W., Haggard, P. (2013) An online neural substrate for sense of agency. *Cerebral Cortex*, **23**, 1031-1037.

Daprati, E., Franck, N., Georgieff, N., Proust, J., Pacherie, E., Dalery, J., Jeannerod, M. (1997) Looking for the agent: an investigation into consciousness of action and self-consciousness in schizophrenic patients. *Cognition*, **65**, 71-86.

Desmurget, M., Reilly, K. T., Richard, N., Szathmari, A., Mottolese, C., Sirigu, A. (2009) Movement intention after parietal cortex stimulation in humans. *Science*. **324**, 811-813.

Farrer, C., Frith, C. D., (2002) Experiencing onself vs another person as being the cause of an action: The neural correlates of the experience of agency. *NeuroImage*. **15**, 596-603.

Farrer, C., Franck, N., Georgieff, N., Frith, C. D., Decety, J., Jeannerod, M. (2003) ZModulating the experience of agency: a positron emission tomography study. *NeuroImage*. **18**, 324-333.

Farrer, C., Frey, S. H., van Horn, J. D., Tunik, E., Turk, D., Inati, S., Grafton, S. T. (2008) The angular gyrus computes action awareness representations. *Cerebral Cortex*, **18**, 254-261.

Gentsch, A., Schutz-Bosbach, S. (2011) I did it: unconscious expectation of sensory consequences modulates the experience of self-agency and its functional signature. *Journal of Cognitive Neuroscience*, **23**, 3817-3828.

Gibson, J. J. (1979) The ecological approach to visual perception. Erlbaum.

Haggard, P., Clark, S., Kalogeras, J. (2002) Voluntary action and conscious awareness. *Nature Neuroscience*, **5**, 382-385.

Haggard, P. (2017) Sense of agency in the human brain. *Nature Reviews Neuroscience*. **18**, 197-208.

Hughes, G., Desantis, A., Waszak, F. (2013) Mechanisms of intentional binding and sensory attenuation: The Role of Temporal Prediction, Temporal Control, Identity Prediction, and Motor Prediction. *Psychological Bulletin*, **139**, 133-151.

Imaizumi, S., Asai, T. (2015) Dissociation of agency and body ownership following visuomotor temporal recalibration. *Frontiers in Integrative Neuroscience*, **9**, 35.

Iriki, A., Tanaka, M., Iwamura, Y. (1996) Coding of modified body schema during tool use by macaque postcentral neurons. *NeuroReport*, **7**, 2325-

2330.

Iriki, A., Tanaka, M., Obayashi, S., Iwamura, Y. (2001) Self-images in the video monitor coded by monkey intraparietal neurons. *Neuroscience Research*, **40**, 163-173.

Ishibashi, R., Pobric, G., Saito, S., Ralph, M. A. L. (2016) The neural network for tool-related cognition: An activation likelihood estimation meta-analysis of 70 neuroimaging contrasts. *Cognitive Neuropsychology*, **33**, 241-256.

Ismail, M. A. F., Shimada, S. (2016) 'Robot' hand illusion under delayed visual feedback: Relationship between the senses of ownership and agency. *PLoS ONE*. **11**, e0159619.

Ismail, M. A. F., Shimada, S. (2018) Inferior parietal lobe activity in visuo-motor integration during the robot hand illusion. *Psychology*, **9**, 2996-3006

Jo, H., Wittmann, M., Hinterberger, T., Schmidt, S. (2014) The readiness potential reflects intentional binding. *Frontiers in Human Neuroscience*, **8**, 421.

Kalckert, A., Ehrsson, H. H. (2012) Moving a rubber hand that feels like your own: A dissociation of ownership and agency. *Frontiers in Human Neuroscience*, **6**, 40.

Kalckert, A., Ehrsson, H. H. (2014a) The moving rubber hand illusion revisited: Comparing movements and visuotactile stimulation to induce illusory ownership. *Consciousness and Cognition*, **26**, 117-132.

Kalckert A., Ehrsson, H. H. (2014b) The spatial distance rule in the moving and classical rubber hand illusions. *Consciousness and Cognition*, **30**, 118-132.

Khalighinejad, N., Haggard, P. (2015) Modulating human sense of agency with non-invasive brain stimulation. *Cortex*, **69**, 93-103.

Kuhn, S., Brass, M., Haggard, P. (2013) Feeling in control: Neural correlates of experience of agency. *Cortex*, **49**, 1935-1942.

Lau, H. C., Rogers, R. D., Haggard, P., Passingham, R. E. (2004) Attention to Intention. *Science*, **303**, 1208-1210.

Liepelt, R., Dolk, T., Hommel, B. (2017) Self-perception beyond the body: the role of past agency. *Psychological Research*, **81**, 549-559.

Libet, B., Gleason, C. A., Wright, E. W., Pearl, D. K. (1983) Time of conscious intention to act in relation to onset of cerebral activity (readiness-potential). *Brain*, **106**, 623-642.

Ma, K., Hommel, B. (2015) The role of agency for perceived ownership in the virtual hand illusion. *Consciousness and Cognition*, **36**, 277-288.

Ma, K., Hommel, B. (2018) Metacontrol and body ownership: divergent thinking increases the virtual hand illusion. *Psychological Research.* (Epub ahead of print)

Maravita A., Iriki A. (2004) Tools for the body (schema). *Trends Cognitive Science*, **8**, 89-86.

Maravita, A., Romano, D. (2018) The parietal lobe and tool use (Chapter 25). In: G. Vallar, H. B. Coslett (Eds.) "Handbook of Clinical Neurology, Vol. 151 (3rd series) The Parietal Lobe", 481-498.

Murata, A., Fadiga, L., Fogassi, L., Gallese, V., Raos, V., Rizzolatti, G. (1997) Object representation in the ventral premotor cortex (area F5) of the monkey. *Journal of Neurophysiology*, **78**, 2226-2230.

Nobusako, S., Ishibashi, R., Osumi, M., Shimada, S., Morioka, S. (2018) Distortion of visuo-motor temporal integration in apraxia: Evidence from delayed visual feedback detection tasks and voxel-based lesion-symptom mapping. *Frontiers in Neurology*, **9**, 709.

Philippi, C. L., Feinstein, J. S., Khalsa, S. S., Damasio, A., Tranel, D., Landini, G., Williford, K., Rudrauf, D. (2012) Preserved self-awareness following extensive bilateral brain damage to the insula, anterior cingulate, and medial prefrontal cortices. *PLoS ONE*. **7**, e38413.

Reynaud, E., Lesourd, M., Navarro, J., Osiurak, F. (2016) On the neurocognitive origins of human tool use: A critical review of neuroimaging data. *Neuroscience and Biobehavioral Reviews*, **64**, 421-437.

Romano, D., Caffa, E., Hernandez-Arieta, A., Brugger, P., Maravita, A. (2015) The robot hand illusion: Inducing proprioceptive drift through visuo-motor congruency. *Neuropsychologia*, **70**, 414-420.

Sato, A. (2008) Action observation modulates auditory perception of the consequence of others' actions. *Consciousness and Cognition*, **17**, 1219-1227.

Sato, A., Yasuda, A. (2005) Illusion of sense of self-agency: discrepancy between the predicted and actual sensory consequences of actions modulates the sense of self-agency, but not the sense of self-ownership. *Cognition*, **94**, 241-255.

Schafer, E. W., Marcus, M. M. (1973). Self-stimulation alters human sensory brain responses. *Science*, **181**, 175-177

Shibasaki, H., Hallett, M. (2006) What is the Bereitschaftspotential? *Clinical Neurophysiology*, **117**, 2341-2356.

Shimada, S., Hiraki, K., Oda, I. (2005) The parietal role in the sense of self-ownership with temporal discrepancy between visual and proprioceptive feedbacks. *NeuroImage*, **24**, 1225-1232.

Shimada, S., Qi, Y., Hiraki, K. (2010) Detection of visual feedback delay in active and passive self-body movements. *Experimental Brain Research*, **201**, 359-364.

Shimada, S. (2018) The senses of ownership and agency in first-and third-person perspectives in the full body illusion. *EmBoss2018*.

Sirigu, A., Daprati, E., Pradat-Diehl, P., Franck, N., Jeannerod, M. (1999) Perception of self-generated movement following left parietal lesion. *Brain*, **122**, 1867-1874.

Spence, S. A., Brooks, D. J., Hirsch, S. R., Liddle, P. F., Meehan, J., Grasby, P. M. (1997) A PET study of voluntary movement in schizophrenic patients experiencing passivity phenomena (delusions of alien control), *Brain*, **120**, 1997-2011.

Stetson, C., Cui, X., Montague, P. R., Eagleman, D. M. (2006) Motor-senosry recalibration leads to an illusory reversal of action and sensation. *Neuron*, **51**, 651-659.

Synofzik, M., Vosgerau, G., Newen, A. (2008) Beyond the comparator model: A multifactorial two-step account of agency. *Consciousness and Cognition*. **17**, 219-239.

Synofzik, M., Vosgerau, G., Voss, M. (2013) The experience of agency: an interplay between prediction and postdiction. *Frontiers in Psychology*, **4**, 127.

Takahata, K., Takahashi, H., Maeda, T., Umeda, S., Suhara, T., Mimura, M., Kato, M. (2012) It's not my fault: postdictive modulation of intentional binding by monetary gains and losses. *PLoS ONE*, **7**, e53421.

Toida, K., Ueno, K., Shimada, S. (2014) Recalibration of subjective simultaneity between self-generated movement and delayed auditory feedback. *NeuroReport*, **25**, 284-288.

Toida, K., Ueno, K., Shimada, S. (2016) Neural basis of the time window for subjective motor-auditory integration. *Frontiers in Human Neuroscience*, **9**, 688.

Tsakiris, M., Haggard, P., Franck, N., Mainy, N., Sirigu, A. (2005) A specific role for efferent information in self-recognition. *Cognition*, **96**, 215-231.

Tsakiris, M., Prabhu, G., Haggard, P. (2006) Having a body versus moving your body: How agency structures body-ownership. *Consciousness and Cognition*, **15**, 423-432.

Tsakiris, M., Longo, M. R., Haggard, P. (2010) Having a body versus moving your body: Neural signatures of agency and body-ownership. *Neuropsychologia*. **48**, 2740-2749.

Yomogida, Y., Sugiura, M., Sassa, Y., Wakusawa, K., Sekiguchi, A., Fukushima, A., Takeuchi, H., Horie, K., Sato, S., Kawashima, R. (2010) The neural basis of agency: An fMRI study. *NeuroImage.* **50**, 198–207.

Yoshie, M., Haggard, P. (2013) Negative emotional outcomes attenuate sense of agency over voluntary actions. *Current Biology*, **23**, 2028–2032.

Wegner, D. M. (2002) "The illusion of conscious will". The MIT Press.

Weiss, C., Herwig, A., Schutz-Bosbach, S. (2011) The self in action effects: selective attenuation of self-generated sounds. *Cognition*, **121**, 207–218.

Weller, L., Schwarz, K. A., Kunde, W., Pfister, R. (2017) Was it me?–Filling the interval between action and effects increases agency but not sensory attenuation. *Biological Psychology*, **123**, 241–249.

Wen, W., Yamashita, A., Asama, H. (2015) The sense of agency during continuous action: Performance is more important than action-feedback association. *PLoS ONE*, **10**, e0125226.

Zama, T., Shimada, S. (2015) Simultaneous measurement of electroencephalography and near-infrared spectroscopy during voluntary motor preparation. *Scientific Reports*, **5**, 16438.

感じる自己
―自己の「存在感」はどこから来るのか

　これまで，身体から自己感がどのように生起するのかについて見てきた。そこでは身体に関する視覚や触覚などの感覚と運動の間の時空間的整合性，さらにはそれらと高次認知との整合性が，身体所有感と運動主体感を生じさせるために重要であることが示された。本章では，別の側面からの自己へのアプローチとして，自己身体の内側から得られる情報としての，情動・感情の役割について考えてみたい。

3.1　アンリの「情感性」

3.1.1　情感性

　哲学者のアンリ（1922-2002）は，自己の本質は「情感性」にあるとしている。アンリの出発点は，ハイデガーのそれと同じく，自己が「存在」しているというのはどういうことか，つまり意識以前に自己はどのように存在しているのか，ということにある。ハイデガーは，自己の世界に対する「ふるまい」の考察から「世界内存在」としての存在論を構築したが，アンリはむしろ自己の「情感性」に着目する。

　情感性とは，情動や感情の本質的な要素のことを指し，アンリはこれを「自ら自己自身を感じること」であるとしている。この「自

ら自己自身を感じること」は，感覚を経由した認識作用ではなく，表象を介さない直接的な現象である。ここには前章の運動におけるアフォーダンスとも通ずる考え方がある。アフォーダンスとは，知覚が表象を介さずに直接運動を引き起こすことであった。アンリの情感性では，知覚（アンリの用語では「受容」）が表象を介さずに直接，情感性を引き起こす。

> 最も単純な経験，脱自（意識）に先立って経験の内で自らをしつらえる経験，直接的な自己経験，本質（自己）が本質（自己）自身についてもつ根源的な感情，これは認知されたり把握されたりはしないのだろうか。感覚の媒介によるのでなしに感じられるものは，その本質において，情感性である。（中略）情感性は，本質（自己）が自ら自分自身を受容し，自分自身を感じるときの仕方なのである。
>
> アンリ（1963）『現出の本質（下）』
> （北村晋ほか 訳，法政大学出版局，2005, p.648）
> ※（）内は筆者による

さらにアンリは，感情は感覚を媒介としない以上，「何ものかについての感情ではない」とする。すなわち，感情が感じることができるのはその本性上，「自己感情」である。たしかに感情を引き起こしたものは世界に存在する何ものかであるだろう。しかし，われわれはそれを認識してそれによって感情を引き起こしているわけではない。受容は直接的にわれわれの情感性を生み出し，そして感情はいつでも「自己」の感情なのである。

> 自ら自己自身を感じるもの，したがって，感じられる何ものかではなく，むしろそのように自ら自己自身を感じることそのも

のであり,したがってまた,その「何ものか」が,自ら自己自身を感じ,自己自身を感得し,自己によって触発されることによって構成されているようなもの,それこそが＜自己＞の存在であり,＜自己＞の可能性である。

アンリ（1963）『現出の本質（下)』
（前掲書,p.652）

情感性は,他の何ものでもない自己（ここでいう「自己」は意識的な「自己」ではなく,自己身体に近い）から生じるものであり,ここには自己との絶対的な近さ,自己との非分離性がある。情感性とはいつでも自己を直接感じることである。そうすると,われわれの意識的な＜自己＞はこの情感性をベースとして構成されているとも考えられる。このような考察を通じて,アンリは「情感性が自己性の本質」であるとする。

情感性とは,その根底的な内面性の絶対的な充実において,いかなるものをも自己との関係の内に置き,かくして自己を他のいっさいのものに対置するものである。情感性が自己性の本質なのだ。

アンリ（1963）『現出の本質（下)』
（前掲書,p.652）

このような自己の捉え方は,ギャラガーの身体所有感や運動主体感とは切り口が異なるといえる。身体所有感や運動主体感では,外界の一つの存在（物体）としての身体が自己に帰属するか否かを決定づけるようなものであった。一方,アンリの情感性は,絶対的な自己身体がまずあり,そこから生まれるものとしての情感性が,自己を決定づけている。デカルト的な言い方をすれば,「世の中のす

べてのものが偽であると仮定しても，感情だけは否定できない」ということになる。「われ感じる，故にわれあり」となるだろうか。

3.1.2 情感性と認識

アンリはさらに，感情は，認識の一形態というわけではなく，むしろすべての認識の基礎を成すものだという考えを推し進める。どんな認識も感情抜きには成り立たない。

> 感情は本源的な力である。感情の内でこそ，存在するものを打ち立てる集約が生じるのであり，この集約なしには何ものも存在しないであろう。自己へと到来し自らと出会い自ら自己自身と合一することで，存在の自己による充足の内に現れ出て，そのようなものとして存在の力強さを得るものは，ひとり感情の内でのみ，また感情によってこそ，自己へと到来するのである。
>
> アンリ（1963）『現出の本質（下）』
> （前掲書，p.669）

われわれは対象を知覚し認識するときに，その「存在」を感じるわけだが，この「存在感」は感情によって支えられている。われわれは対象を「無感情に」認識しているのではない。多かれ少なかれそこには感情が伴われており，その感情こそが認識をより力強くしているのである。すなわち，いっさいの認識は情感的であるといえる。

「すべての認識は情感的である」というこの主張は一見突飛なものに思えるかもしれない。しかしながらこの「情感的である」という用語を「価値や報酬・罰を伴う」というふうに押し広げてみると，いわゆる強化学習や報酬系に関する心理学・脳神経科学研究で

これまでに見いだされてきたことと繋がってくる。快感情をもたらす対象を見れば，われわれの脳内では報酬系と呼ばれる部位が活動するのであるし，恐怖や不快感情をもたらす対象を見れば扁桃体や島，帯状回といった部位が働き出す。また感情プライミングに関する心理学研究では，快・不快を伴う対象の提示は（多くの場合，無意識的に）情動的・感情的反応を誘発することが示されている。認識が感情・情動を伴うことは認知科学的にはきわめて一般的である。その意味ではアンリの「すべての認識は情感的である」という主張は十分に受け容れられるものだといえる。

3.1.3 情感性と行動

ここまで感情と認識の関係を見てきたが，では運動についてはどうだろうか？ 情感性はどのようかにかして運動を導くことができるのだろうか？ これについてアンリは意志と情感性の関係に着目する。

アンリはまずショーペンハウアーの哲学を紐解きながら，意志は本質的に欲望，欲求であり，「自分にないものの欠如」によって生起することを指摘する。この自分にないものを獲得するという「意志」は運動行為を導き，これによって欲望が満たされればわれわれは満足し，逆に満たされなければ不満足になる。ここで，満足は運動の結果に応じて表れるわけだが，そもそも意志は「自分にないもの」という不満足から生じているので，不満足は常に満足に先行する。別の言い方をすれば，不満足は原初的であるのに対し，満足は常に2次的である。不満足は，運動の結果として表れる満足ないし不満足に対して，常に先行している。この原初的な不満足という情感性こそが意志を規定するのである。

> 情感性は，意志とその活動との結果として呈示されるのではな

い．情感性は本源的に意志を規定し，意志に内属する．（中略）意志が欲望であり，欲求であるかぎり，（中略）情感性は，意志そのもののアプリオリな規定と見なされるのである．

アンリ（1985）『精神分析の系譜―失われた始源』
（山形頼洋ほか 訳，法政大学出版局，1993，p.265）

このように情感性は意志を生み出し，われわれにその欲求を満たす行動を引き起こす．これまでの心理学等における強化学習の研究が示す通り，われわれには高い価値を獲得する可能性が高い行動をより頻繁に採用するようなメカニズムが備わっている．

情感性は諸々の価値を根源的にあらわにする能力として了解されているのだから，情感性は行動の切り離しがたい一要素として登場してくるのであり，行動の方はまさしく自らの条件として諸々の価値的内容があらわにされることをあらかじめ前提しており，それらの価値的内容の方へと自らを方向づけそれらの価値的内容の獲得ないし実現を追求するのである．

アンリ（1963）『現出の本質（下）』
（北村晋ほか 訳，法政大学出版局，2005，p.911）

ここからアンリは次のように結論づける．

情感性が行動の存在であり，＜私はできる＞の存在である．（中略）情感性が行動の本質を成し，＜私はできる＞ならびにその意志することの本質を成しているのだから，情感性と行動との関係はもはや二つの区別される項のあいだの関係として了解することはできない（中略）．つまり，情感性が行動を引き起こすのは，ある原因，動機，動因としてではなく，当の行動

の本質としてなのである。

アンリ（1963）『現出の本質（下）』
（前掲書，p.919）

　情感性は意志を生み出し行動を生み出す。これは単に情感性が意志や行動を引き起こす原因，動機，動因だということではなく，むしろこの意志や行動に「存在」を付与するものとして常に立ち会うのである。われわれの意志や行動は常に情感的なのであり，だからこそ，そこに自己感が生起するのだといえる。

3.2　情動と感情

3.2.1　情動と感情の定義

　さて次に，情動と感情が心理学，脳科学の歴史の中でどのように取り扱われてきたかを，自己（もしくは意識）との関わりに限定して，見てみたい（より一般的な情動・感情に関する解説については他を当たってほしい。LeDoux & Damasio, 2015 など）。

　情動や感情には，怒りや悲しみ，喜びなどさまざまなものがあるが，その厳密な定義や範囲の特定は難しい。脳科学者であるルドゥーとダマシオは，情動と感情を便宜的に以下のように区別することを提唱している（LeDoux & Damasio, 2015）。「情動（emotion）」とは，個体が何らかの環境状態に遭遇したときに，それによって無意識的に引き起こされる身体的反応のことである。この身体的反応には生理的活動および脳活動も含まれる。一方，「感情（feeling）」はこれらの身体的反応の意識的経験のことを指す。このように定義すると，情動は外から計測可能であり，ヒト以外の動物に対しても調べることができるが，感情は本人の主観的経験に基づいており，基本的にはヒトを対象としなければ研究ができないことになる。ま

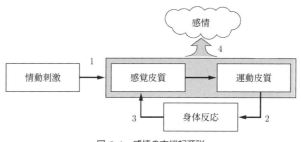

図 3.1 感情の末梢起源説

た，このもう一つの含意は，情動はより原初的であるのに対して，感情はそれに対する意識的経験という意味で常に二次的だということである。

実はこの考え方の起源は，1884年に心理学者のウィリアム・ジェームスによって提唱（その後ランゲによって修正）された「末梢起源説（ジェームス=ランゲ説）」に遡る。ジェームズは，個体がある状況に直面すると，まず身体的反応が引き起こされ，その感覚フィードバックを知覚することで感情が喚起されるとした（図3.1）。これは「われわれは悲しいから泣くのではない。泣くから悲しいのだ」という表現に集約されている。当時は（現在も一般的には），感情という心的状態が先に起こり，それによって身体的変化が引き起こされると考えられていたので，ジェームズの説はそれとは正反対のかなり大胆なものであったといえる。

3.2.2 情動の無意識的性質

前節で情動が感情に先行するという説を紹介したが，実際にわれわれは自分自身に生起する情動に対して無意識であることがしばしばある。たとえば，何か厄介な問題を抱えているときに，自分ではいつも通りにふるまっているつもりでも，友人からいつもと違う様

子を指摘されたりする。自分では意識できなくても，外から見れば自分の情動状態はよくわかってしまうということだろう。そうして指摘された後ではじめて，自分の焦りや不安に気づいたりするのである。

　情動が無意識のうちに起こることを端的に示した研究としてWhalenらのfMRI実験がある（Whalen et al., 2004）。ヒトを対象としたfMRI計測によって，ニュートラルな表情に比べて，感情を伴う表情，特に恐れの表情を見たときに扁桃体が強く活動することが知られているが，Whalenらは，被験者が刺激を見たことを意識できないくらい非常に短時間（十数ミリ秒）の刺激呈示でも扁桃体の活動が引き起こされることを示した。この結果は，われわれが見たことを意識できないような刺激でさえ，情動反応を引き起こすには十分であることを示している。さらには，閾下で与えられた情動刺激がその後の行動を変化させられること（情動プライミング）も繰り返し示されている（Zajonc, 1980）。

　ダマシオは，被験者にギャンブリング課題を行わせているときの皮膚電気反応を調べた。ギャンブリング課題では，被験者は二つのカードの山の一方からカードを一枚ずつ引いていき，カードに書かれた得点または失点の合計点が被験者への報酬として与えられる。二つの山のうちの一方は「危険」であり，大きな失点カードが含まれている。もう一方の山は比較的安全（大きな失点はない）である。被験者は回数を重ねるにつれ，徐々に危険な山からはカードを引かなくなる。このとき皮膚電気反応（自律神経系反応の一つ）を計測すると，危険な山からカードを引くときのほうが，安全な山から引くときよりも大きくなる。興味深いことに，被験者にいつ頃「危険な」山に気づいたかを聞いてみたところ，被験者が気づいたと答えた時期よりも前から皮膚電気反応は既に大きくなっていた。つまり，意識的にどちらの山が危険かを認識・判断するよりも前

に，情動的（身体的）には既に「知っていた」わけである。興味深いことに内側前頭前野・前頭眼窩野を損傷した患者では，このような皮膚電気反応が出なくなり，いつまでたっても危険な山からカードを引いてしまう。ダマシオはこの結果から高次の意思決定が身体的反応（情動）によって支えられているという「ソマティックマーカー仮説」を提唱している（ダマシオ，1994）。

このように情動が感情や意識に先行して無意識のうちに生起することはさまざまな研究によって示されてきている。ルドゥーとダマシオによる「情動」と「感情」の定義はこのような知見を取り込んだものであるといえる。

3.2.3 情動と島皮質

前節で見たように情動は無意識的な身体的反応と密接に結びついているが，一方で，感情は情動を意識化したものである。この無意識的情動の意識化を可能とするためには，脳は身体または情動の状態を何らかの形で表現し，感情が意識的にアクセスできるようにしておく必要がある。このような感情のベースとなる脳内身体表現のある場所として注目されているのが島皮質である（図 **3.2**）（ダマシオ，1999）。

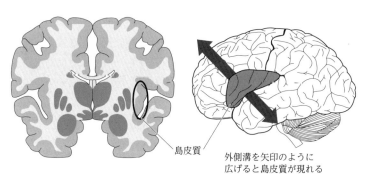

図 **3.2** 島皮質

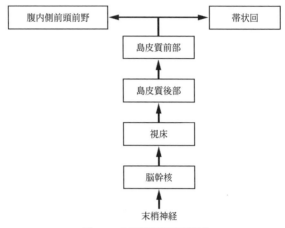

図 3.3 内受容感覚の投射経路

　島には内受容感覚的な身体表現が存在すると考えられている。ここで内受容感覚とは，自己身体内部から集まる各種の生体情報のことであり，心拍，血流量，温度，酸素レベル，pH など，内臓を含めた末梢神経からのホメオスタシス情報を指す。これらの情報は，脳幹核，視床を経て最終的に島皮質に投射される（図 3.3）（ダマシオ，2003）。興味深いことに，これらの内受容感覚情報を送る神経経路は，一次体性感覚野へ投射される身体運動に関わる神経経路とは完全に分離されている。したがって，島皮質に存在する内受容感覚的身体表現は，感覚運動皮質領野に見られる感覚運動的身体表現とは区別できる。島からはさらに帯状回や腹内側前頭前野への投射がある。

　内受容感覚への意識的アクセスには，島前部および帯状回前部の活動が関与していることが繰り返し示されている。たとえば自分の心拍を数えさせたり（心拍カウント課題），心拍と同期してタッピングをさせたり（心拍同期課題）すると，成績の良い人ほど島と

帯状回の活動が亢進する（Critchley et al., 2004）。興味深いことに，内受容感覚に敏感な人（意識的にアクセスしやすい人）はそうでない人と比べて感情を感じる度合いが強いことが示されている（Herbert et al., 2007）。この知見は自己身体の状態を意識化することで感情が生じるというジェームズの末梢起源説とも整合性のある結果だといえる。

　最近の脳機能画像研究によると，自身が痛みを被っているときには島，帯状回，一次および二次体性感覚野などが活動する（Bernhardt & Singer, 2012）。これらのうち，体性感覚野および島後部は痛みの物理的な強さと関連した活動を示し，島前部と帯状回は被験者が主観的に感じた痛みの強さと相関した活動を示す。このことから Craig（2009）は，身体の生理的状態が島後部に入力され，それを意識的にアクセス可能な情動表現に変換したものが島前部でコード化されているというモデルを提案している。

3.2.4　内受容感覚とラバーハンド錯覚

　少し脇道にそれるが，内受容感覚とラバーハンド錯覚の関係について調べた研究を紹介しておこう。Tsakiris ら（2011）は内受容感覚への感受性の強さとラバーハンド錯覚の生起のしやすさを調べる実験を行った。彼らはまず心拍カウント課題を用いて被験者の内受容感覚の感受性を調べ，高感受性群と低感受性群の2群に被験者を分けた。その後，ラバーハンド錯覚実験を行ったところ，体性感覚ドリフトと主観性評価（アンケート）のいずれにおいても低感受性群のほうが高感受性群よりも有意に強い錯覚が起こることがわかった。さらに心拍カウント課題のスコアとラバーハンド錯覚指標の相関を取ると有意な負の相関が見られた。これは内受容感覚に対する意識的なアクセスが弱い人ほどラバーハンド錯覚が生起しやすいことを意味している。第1章で見た片麻痺患者や統合失調症患

者が健常者よりもラバーハンド錯覚が生起しやすいこととも類似している。

　一方でこれとは一見異なる結果も報告されている。Suzukiら（2013）は，仮想現実（VR）技術を用いて，自分の心拍と同期して光るラバーハンドを見せたときの錯覚を調べた。その結果，心拍に同期して光るラバーハンドに対しては，非同期に光るラバーハンドに対してよりも有意に強い身体所有感と体性感覚ドリフトが見られた。この錯覚の強さは，内受容感覚への感受性（心拍同期課題の成績）が高いほど，強くなる傾向が見られた。

　この結果は二つの意味で興味深い。まず触覚刺激を与えなくても，心拍という知覚しづらい感覚（内受容感覚）のフィードバックを，通常では起こらない光刺激で返すことで，身体所有感を生起できるという点である。われわれの身体は（もちろん）心拍に合わせて光りはしないので，脳はラバーハンドの自己身体化を経験則に基づいて行っているわけではないのは明らかである。そうではなくて，心拍情報が内受容感覚として島皮質に入力され，一方で光るラバーハンドの視覚刺激が視覚野へ入力され，これらの信号がその同期性によって統合されることによってラバーハンドが自己へと帰属されるわけである。そうするとこのような異種感覚統合は脳にとって絶え間なく行われており，その感覚の組み合わせは新規なものでも構わないのかもしれない。ただし，心拍に合わせて血管や身体が僅かに揺れたり色が変化することは起こりうるので，そういった意味では心拍と視覚フィードバックの組み合わせは脳にとって既知のものである可能性もある。

　もう一つの興味深い点は，Tsakirisらの実験と鈴木らの実験で，内受容感覚に敏感な人においてラバーハンド錯覚の生起しやすさが正反対になっていることである。一見，矛盾する結果であるが，鈴木らの実験では，実際の心拍フィードバックを視覚的に返してい

るのに対して，Tsakirisらの実験では心拍フィードバックはどこにも反映されていないことに注意すべきである。鈴木らの実験では前述の通り，心拍と視覚フィードバックの一致が錯覚を生起させる。一方，Tsakirisらの実験では，心拍フィードバックは返されず，通常の視覚–触覚の組み合わせによるラバーハンド錯覚を調べている。つまり心拍という観点から見れば，自らの身体とラバーハンドの間には必ずしも整合性が成りたっていない。このように心拍フィードバックとラバーハンドの状態の整合性という観点から見ると，鈴木らの実験では整合しているがTsakirisらの実験では整合しておらず，両者の結果には矛盾がないのだとも考えられる。

3.3 情動と自己の乖離

3.3.1 アレキシサイミア

ここまで無意識的情動と，それが意識化され感情となる過程について見てきた。ここでもし情動に何らかの障害が起こるとどうなるのだろうか？ アンリが言うように情感性が自己の本質だとすると，情動の障害は自己に対しても何らかの変調をきたすはずである。以下では脳損傷や精神疾患によって引き起こされる情動障害が自己にどのような影響を与えるかを見ていきたい。

自らの情動・感情を言語化することが困難なアレキシサイミア（alexithymia）と呼ばれる症状がある（守口，2014）。アレキシサイミア者は必ずしも内受容感覚や情動を持っていないわけではなく，それを意識化もしくは言語化することができないという部分に主要な問題がある（アレキシサイミアは当初「失感情症」と訳されることもあったが，誤解を招くので今ではあまり使われていない）。アレキシサイミアはそれだけでは精神疾患ではないが，自分の感情をうまく捉えられなかったり人に伝えられなかったりすること

によって，うつ病などの心身症を罹患するケースが多く，Sifneos (1973) によって注意すべき性格特性として報告された。

　アレキシサイミアの主要な症状は四つあるとされており，1) 感情を特定することの困難 (DIF: difficulty identifying feelings)，または感情と身体感覚を区別することの困難，2) 感情を人に伝えることの困難 (DDF: difficulty describing feelings)，3) 空想力，想像力の貧弱さ，4) 外部刺激への偏向（内面の経験に注意を向けることからの回避）が挙げられている (Goerich, 2018)。また近年では，アレキシサイミア者は他者への共感も少ないことが報告されている（これについては第6章で再び取り上げる）。このうちの 1), 2), 4) の項目を取り上げた質問紙 TAS-20 (20-item Tronto Alexithymia Scale) はアレキシサイミアの診断や研究によく用いられている。ただし TAS-20 はアレキシサイミアの認知的側面の評価に偏っており，情動的側面が考慮されていないという批判もある。これを踏まえて，上述の 1), 2), 4) のほかに，空想力と共感力を評価する項目を加えた BVAQ という質問紙も開発されている (Vorst & Bermond, 2001)。

　アレキシサイミアの脳機序はまだ解明されていないが，最近の脳機能イメージング研究により知見が徐々に蓄積されつつある。アレキシサイミア者は情動刺激に対する自発的な反応が弱く，これと対応するように扁桃体や島，帯状回などの情動に関与する領野の活動や体積が小さくなっていることが繰り返し示されている (Moriguchi & Komaki, 2013; Donges & Suslow, 2017; Goerlich, 2018)。さらに Lemche ら (2013) は，TAS-20 のサブスコアである DIF には島前部の活動低下が，DDF には後部帯状回 (PCC) の活動低下が関連していることを報告している。また，後天的にアレキシサイミアになった患者の脳損傷部位を調べた研究では，島前部がその責任部位であること，さらに島前部損傷の程度の大きい

患者ほどDIFのスコアが高く，TAS全体のスコアも高いことが報告されている（Hogeveen et al., 2016）。またBVAQを用いた研究では，アレキシサイミアの認知的側面の障害は島後部の皮質体積増加が，情動的側面は右帯状回の皮質体積増加が関連していることが報告されている（Goerlich-Dobre, et al., 2014）。

まだ研究の数が少ない上に研究間に結果のばらつきもあるが，これらの研究から，アレキシサイミア者では島や帯状回，扁桃体における情動・感情の処理が変調していることがわかる。特に島がDIF，すなわち自分の感情を特定するプロセスに特異的に関連していることが繰り返し報告されていることは興味深い。これは島皮質が内受容感覚や情動情報を集約し，その状態を意識的に識別するプロセスに関わっていることを示していると考えられる。

3.3.2 離人症

離人症（depersonalization-derealization disorder）の患者は，自分が自分のような気がしない，自分がここに存在している感じがしないという主張を行う。離人症がどのような感じなのかを言語的に表現することは難しく，人によって表現の仕方はさまざまであるが，自分の心の働きや身体，周囲の環境が質的に変わってしまい，それらが非現実的で隔絶され，自分とは関係なく動いているように感じられる。また感情がなくなってしまったという不平もよく現れる。患者は，世界との間に見えない膜があるように感じ，しばしば孤立感を感じている。

柴山（2017）によれば，離人症は非解離性離人症と解離性離人症に分けられる。このうち解離性離人症（解離性障害）については第1章で述べたように，自己が自分自身から離れているという感覚を持つものであり，その最たるものは体外離脱体験等の意識変容である。一方，非解離性離人症（いわゆる離人症）は「現実感」が

ないという症状が主であり,「以前には自然に存在していたものがなくなってしまったという喪失感や脱落感」が多く見られる。

Sierra ら (2011) によれば,(非解離性)離人症の症状は大きく四つに分類され,1) 非身体感 (feeling of disembodiment),2) 感情の鈍化,3) 記憶想起の変調,4) 非現実感 (derealization) である。

「非身体感」は,文字通り,身体所有感や運動主体感を自分の身体に対して感じられなくなる症状である。自分が身体の中にいないように感じ,自己を外から眺めているような感じや体外離脱,自己幻視が起こったりする(ただし体外離脱と自己幻視は非解離性離人症では稀である)。運動が自分の意志とは関係なく自動的に起こっているように感じたり(運動主体感の欠如),体性感覚に変調が起こることも多い。ただし意識的な自己感が欠如している一方で,運動制御そのものには何も問題はない。

「感情の鈍化」とは,喜びや恐怖,嫌悪感などの感情が失われることである。患者によって,感情が全く感じられないというものから,通常の知覚に付随するはずの感情が生じてこないというものまで幅があるが,結果として,あらゆるものが「非現実的」に見えてくる点で一致している。興味深いことに,患者はしばしばそのような自分に対して嘆いたり怒りを感じたりしている。このことは「感情がなくなった」という患者の主張と矛盾しているように見えるが,外界から来る刺激に対する情動反応は弱まる一方で,自己自身への情動や感情は残っているのだと考えれば理解できる。この外界の事象と自己に対する感情喚起の違いは,両者に対して全般的に情動反応が低下する統合失調症やその他の精神疾患との大きな違いとなっている。またアレキシサイミアと同じく,離人症でも他者への共感が起こりにくいことが知られている (Lawrence et al., 2007)。

「記憶想起の変調」とは,自分自身のエピソードが自分に起こっ

たことではないように感じられる症状を指す。その記憶の事実的な情報は覚えているが，それに対する自己感が欠如した状態だといえる。これはおそらく前述の感情の鈍化が関与しており，そのエピソードに当然付随するであろう感情が生起しないことが自己感の欠如に繋がっていると考えられる。もう一つの興味深い特徴は，それらの記憶はしばしば三人称視点で思い出されるということである。これは特にネガティブな記憶に多く，ポジティブまたはニュートラルな記憶ではそれほど見られない。また，このような患者は想像や空想が貧弱だったりできなかったりする。特に他者よりも自分が何かをしている様子を想像することが苦手なことが多い。この自分自身に関する想像の苦手さは離人症の程度と相関することも報告されている（Sierra & David, 2011）。

　最後の「非現実感」とは，周囲からの隔絶感や周囲の物体の非現実感を指す。この「非現実感」は離人症で最も一般的に見られる症状である。逆に「非現実感」だけが起こり他の離人症状が見られない患者は非常に稀である。したがって，離人症と非現実感は異なる二つの症状であるというよりは，根は同じものが二つの症状として表れてくるのだと考えられる。アンリが言うようにすべての認識の底に情感性があるのだとすると，情感性との接続が失われることで身体感や現実感も失われてしまうのかもしれない。

　離人症の脳機能イメージング研究も少しずつ増えている（Phillips et al., 2001; Sierra & David, 2011）。アレキシサイミアと同様に離人症患者も情動刺激に対する反応に乏しく，たとえばネガティブ情動を喚起させる画像を見せたときでも島前部や扁桃体の活動が起こらない。一方で離人症では前頭前野の活動が健常者よりも強まっている。これはおそらく前頭前野から情動領域への抑制ネットワークの活動を反映しており，離人症患者では前頭前野が過活動することによって情動領野の活動を抑制していることが考

えられる。最近の研究で，薬物治療の前後での離人症の脳活動を計測したところ，治療後に改善が見られた患者では島皮質の活動が治療前より上昇しており，前頭前野の活動は低下していた。一方，改善が見られなかった患者ではこのような変化は起こっていなかった（Medford et al., 2016）。離人症は，人生の中での辛い出来事がトリガーとなって発症することも多く，このときの防衛反応としての前頭前野による情動や感情の抑制がその後も定着してしまった結果である可能性も示唆されている（Sierra & David, 2011）。

3.3.3　コタール症候群とカプグラ症候群

非常に稀な症例なのでまだ十分な知見が揃っているわけではないが，おそらく情動処理が正しく行われなくなったせいで，「自分はもう死んでいる」と主張する患者がいる。これはコタール症候群と呼ばれ，1880年にコタールによって報告され，以降，散発的に症例が報告されてきた。症例数が少ないために大規模な比較研究ができないのが難点であるが，(1) さまざまな物や人の存在の否定，(2) 不死の観念（自分は死な（ね）ないという観念。「自分はもう死んでいる」というのも，死にたくても死ねないという意味で根は同じだと考えられる），(3) 強い罪悪感や迫害観念，(4) 感覚異常や幻覚（無痛症や過敏症，空腹感や内臓感覚の欠如，身体位置感覚の異常など），(5) 不安反応などが症状としてよく見られる（Dieguez, 2018）。これらがすべて現れるのか，あるいはこの中のどれかがコタール症候群の核となる症状なのかどうかはまだよくわかっていない。コタール症候群は一過性に表れる症状であり，多くの患者は一定期間の治療の後，回復することが多い。また，男性よりも女性に現れることのほうが多いようである。コタール症候群の患者はもともと重度のうつ病を伴っていることが多い。加えて，上述 (4) の身体感覚の異常も多く見られる。おそらくこれらが重なることで自己

や世界の存在の否定に繋がるのだと考えられる。

　症例数が少ないことからその脳の病変部位もまだ特定できていないが，興味深い症例報告として，両側の島皮質の萎縮が見られる65歳のコタール症候群女性患者の例がある（Chatterjee & Mitra, 2015）。彼女は，直近の6ヶ月で気分が鬱ぎ，日々の活動に興味を失い，絶望感や自殺を家族にほのめかすようになった。直近の2ヶ月でさらに症状が進み，自分の脳や身体に癌があると言いだした。しまいには自分の脳は完全に腐ってしまったと言い，それが家族に伝染することを恐れ，自分の不幸を呪うようになった。この1ヶ月では，ついに彼女は「自分は死んでしまった」と言い出し，それ以上は特に話さなくなってしまった。この患者は身体検査では特に問題はなかったが，MRIで脳画像を撮像すると，両側の島皮質に萎縮があることがわかった。著者のChatterjeeらは，島の萎縮によって自己由来の内受容感覚・内臓感覚の認識ができなくなり，自己身体の所有感に変調をきたしたのではないかと推測している。

　アナンサスワーミー（2016）は，自殺未遂の末に，コタール症候群になった患者について紹介している。彼は「自分の精神は生きているが，脳はもう死んでいる」，よって自分はもう死んでいると信じていた。この患者の脳代謝をPETを用いて調べると，脳の広範な領域で活動が落ちていた。特に楔前部や帯状回後部（PCC），後頭頂葉，背側前頭葉，そして右のTPJの活動低下が著しかった（Charland-Verville, et al., 2013）。これらは3.4節に後述する自己意識に関連する領野と，前章までに見てきた自己身体所有感に関連する脳部位である。この報告では島皮質については言及されていないので，前述した島皮質の内受容的自己の損傷だけでなく，身体所有感に関わる外受容的自己の損傷でもコタール症候群が引き起こされる可能性が示唆される。

　コタール症候群は自分は存在していないという主張を行うが，こ

れと似た症例として,カプグラ症候群の患者は,自分に身近な他者(親や恋人など)が本物ではないと強く主張する(ラマチャンドラン&ブレイクスリー,1998)。カプグラ症候群では,その他者が見た目には(たとえば)自分の親と全くそっくりであることを認めるが,にもかかわらず,彼らは宇宙人や他の誰かが変装しているのであって本当の自分の親ではないと信じている。この一つの解釈として,顔認識に関わる脳領野(紡錘状回など)と情動の領野の結合が切れてしまったために,本来なら身近な他者に対して感じるはずの親密な情動や感情が感じられず,したがってその他者は本物ではないという解釈をするのだと考えられている。この考え方を転用すれば,コタール症候群では自己認識に関わる領野と情動処理に関する領野の結合が途絶えてしまったために起こるという仮説が考えられる(Dieguez, 2018)。例はまだ少ないが,コタール症候群とカプグラ症候群が併発する症例も報告されている(Sottile, et al., 2015)。自己や他者の「存在」の認識に,情動が深く関わっていることがこれらの症例から窺え,興味深い。

アレキシサイミア,離人症,コタール症候群と見てきたが,ここにはある種の連続性が見て取れる。すなわち,情動や内受容感覚の処理もしくはその状態の意識化に障害が起こるとアレキシサイミアとなり,それがさらに進むと自己感や現実感の消失が起こり,離人症状が現れる。これが最も進むと自己の存在が信じられず,「自分は死んでいる」というコタール症候群となる。これはあくまで大雑把な仮説に過ぎないが,情動が根底で自己感に繋がっており,島皮質がこのプロセスに中心的に関わっている可能性が示唆されているといえる。

3.4 ダマシオの自己モデル

ダマシオは自らの著作の中で,情動・感情がベースとなって自己

が形成されるというモデルを提案している。彼の著書『無意識の脳 自己意識の脳』で提案され，さらにその後の著作『自己が心にやってくる』でより洗練された自己のモデルについて，ここで見ておきたい。

われわれがここまで見てきたのと同様に，ダマシオも，自己の基礎を身体に置く。この身体が脳のなかでマップないしイメージとして形成されるのだが，ダマシオのモデルの特徴は自己イメージの階層構造を仮定する点にある。ここでは，まず自己イメージの基礎となる自己として「原自己」を置く。この原自己が顕在化され，「今ここ」に存在する自己感としての「中核自己」が形成される。この中核自己は意識ではあるが，必ずしも言語化された意識ではなく，むしろイメージとしての意識であるとダマシオは考えている。この中核自己の上に，自らの記憶を用いて自己のアイデンティティを確立する「自伝的自己」が登場する。

ここで重要なのは，自己の源となる「原自己」である。原自己は自らの身体の原初的なマップとイメージを持っており，体性感覚と内受容感覚を含む。この原自己の最も基本的な産物は「原初的な感情」である。この原初的な感情こそが，さまざまな情動や感情を生み出すとともに，自己の原型を提供する。ダマシオはこのように自己と感情が切り離せない関係にあることを強調する。このあたりはアンリを彷彿とさせる。

ダマシオの原自己の主要構成要素は，上部脳幹核（孤束核，中脳水道周囲灰白質など），上丘，島，帯状回，体性感覚野である（図**3.4**）。島や帯状回は前節でも内受容感覚処理に重要な部位として紹介した。が，むしろ，ここで注目すべきは，脳幹レベルですでに自己の原型となる身体マップが存在するという主張である。

これにはいくつかの根拠がある。その一つは「水頭無脳症」の子どもたちである。水頭無脳症の子どもは，脳幹は無傷だが，大脳皮

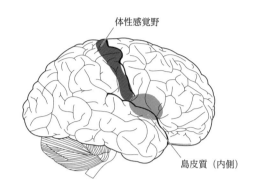

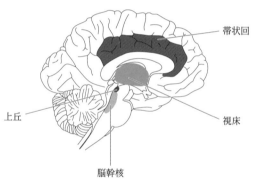

図 3.4 原自己の脳領野

質のほとんどすべてを失った状態で生まれてくる。一般には「植物状態」とされるが，実際には世話をしてくれる人や世界に対する反応が見られる（これは本当の植物状態の患者には見られない）。彼らには情動表現が存在し，おもちゃや心地よい音に対して微笑んだり，くすぐられると笑ったりする。また普段から世話をしてくれる人には選好を見せるが，知らない人にはおびえたりする。これらの行動は明らかに彼らに情動が存在していることを示している。彼らの脳に無傷で存在するのは脳幹核だけで，島や体性感覚皮質は存在

しない。したがって，脳幹が存在していれば原初的な感情を抱くことができるのだといえる。

逆に，島が情動や感情に不可欠な部位だとすると，島を損傷した患者では感情が感じられなくなるはずである。しかしながら，実際には両側の島を失った患者でも，痛みや快楽の感情を持っている。温度など，不快な環境では不満を述べたりするし，実験で情動刺激を呈示すれば明らかに感情経験の変化が見られる。このことは，島はより詳細な情動や感情の処理を行うには重要だとしても，島がなくなると感情や情動そのものがなくなるというわけではないことを示している。前節で見たアレキシサイミアや離人症などのように島の異常は自己感に変調をきたす可能性があるが，それらの患者にしても情動を完全に失ってしまうわけではなかった。

ダマシオの原自己は，まだ自己という意識が芽生える前の，自己感の原型のようなものを想像させる。ちょうどアンリの言う情感性とも近い。ここには，意識化されないがたしかに存在する原初的な情動・感情がある。

これに対して「中核自己」は意識の芽生えである。中核自己が生起するためには，対象のイメージとそれに対する原初的な感情が結びつく必要がある。フッサールは，「意識とは常に何かに対しての意識である」（第 1 章），つまり意識が生起するためには何らかの対象が必要だと述べたが，ダマシオの中核自己はこれと対応している。中核自己が生成されるときには，目の前にある対象とそれによって引き起こされた原初的感情が結びつき，「その対象を知っているという感情」とそれに応じた「その対象の重要性」が主体にもたらされる。このような目の前の対象の「イメージ」とそれに対する「感情」が共生起している状態が，ダマシオの中核自己である。この感情がなぜ「意識」となるのかについての説明は十分にはなされていないのだが，先に紹介したアンリの，認識には情感性が付随す

るという考え方と通底しているといえる。この中核自己は瞬間瞬間に生起し、それが時間とともに流れていく。中核自己は、「今ここ」の自己意識を織りなしている。

　一方、「自伝的自己」はより人間的な意識を構成する。自伝とはエピソード記憶の集合体であり、個人の個人性を成り立たせる。ダマシオの考えでは、エピソード記憶が思い起こされる際には、それに対する感情も同時に生起され、これらが合わさって自伝的自己意識が形成される。中核自己が「今ここ」に縛り付けられているのに対して、自伝的自己は時空間的に自由である。ただし自伝的自己においてもイメージと感情の組み合わせという構図が保たれているという意味で、自伝的自己は中核自己のメカニズムがなければ構築できない。アルツハイマー病など記憶障害のある患者では自伝的自己が大幅に損なわれるが、中核自己は健常である。

　さて、これら中核自己と自伝的自己に関わる脳領野はややはっきりしないのだが、ダマシオはこれらの意識に後部内側皮質 (posterior medial cortex, PMC) が関与しているという説を提唱している（ダマシオ、2010）。PMCには、後部帯状回、楔前部、脳梁膨大部といった部位が含まれる（図3.5）。実はこれらの領域は、これまでの研究でもまだその機能がよくわかっていなかった領野である。PMCは、頭頂連合野、側頭連合野、前頭前野、嗅内皮質、帯状回前部、扁桃体、運動前野など広範な高次連合野からの入力を受けるとともに、そのほとんどの領野に対して出力を返している。このような解剖学的特徴から、意識を形成するには都合が良い領野だとダマシオは主張する。

　実際、麻酔研究により、患者が意識を失うときには、PMC領域の活動低下が関わっていることが明らかにされている。また睡眠研究でも、PMCの活動は覚醒状態で最も高く、次いでレム睡眠中、そして徐波睡眠中では最も低くなる。さらにPMCはデフォルトモ

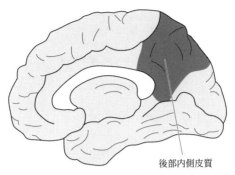

図 3.5　後部内側皮質

ードネットワーク（何も課題を行わずに自由に連想（マインドワンダリング）をしているときに活動する脳領域）の主要な構成要素であり，自伝的記憶に注意を向けさせると活動が上昇することがわかっている。これらの知見は，PMC が意識の構成に深く関わっている可能性を支持している。

　ダマシオの中心的な主張は，原自己が作り出す原初的な感情こそが自己を生み出しているということである。これはアンリのいう情感性こそが自己の本質だという主張とオーバーラップする。両者に共通するのは，このような原初的感情から生み出された自己の上に，高次の自己が構築されていく様子を描こうとする試みであるといえる。

参考文献

アンリ，M.（1963）『現出の本質（下）』（叢書ウニベルシタス）（北村晋，阿部文彦 訳），法政大学出版局（2005）．

アンリ，M.（1985）『精神分析の系譜―失われた始源』（叢書ウニベルシタス）（山形頼洋ほか 訳），法政大学出版局（1993）．

アナンサスワーミー，A.（2016）『私はすでに死んでいる―ゆがんだ＜自己＞を生みだす脳』（藤井留美 訳），紀伊国屋書店（2018）．

柴山雅俊 (2017)『解離の舞台―症状構造と治療』金剛出版.

ダマシオ, A. R. (1994)『生存する脳―心と脳と身体の神秘』(田中三彦 訳), 講談社 (2000).

ダマシオ, A. R. (1999)『無意識の脳 自己意識の脳―身体と情動と感情の神秘』(田中三彦 訳), 講談社 (2003).

ダマシオ, A. R. (2003)『感じる脳―情動と感情の脳科学 よみがえるスピノザ』(田中三彦 訳), ダイヤモンド社 (2005).

ダマシオ, A. R. (2010)『自己が心にやってくる―意識ある脳の構築』(山形浩生 訳), 早川書房 (2013).

守口善也 (2014) アレキシサイミアと社会脳, 『自己を知る脳・他者を理解する脳―神経認知心理学からみた心の理論の新展開』(苧阪直行 編), 1-40, 新曜社.

ラマチャンドラン, V. S., ブレイクスリー, S. (1998)『脳のなかの幽霊』(角川21世紀叢書)(山下篤子訳), 角川書店 (1999).

ルドゥー, J. (1996)『エモーショナル・ブレイン―情動の脳科学』(松本元, 川村光毅 訳), 東京大学出版会 (2003).

Bernhardt, B. C., Singer, T. (2012) The neural basis of empathy. *Annual Review of Neuroscience*, **35**, 1-23.

Charland-Verville, V., Bruno, M-A., Bahri, M. A., Demertzi, A., Desseilles, M., Chatelle, C., Vanhaudenhuyse, A., Hustinx, R., Bernard, C., Tshibanda, L, Laureys, S., Zeman, A. (2013) Brain dead yet mind alive: A positron emission tomography case study of brain metabolism in Cotard's syndrome. *Cortex*, **49**, 1997-1999.

Chatterjee, S. S., Mitra, S. (2015) "I do not exist"—Cotard syndrome in insular cortex atrophy. *Biological Psychiatry*, **77**, e52-e53.

Craig, A. D. (2009) How do you feel-now? The anterior insula and human awareness. *Nature Review in Neuroscience*, **10**, 59-70.

Critchley, H. D., Wiens, S., Rotshtein, P., Ohman, A., Dolan, R.J. (2004) Neural systems supporting interoceptive awareness. *Nature Neuroscience*, **7**, 189-195.

Diegues, S. (2018) Cotard Syndrom. Bogousslavsky, J. (ed) Neurologic-Psychiatric Syndromes in Focus. Part II—From Psychiatry to Neurology. *Frontiers in Neurology and Neuroscience*, **42**, 23-34.

Donges, U-S., Suslow, T. (2017) Alexithymia and automatic processing of emotional stimuli: A systematic review. *Reviews in Neuroscience*, **28**, 247-264.

Goerlich, K. S. (2018) The multifaceted nature of alexithymia—A neuroscientific perspective. *Frontiers in Psychology*, **9**, 1614.

Goerlich-Dobre, K. S., Bruce, L., Martens, S., Aleman, A., Hooker, C.

I. (2014) Distinct associations of insula and cingulate volume with the cognitive and affective dimensions of alexithymia. *Neuropsychologia*, **52**, 284-292.

Herbert, B.M., Pollatos, O., Schandry, R. (2007) Interoceptive sensitivity and emotion processing: an EEG study. *International Journal of Psychophysiology*, **65**, 214-27.

Hogeveen, J., Bird, G., Chau, A., Krueger, F., Grafman, J. (2016) Acquired alexithymia following damage to the anterior insula. *Neuropsychologia*, **82**, 142-148.

Lawrence, E. J., Shaw, P., Baker, D., Patel, M., Sierra-Siegert, M., Medford, N., David, A. S. (2007) Empathy and enduring depersonalization: the role of self-related processes. *Social Neuroscience*, **2**, 292-306.

LeDoux, J. E., Damasio, A. R. (2015) 情動と感情, 『カンデル神経科学』(金澤一郎, 宮下保司 日本語版監修), 1056-1070。メディカル・サイエンス・インターナショナル。

Lemche, E., Brammer, M. J., David, A., S., Surguladze, S. A., Phillips, M. L., Sierra, M., Williams, S. C. R., Giampietro, V. P. (2013) *Psychiatry Research: Neuroimaging*, **214**, 66-72.

Medford, N., Sierra, M., Stringaris, A., Giampietro, V., Brammer, M. J., David, A. S. (2016) Emotional experience and awareness of self: Functional MRI studies of depersonalization disorder. *Frontiers in Psychology*, **7**, 432.

Moriguchi, Y., Komaki, G. (2013) Neuroimaging studies of alexithymia: Physical, affective, and social perspectives. *Biopsychosocial Medicine*, **7**, 8.

Phillips, M. L., Medford, N., Senior, C., Bullmore, E. T., Suckling, J., Brammer, M. J., Andrew, C. Sierra, M., Williams, S. C. R., David, A. S. (2001) Depersonalization disorder: Thinking without feeling. *Psychiatry Research: Neuroimaging*, **108**, 145-160.

Suzuki, K., Garfinkel, S. N., Critchley, H. D., Seth, A. K. (2013) Multisensory integration across exteroceptive and interoceptive domains modulates self-experience in the rubber-hand illusion. *Neuropsychologia*, **51**, 2909-2917.

Sierra, M., David, A. S. (2011) Depersonalization: A selective impairment of self-awareness. *Consciousness and Cognition*, **20**, 99-108.

Sifneos, P. E. (1973) The prevalence of 'alexithymic' characteristics in psychosomatic patients. *Psychotherapy and Psychosomatics*, **22**, 255-262.

Sottile, F., Bonanno, L., Finzi, G., Ascenti, G., Marino, S., Bramanti, P., Corallo, F. (2015) *Journal of Stroke and Cerebrovascular Diseases*, **24**, e103-e104.

Tsakiris, M., Tajadura-Jimenez, A., Costantini, M. (2011) Just a heartbeat away from one's body: interoceptive sensitivity predicts malleability of body-representations. *Proceedings of the Royal Society B*, **278**, 2470-2476.

Vorst, H. C., Bermond, B. (2001) Validity and reliability of the Bermond-Vorst alexithymia questionnaire. *Personality and Individual Differences*, **30**, 413-434.

Whalen, P. J., Kagan, J., Cook, R. G., Davis, F. C., Kim, H., Polis, S., McLaren, D. L., et al. (2004) Human amygdala responsivity to masked fearful eye whites. *Science*, **306**, 2061-2066.

Zajonc, R.B. (1980) feeling and thinking: *Preferences need no inferences*. *American Psychologist*, **35**, 151-175.

ミラーシステム
――なぜ他者とわかりあえるのか

　ここまで「自己」の生起するメカニズムをさまざまな角度から見てきた。しかしながらわれわれは一人で生きているわけではない。日々の生活では他者と出会い，他者とコミュニケーションを取りながら生きている。このような他者と関わり合う社会性能力を脳はどのようにして手に入れたのだろうか。われわれは「自己」を超えてどのように「他者」と向き合うのだろうか？　本章では脳が「他者」を受け入れるメカニズムを見ていきたい。

4.1　他者とは誰か

4.1.1　デカルトの独我論的自己

　われわれは「他者」をいかに認識しているのだろうか？　これは，哲学の長い歴史の中でも常々取り上げられてきた大きな問題である。「他者」というときに，われわれはその人を自分と同類の存在であり，自分と同じような感覚的世界や心的経験を持っていることを信じて疑わない。このような確信はどこからやって来るのだろうか？

　まず，第1章で見たようなデカルト的な自己では，このような他者は存在しえないことを見ておこう。デカルト的自己は自己以外の存在を直接信じることができず，すべての存在は自らの意識

(「われ思う」)によって措定されていた。このような自己を「独我論的自己」と呼ぶ。独我論的自己においては,他者も自己の意識によって構成されなければならない。そうするとここで以下のような矛盾が生じてくる。「他者」とは自己と同類の他の存在のことであるから,他者も独我論的世界を構築する存在でなければならない。しかし,どのようにして独我論的自己は他者もそのような存在であると確信することができるのだろうか? われわれは他者の感覚や意識を直接経験することはできないのだから,他者の独我論的世界を直接的に知ることはできない。たとえば,見た目は自分とたしかに似ているが,実は意識など持っておらず,あらかじめプログラムされたとおりの動作をするだけのロボット(哲学の分野ではしばしば「ゾンビ」と呼ばれる)ではないと,どうして言い切れるのか? デカルト的な独我論的自己は,どうやっても他者がゾンビであるという疑いを拭い去ることはできない。つまり「他者」を存在させることができないのである。

では,われわれはどのように他者を認識しているのだろうか? たしかに,デカルト的に,他者は意識や心を持っていない存在だと想像することはできる。自分は多数の人型ロボットに囲まれて暮らしているのだと,想像することもできるだろう。しかしながら,実際にはわれわれはそのような態度を他者に対して取らない。われわれは他者とともに生きることを望むし,他者から認められたいと願う。他者が傷つけば自分の心も傷つくし,楽しい経験は他者と共有したいと思うだろう。われわれは他者の存在を意識によって作り出しているのではなく,もっと深いレベルで「ただ単に知っている」のである。このような事態はデカルトの哲学では説明できない。

4.1.2 フッサールの「感情移入」論

独我論的自己の欠陥にいち早く気付き,「他我問題」として取り

上げたのがフッサールである。フッサールはその著書『デカルト的省察』の第5省察で以下のように述べている。

> いかにして私の我は自分に固有なもののうちで,「他者経験」という標題のもとに,まさに異なるものを構成することができるのか,それゆえ,意味を構成する具体的な自我そのものの具体的な内実から,この構成されたものを排除するような意味をもって,しかも何らかの仕方でその「類似物」として構成することができるのか。
>
> フッサール（1931）『デカルト的省察』
> （浜渦辰二 訳,岩波書店,2001,p.170）

意識が他者を構成するときには,自分自身の経験を足がかりとするはずである。他我問題の一番の難点は,他者と自分はその意識経験を共有していない点である。私は他者の意識を経験できない。しかしその一方で,他者も自分と類似した意識経験を持っている（はずである）。他者を構成するためには,この二つの大きな矛盾を乗り越えなければならない。すなわち,互いに独立している自己と他者のそれぞれの「意識経験」の独自性を担保したまま,その類似性を示さなければならないのである。そのようなことは一体可能なのだろうか？

これに対してフッサールは「感情移入」論を提唱することで,とりあえずの解答を与えようとする。われわれは自己の経験を他者の身体へ移入することによって,他者を構成するという説である。

> 私が私の物理的な環境世界の中で見出す身体はいずれも,独我論的な経験の中で構成される物質的事物としての《私の身体》と同じタイプの物質的な諸事物であり,私はそれらを身体とし

て統握する。すなわち私はそれらの各身体にそれぞれ一個の自我主観を感情移入するのであり、しかも自我主観に属するすべてのものと、さらに個々の事例によって必要とされている特殊な内容とを含めて、そうするのである。

フッサール（1952）『イデーン II』
（立松弘孝ほか 訳、みすず書房，2001，p.194）

ともかくこうして私は、心身両面の結合体としての一個の客観的な実在を、すなわち客観的な空間ないしは客観的な世界にその成員として組み込まれた人間を獲得するのである。そこで私はこの実在を私の自我と私の環境世界との類似物として、すなわち、それ自身の《主観的諸性質》を、例えば＜感覚与件や変動する諸現出や、それらの中で現出する諸事物＞をもつ第二の自我として措定する。

フッサール（1952）『イデーン II』
（前掲書，pp.199-200）

　まず、われわれは自己と同じ身体的特徴を持つ物質として、他者の身体を発見する。つぎにこれに対して自己の主観を投入することによって、他者を「獲得」することができるというわけである。しかしながら、こうしてしまうと、「他者」という概念は断念せざるをえない。なぜならば、他者に投入されるのは自己の経験であるので、それは本来の「他者」ではなく、あくまで自己のコピー、すなわちフッサールの言うように「第二の自己」に過ぎないからである。

　たしかにわれわれが普段認識している他者も多かれ少なかれ「自分なりに」解釈した他者でしかないことを鑑みれば、この感情移入

論もひとまずの説明として納得できないわけではない。しかしながら，果たしてわれわれは他者を認識するときに，いつもこんなに面倒なことを行っているのだろうか？　これについてフッサールは別の箇所で「それは或る種の類似に基づく統覚という把握の働きであろうが，だからといって，それは類推なのではない。ここでいう統覚とは推論ではないし，思考作用でもない」と弁明している。これはすなわち，他者は意識的な推論によってではなく，もっと直接的・自動的な統覚によって知られているはずだということである。フッサールは，この統覚ということについて，自己と他者が「対になる」という概念で説明しようとしている。

> いま私の原初的な領分のうちに一つの物体が際立って現れ，それが私の身体と似ている，すなわち，それが私の身体と現象的に対になるに違いないという状態である場合，その物体は意味が押しかぶせられることによって，直ちに私の身体から身体という意味を受け取るに違いない。
>
> フッサール（1931）『デカルト的省察』
> （浜渦辰二 訳, 岩波書店, 2001, p.203)

自己の身体と他者の身体が「対」のような状態になっていれば，推論に依らず，他者の身体は私の身体から自動的に身体性を引き継ぐはずだという。理論の完成度としてはまだそれほど高くないが，デカルト的な独我論的自己を超えていこうというフッサールの苦悩が見てとれる。この考え方を引き継いでより洗練したものに練り上げていったのは，身体性の場合と同じく，やはりメルロ゠ポンティである。

4.1.3 メルロ゠ポンティの間身体性

第1章で述べた自己の身体性に続いて,他我問題に関しても,メルロ゠ポンティはフッサールの哲学を継承してさらに発展させていった。実は,フッサールにおいては「自己」も「他者」もそれを構成するのが意識である点が足かせになっているのである。メルロ゠ポンティはこれらの主題を意識から身体性のレベルにずらすことで道を見出そうとする。

> 私は私の身体を或る種の行為の能力として,また或る世界に関する能力として体験するのであり,私が私自身にあたえられるのは,世界に向かう或る手がかりとしてでしかないのだ。ところが,他者の身体を知覚するのも,まさしく私の身体なのであり,私の身体は他者の身体のうちに己れ自身の意図の奇蹟的な延長のようなもの,つまり世界を扱う馴染みの仕方を見いだすのである。以後,ちょうど私の身体の諸部分が相寄って一つの系をなしているように,他者の身体と私の身体もただ一つの全体をなし,ただ一つの現象の表裏となる。
>
> メルロ゠ポンティ(1945)『知覚の現象学』
> (竹内芳郎ほか 訳,みすず書房,1967,p.218)

ここではフッサールが試みたように自己の「意識」が他者の「意識(経験)」を構成しようとする方法は採らず,自己の「身体」が他者の「身体」を経験する現象として他者を捉えようとしている。この発想の転換は決定的である。他の箇所でメルロ゠ポンティが言うように「私は他者を行動として知覚する(前掲書,p.222)」のであり,そうすることによって私と他者は「一つの全体」,すなわち同質の存在となることができるのである。

ところで,上の説明の中で一つ説明されなければならない言葉が

残っている。それは「奇蹟的な延長」という部分である。私はどのようにして他者の中に自己の意図の「奇蹟的な延長」を見いだすのだろうか？　実はこれはそれほど難しい問題ではない。第 2 章においてハイデガーの世界内存在や Gibson のアフォーダンスの概念を見てきたが，自己と他者の接点は自己が世界に対して採るふるまいの中に隠されている。

> それらの遺跡や風景には，＜客観的精神＞が住みついているのである。こうしたことはいかにして可能であろうか。私は，文化的対象のうちに，無記名性のヴェールにおおわれた他者の身近な現前を感じる。ひとが煙草をすうためにこのパイプを使い，ひとが食べるためにこのスプーンを使い，ひとが誰かを呼ぶためにこの鈴を使うのであり，文化的世界の知覚が検証されうるのも，人間的行為や他の人間についてのそうした知覚によってなのである。
>
> メルロ゠ポンティ（1945）『知覚の現象学』
> （前掲書，1967，p.210）

われわれが物，特に道具を見るとき，その道具は自分が使っても他者が使っても同じように使えるという特性を示す。つまり身体とその道具との関係性という意味では，自己にも他者にも違いはない。「意識」のレベルで自己と他者の等価性を示すことは途方もない難題となったわけが，「身体」のレベルで自他の等価性を示すのは何の造作もないことである。「I can」のレベルでは自己と他者は同じ存在なのである。実は同じことはすでにハイデガーによっても「共同存在」という概念で指摘されている。

このような「ともに」的な世界内存在にもとづいて，世界はい

> つもすでに，私がほかの人びとと共に分かっている世界なのである。現存在の世界は共同世界である。内存在は，ほかの人びととの共同存在である。
>
> ハイデガー（1927）『存在と時間』
（細谷貞雄 訳，筑摩書房，1994，p.260）

このように自己と他者は身体のレベルでは世界を共有している。この考察を足がかりに，メルロ゠ポンティはフッサールの「対の現象」の概念の精緻化を行う。

> フッサールは他人知覚は「対の現象」のようなものだと言っていました。その言葉は，けっして単なる比喩ではありません。他人知覚においては，私の身体と他人の身体は対にされ，いわばその二つで一つの行為をなし遂げることになるのです。つまり私は，自分がただ見ているにすぎないその行為を，いわば離れたところから生き，それを私の行為とし，それを自分でおこない，また理解するわけです。
>
> メルロ゠ポンティ『幼児の対人関係』
（木田元ほか 訳，みすず書房，2001，p.44）

自分の身体と他者の身体は，行為を介して，1対1に対応づけられるとすれば，他者の行為を見ているだけで自分の身体は（内的に）動作し始め，これによって他者の動作を理解することが可能になる。これは本章で取り上げるミラーシステムの存在を予言するものだといえる。

メルロ゠ポンティは他我問題に関する考察をさらに推し進め，「間身体性」の概念に結実させる。いま右手で自分の左手を握ったとしよう。このとき，われわれは右手が誰かの手を触っているとい

う経験と，左手が誰かの手によって触られているという両義的な経験を同時にしている。そしてさらにそのことを見ている視覚的な経験も加わる。このような経験は，自分が他者の手を握ったときに握っている他者の手が「生気を帯びた」手であるという感覚を，その都度呼び起こす。同様に自分の手が他者によって握られたときにも他者の手の「生気」を感じさせるのである。

> ここにあるのは比較でも類比でも投射でも「投入」でもない，ということに注意しなくてはならない。もし私が他人の手を握りながら，彼のそこにいることについての明証をもつとすれば，それは，他人の手が私の左手と入れかわるからであり，私の身体が，逆説的にも私の身体にその座があるような「一種の反省」のなかで，他人の身体を併合してしまうからなのである。他人もこの共現前の延長によって現れてくるのであり，彼と私とは，いわば同じ一つの間身体性の器官なのだ。
>
> メルロ゠ポンティ『哲学者とその影』
> （木田元ほか 訳，みすず書房，2001，p.166）

間身体性によって開かれる世界とは，他者の身体を自分の身体を通じて「直接に」感じとる世界である。そこには類推や感情移入は必要ないのである。あるのは行為を介した感覚運動世界の共有である。もはや他者は直接的に「経験」できるのである。

> 私がまず知覚するのは他の「感受性」なのであり，そしてそこから出発することによってのみ，私は他の人間や他の思考を知覚することになる。
>
> メルロ゠ポンティ『哲学者とその影』
> （前掲書，p.167）

> 他人の心が私の眼にも心であるとすれば，それはその身体を介してのことである。
>
> メルロ゠ポンティ『哲学者とその影』
> （前掲書, p.174）

このようにして他者を直接的に知覚することが可能になれば，それはもう独我論的自己ではなく，他者とともに生きる「共同存在」としての自己だといえる。そこからわれわれのコミュニケーションや社会性の本質を理解することが可能になるはずである。

本章では上述の哲学によってその存在が示唆されていたミラーニューロンの発見から始めて，その特徴と機能的役割について考えていきたい。

4.2 ミラーシステム

4.2.1 ミラーニューロンの発見

ミラーニューロンとは，自己が運動するときだけでなく，他者が同じ運動をしているのを見たときにも活動するという特性を持つニューロンのことであり，サルの運動前野（F5）において初めて見つかった。運動前野は運動の制御に関わる領域なので，自己が運動をするときに活動することは不思議ではない。しかし自己が運動をしていないにもかかわらず，他者の運動を見ただけで運動前野のニューロンが活動するという事実は，それまでの知見からは説明がつかなかった。ここには何らかのメカニズムで視覚情報から運動への変換が行われており，他者運動の知覚に観察者の運動表現が関わっていることを示唆している。これはまさにメルロ゠ポンティが言っていたように，「他者を行動として知覚」していることを意味している。

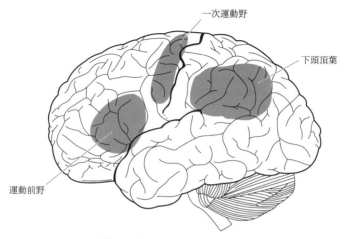

図 4.1　ミラーニューロンシステム

　ミラーニューロンは運動の種類に選択的に活動し，ある特定の運動に対して反応するニューロンは他の運動を観察しても活動しない（Rizzolatti, 2001）。ミラーニューロンの持つこの運動選択性は重要であり，他者の運動全般に対して反応しているわけではないことを示している。視覚的に与えられた他者運動の脳内情報処理は，純粋に視覚的な分析というよりも，自己の運動表現が深く関与したものなのである。その後，サルのミラーニューロンに類似した脳活動が，ヒトの運動前野，一次運動野，下頭頂葉でも見られることがわかり，これらの領域を総括してミラーニューロンシステム（ミラーシステム）と呼ぶようになった（図 4.1）。

　脳はこのようなニューロンを備えることによってどのような認知機能を得るのだろうか？　これまでの主要な仮説の一つは，ミラーシステムの働きによって他者の運動や意図を深いレベルで理解することができるという「シミュレーション仮説」である（Rizzolatti, 2001）。他者運動を見ることで自己の運動野が活動するということ

は，他者運動を自己の脳内運動表現を用いてシミュレートしていることを示唆しており，それによって他者がなぜそのような運動をするのかという意図を理解したり，そのときにどのような気持ちや感情を持っているかを，単なる視覚的な分析ではない深いレベルで「体験」することが可能になる。このシミュレーション仮説は，ミラーシステムがヒトの社会性の基盤を提供しているという議論の基礎となっている。

4.2.2　運動選択性

前節でミラーシステムは運動の種類に対する選択性を持つことを説明したが，このことをよく示す研究として，被験者の運動レパートリーとミラーシステムの活動の関係を調べた研究がある。Calvo-Merino らは，動きが比較的似ているが異なる種類のダンス（バレエとカポエラ）をそれぞれ専門とするダンサーの脳活動（fMRI）を計測した（図 4.2）。するとバレエを専門とするダンサーはバレエを見ているときのほうが，カポエラを専門とするダンサーはカポエラを見ているときのほうが，そうでない動きを見ているときよりもミラーシステムの活動が有意に大きくなることを見出した（Calvo-Merino et al., 2005）。同様にクロスらは，バレエダンサーは，自分が踊れるバレエ動作を見ているときのほうが，踊れない新規のバレエ動作を見ているときよりもミラーシステムの活動が強くなることを報告している（Cross et al., 2006）。これらの結果は，自己の運動レパートリーに含まれる運動を観察しているときのほうが，そうでない運動を観察しているときよりもミラーシステムは強く活動することを示している。すなわち，ミラーシステムは運動の詳細，特にその運動を自分で実行できるか否かに対して強い選択性を持つといえる。

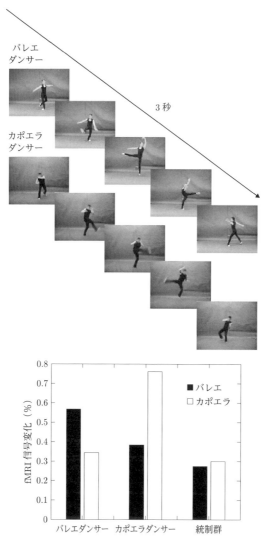

図 4.2 運動レパートリーの影響 (Calvo-Merino et al., 2005)

4.2 ミラーシステム | 135

4.2.3 目標指向性

一方で、ミラーシステムが運動の運動学的詳細よりも、他者の持つ意図に対して選択的に活動することを示す研究も多い。たとえばUmiltàら（2001）は、テーブルに置いてある物体に右手を伸ばして摑む運動（把持運動）をサルに見せた。予想通り、このときサルのミラーニューロンは活動を見せた。一方、物体を置いていないテーブルの上で把持運動の真似（パントマイム）を見せてもミラーニューロンの活動は見られなかった。このことは手の運動そのものに対してではなく、「物体を手で摑む」という意味のある行為に対してミラーニューロンは活動することを示している。次にUmiltàらは、テーブルの上の物体を見せた後に、その前に衝立を置き、サルから直接物体が見えないようにした。この状態で、実験者が把持運動を行うと、物体を手で摑む場面はサルには見えなかったにもかかわらず、ミラーニューロンはまさに把持が行われるタイミングで活

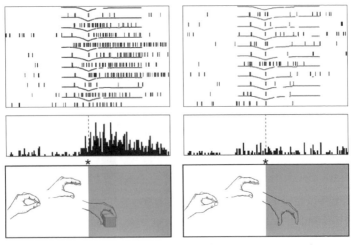

図 4.3　ミラーニューロンの目標志向性（Umiltà et al., 2001）

動することがわかった（図 4.3）。最後に，衝立の裏に何もないことを見せた後に，同様の運動を見せてもミラーニューロンは活動しなかった。これらの結果は，ミラーニューロンは他者の動きの視覚的入力そのものに対してではなく，他者の運動の意図に対して活動することを示唆している。

その後の研究においても，ミラーシステムは観察した運動の運動学的特性よりも，その運動の背後にある意図によって活動を変化させることがヒトでもサルでも確かめられている（Fogassi, 2005; Iacoboni, 2005）。また運動の視覚的提示だけでなく聴覚的提示（ピーナッツの殻を手で破っている音）でもミラーニューロンは同じように活動することが示されており（Kohler, 2002），感覚モダリティに依らず，その運動の目的や意図に対して選択的に活動することが示されている。

4.2.4　模倣

ミラーシステムの機能として，シミュレーションによる他者意図理解のほかに考えられるのは他者運動の模倣である。模倣を行うためには，他者運動の視覚情報から自己の運動出力を生成しなければならない。ミラーシステムは両者に共通の運動表現を生成・提供するものであると考えれば，模倣において重要な役割を果たしていることが期待できる。しかしながらミラーニューロンが最初に見つかったサルにはヒトのような模倣能力がないという理由で，この模倣仮説はシミュレーション仮説ほど広くは受け入れられてこなかった。

ただ，サルは模倣しないという主張の論拠となっているのは，Tomaselloらによる「真の模倣」の定義であり，「それまでに観察者が修得していない新規の複雑な行動を見たときに，その行動を取った他者の意図を理解した上で，その行動を逐一再現する」という

厳しいものであった（Tomasello, 1999）。たしかにそのような模倣はヒト以外の動物では見られないが，最近の研究では，より一般的な意味での「模倣＝観察した他者運動の再現または頻度増加」は，サルやチンパンジーでも見られることが示されている（de Waal & Ferrari, 2010）。そう考えると，ミラーシステムが模倣において果たす役割はもっと注目されて良いのではないだろうか。

　Iacoboniら（1999）はヒトにおけるミラーシステムの存在を初めて報告した論文の中で，他者運動を模倣するときのほうが，他の視覚刺激をキューとして同じ運動をするときよりもミラーシステムが強く活動することを報告している。またVogtら（2007）は，ギターのコードを押さえる動作を模倣させる実験を行い，練習したことのあるコードよりも練習したことのないコードを模倣するために他者の手を観察したときのほうがミラーシステムの活動が強くなることを報告している。これらの結果は，他者運動を模倣する意図を持って観察するときにはミラーシステムの活動が強まることを示しており，ミラーシステムと模倣の関連性を示すものであるといえる。

　この結果は，一見，運動レパートリーの議論と矛盾する。つまり運動レパートリーの議論では，自己にとって既知の運動のほうがミラーシステムの活動が高かったのに対して，模倣の場合には未知の運動のほうが活動が高まった。これはどちらかの結果が間違っているのではなく，他者運動に対する観察者の姿勢の違いが現れているのではないかと考えられる。すなわちバレエやカポエラの場合には，自分の専門とする動きに対してのほうが，より他者との一体化が起こってミラーシステムの活動が促進されるが，模倣の場合には未知の運動に対して，それを取り込もうとするミラーシステムの働きが強く出てくるのだと考えられる。このようにミラーシステムの活動のモジュレーションは複雑であり，いくつかの要因が関係していることに注意しなければならない。

4.2.5 運動エラー観察時の活動

ミラーシステムは一般に，観察した運動をそのまま表現していると考えられている。しかしながら，4.2.3 節で見たように，必ずしも観察していなくても頭の中でシミュレートできていれば，ミラーシステムはあたかもその運動を観察しているかのように活動する。そのような，実際に観察している運動とミラーシステムの活動に乖離が見られるもう一つの例は，観察している運動中にエラーが含まれるときである。

Agliotiらは，バスケット選手がフリースローでシュートをするビデオ映像を，プロバスケット選手，コーチ，一般人に対して見せたときのミラーシステムの活動を調べた（図 4.4）（Aglioti et al., 2008）。このとき，経頭蓋磁気刺激（TMS）という手法を用いて，ビデオ観察中のあるタイミングで運動野に TMS 刺激を加え，その

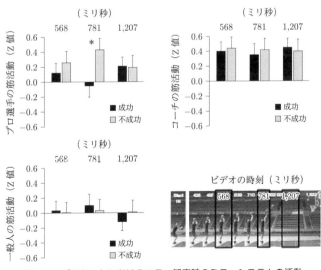

図 4.4 バスケットにおけるエラー観察時のミラーシステムの活動
（Aglioti et al., 2008）

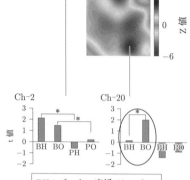

BH：バッター応援でヒット
BO：バッター応援でアウト
PH：ピッチャー応援でヒット
PO：ピッチャー応援でアウト

図 4.5 野球におけるエラー観察時のミラーシステムの活動（Shimada, 2009）

ときの腕の筋肉の活動量を調べた。ビデオ映像を観察することによって運動野（＝ミラーシステム）の活動が促進されれば，TMS 刺激によって引き起こされる運動もそれだけ大きくなると予想される。シュートが成功したときと失敗したときのミラーシステムの活動を調べると，フリースロー中にプレイヤーの手からボールが離れる瞬間に TMS 刺激を加えると，成功スローのときよりも失敗スローのときに有意にミラーシステムの活動が強くなっていることがわかった。興味深いことに，このような反応の違いは，プロ選手だけに見られ，コーチや一般人では見られなかった。このことは熟練者のミラーシステムは，観察している他者の運動エラーに対して活動することを示している。

筆者らも NIRS を使って同様の実験を行ったことがある（Shimada, 2009）。この実験では，野球経験者にプロ野球のピッチャーとバッターが対戦するシーンを観察させた（図 4.5）。映像ではバ

ッターがボールを打った直後までしか見せなかったが，被験者はその打球がヒットになったかアウトになったかをほぼ正確に答えることができた。このとき，バッターがヒットを打ったときとアウトになったときの脳活動を比較したところ，バッターがアウトになったときのほうが運動野の活動が有意に大きくなっていた。

　運動学的な観点からは，どちらの実験においても，成功と失敗に大きな違いはない。したがって，ミラーシステムの活動が観察した行動の運動学的特徴を単純に反映しているだけだとすれば，両者に違いは見られないはずである。にもかかわらず，失敗時にだけミラーシステムの活動が強くなるのはなぜだろうか？　一つの解釈として，ミラーシステムの働きによって観察者がビデオ映像中のプレイヤーと一体化しているとすれば，プレイヤーが失敗をしたときには観察者の脳内ではむしろそれを修正するような運動指令が自動的に生成されたとは考えられないだろうか。このときミラーシステムはプレイヤーの運動を反映しているのではなく，むしろプレイヤーの動きを制御（しようと）しているのだといえる（成功しているときにはこのような補償は必要ないので特に大きな活動は生じない）。

　一方で，これらと逆の結果も報告されている。van Schie らは，フランカー課題と呼ばれる単純な反応課題を他者が行っている様子を被験者に観察させた（van Schie et al., 2004）。フランカー課題では，右または左向きの不等号記号が五つ並んで出てくる。このとき左右二つずつの四つは向きが同じであり，真ん中の記号だけが他の四つと同じ向き（整合条件）または異なる向き（非整合条件）になっている。課題はこのときの中央の記号がどちらを向いているかをできるだけ早く答えさせるというものである。フランカー課題はエラー誘発課題としてよく用いられ，非整合条件のときは整合条件のときよりも頻繁にエラーが起こる。このときの運動野の活動を脳波で測定したところ，他者が正解したときには運動野の活動が見ら

れたが，不正解のときには活動が抑制されていた。

　これと似たような現象は，やはり筆者らによる別の実験でも確認されている。ここでは二人のプレイヤーが向かい合ってジャンケンをしている映像を呈示し，被験者にはこのうちの一方のプレイヤーを（心の中で）応援しながら観察するように教示した（Shimada & Abe, 2009）。このときの運動野の活動を近赤外分光法（NIRS）を用いて計測したところ，応援しているプレイヤーが勝ったときには，負けたときや引き分けだったときと比べて有意に強い活動が見られた。

　これらの研究では，観察しているプレイヤーのエラーはむしろミラーシステムの活動を弱める効果があったといえる。つまり，プレイヤーの運動が成功しているときには観察者のミラーシステムが強く活動するが，エラーが起こるとミラーシステムの活動も消失する。

　さてこの節の前半に紹介した研究では，運動エラーがミラーシステムの活動を誘発したが，後半の研究では運動エラーがミラーシステムの活動を減少させた。一見矛盾する結果だが，これらの違いはどこにあるのだろうか？　筆者は，これは観察者と被観察者の（瞬間的な）関係性を反映しているのだろうと考えている。ミラーシステムの活動が観察者と被観察者の一体化の度合いを反映しているとすれば，両者の一体化が強ければ，エラーが起こってもその状況を改善しようとする補償的な運動が生じる。一方，エラーによって一体化が途切れてしまえば，もはやその運動を補償する活動は生じなくなる。バスケや野球の選手など，観察者と被観察者の運動レパートリーが強く一致している場合には一体化が継続される可能性が高い。一方，実験者から教示を受けて他者を観察するといった程度であれば，一体化もそれほど深いレベルでは起こらないのかもしれない（熱烈なファンによる応援なら結果は異なるかもしれない）。結

局，ミラーシステムは他者の運動が呈示されればいつでも同じように活動するというものではなく，そのときどきの両者の関係性を反映して，活動が変化するのだと考えられる。

4.2.6　ロボット観察時の活動

最後にロボットの動きを観察しているときのミラーシステムの活動について見てみたい。ロボットと一口に言ってもさまざまであり，親しみを感じるロボットもいれば，どこか不気味さを覚えるロボットもいる。このような違いはどこから現われるのだろうか？ロボットもある種の他者だと考えれば，このような感じ方の違いにミラーシステムが関わっていることは十分に考えられる。以下では筆者らの行った二つの実験をもとに議論を行いたい。

ロボットを観察しているときのミラーシステムの活動についての初期の研究はミラーシステムの活動について否定的なものが多い。すなわちロボットの動作を見ているときには人の動作を見ているときほどミラーシステムは強く活動しないというものである（Kilner et al., 2003; Tai et al., 2004）。しかしながら，その後の研究では，ミラーシステムがロボットの動作に対しても人の動作を見ているときと同様の活動を示すことが報告されている（Gazzola et al., 2007; Oberman et al., 2007）。これらの研究による違いは，用いられているロボットの違いに起因している可能性がある。そこで筆者らはCGを用いてエージェントの外見と動作（キネマティクス）を統制し，その影響を調べる実験を行った（Shimada, 2010）。外見としては，人間とロボットの2種類，キネマティクスも人間的なスムーズな動作とロボット的なカクカクした動作の2種類を用意し，この組み合わせで4種類の映像を作成した（人間をH，ロボットをRとして外見—キネマティクスの順に表すと，HH条件，HR条件，RH条件，RR条件。たとえばHR条件は，外見が人間

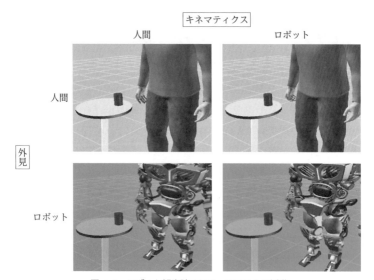

図 4.6 ロボット観察時のミラーシステムの活動

でキネマティクスがロボットの条件。図 4.6)。このときの左運動野（ミラーシステム）の活動を NIRS を用いて計測した。その結果，HH 条件および RR 条件では弱いながらも正の脳活動が見られたのに対して，HR 条件ではミラーシステムが強く不活性化（deactivation: 負方向への活動変化）していることがわかった。

ミラーシステムが HH 条件で活動することは予想されていたが，RR 条件でも弱い活動が見られたことはやや意外な結果であった。ミラーシステムの活動が自己の運動レパートリーに含まれる運動に対して亢進するとすれば，RR 条件ではむしろ活動が弱まることが予想されたが，結果は逆であった。この実験の被験者は日本人の大学生であるが，彼らはこれまでにロボットのアニメや CG 等を見る機会が数多くあったと考えられ，その経験が今回のミラーシステムの活動につながった可能性が考えられる。つまりミラーシス

テムは，自らが運動できるかどうかという運動レパートリーだけでなく，その運動を頻繁に目にしたことがあるかどうかという視覚的経験（視覚的運動レパートリー）にも影響を受けることが示唆される。

一方，HR 条件では強い deactivation が見られた。HR 条件，すなわち人間がロボット的な動作をしているのを観察しているときにミラーシステムの活動が抑制されることは何を示すのだろうか。これは自分の視覚的運動レパートリーにない見慣れない動作に対しては，ミラーシステムの活動が強く抑制されることを示唆している。RR 条件で活動が起こっていることを考えると，外見およびキネマティクスの要素が単独でミラーシステムの活動に影響を及ぼしているのではなく，両者の組み合わせが奇異であるときにミラーシステムの活動が抑制されるのだといえる。

上述の実験における HR 条件で見られた deactivation についてさらに検討するために，エージェントのキネマティクスがミラーシステムの活動に与える影響を調べる次の実験を行った（Shimada & Oki, 2012）。ここでは人間の外見をした CG エージェントが机の上にあるコップを摑むパントマイム動作を行う様子を観察させた。このとき，刺激映像のコップへ手をのばす動作の途中に不自然な約 70 ミリ秒のポーズ（静止）を挿入した。この実験では，ポーズなし，ポーズ 2 回，ポーズ 6 回の 3 条件を用意した。実験後のアンケートより，ポーズの回数が増えるにつれて，エージェントの動きの不自然さ（「ギクシャクさ」）が増すことを確認している。

NIRS を用いて脳活動を計測したところ，先述の実験結果から予想された通り，ポーズ 6 回条件では deactivation が見られた。しかしながら，予想に反して，ポーズ 2 回条件で逆に有意な正の活動が見られた。これらの結果は，自然な動きよりも少しだけ不自然な動きに対してはミラーシステムは強く活動し，さらに不自然さが

強くなるとミラーシステムは逆に deactivation することを示唆している。ミラーシステムの deactivation については前述の実験結果と整合性があり，信頼度の高い結果といえる。一方，少しだけ不自然な動きに対して活動が亢進することについては，前節の運動エラー観察時のミラーシステムの活動と類似しており，ミラーシステムはミスのないスムーズな運動よりも多少の「運動エラー」を含んだ運動に対して強く活動する可能性を示している。

インタラクティブロボット分野におけるジレンマとして，ロボットが人間に似てくれば似てくるほど不気味さが増すという「不気味の谷」と呼ばれる現象がある。これはロボットがある程度までであれば人間に似てくると好感を抱くが，それを超えるとむしろ不気味さを感じるというものである。不気味の谷に関しては実験的に検証した研究が少なく，まだ議論するためのデータに乏しいが，本節で述べたミラーシステムの deactivation はこれを反映している可能性もあり，今後の検証が期待される。

4.3 ミラーシステムの発達

4.3.1 乳児の模倣とミラーシステム

前節で述べたように，ヒトのミラーシステムと模倣には関連がある。これについて，発達的観点からもう少し掘り下げてみたい。ヒトは他の種に比べて模倣能力が発達しており，ヒト社会の高度な文化はこの能力なしには達成できなかったと考えられる。ヒトは，他者の行為を意図的に模倣するだけでなく，本人にはその気がなくても無意識的に模倣をしてしまう現象（無意識模倣）が頻繁に見られる（Chartrand & Burgh, 1999; Chartrand et al., 2005）。たとえば近くにいる人が足をゆすると自分もつい足をゆすってしまうなどがその例である。あるいはあくびの伝染なども有名な例である。ま

た前頭葉を損傷した患者の中で，目の前の人の行動を何でも模倣してしまう「模倣行動」症状が見られることがある。これは前頭葉の持つ抑制能力が損なわれた結果，自動的に模倣が起こってしまうため（脱抑制）だと考えられている。これらはヒトには他者の運動を模倣する根源的な傾向が備わっていることを示唆しており，ミラーシステムと模倣の深い関わりがこうした事例からも推測できる。

実際に子どもはよく周囲のヒトの模倣をする。このような子どもの模倣能力もヒトが模倣を行う傾向が強いことを示している。この能力が特に顕著になるのは1〜2歳以降であるが，それよりも早く生後数ヶ月の時期から顔や手の運動を模倣するという報告も数多くなされている。特に有名な報告は，生まれたばかりの赤ちゃんが大人の顔の表情を模倣するというもの（新生児模倣）である（Meltzoff & Moore, 1977）。生後数時間しか経っていない赤ちゃんに向かって大人が舌を出したり，口を開けたりすぼめたりすると，赤ちゃんはそれと同じ表情を示す。生まれたばかりの赤ちゃんはまだ鏡などで自分の顔を見たことがないということを考慮すると，赤ちゃんが鏡を見ながら自分の顔の筋肉の動かし方を学習したわけではないことは明らかである。とすると，赤ちゃんは生まれた時点からすでに他者運動の視覚入力を自己の運動プログラムに変換できる能力を持っていると考えるほかない。このように赤ちゃんはおそらく生得的に，遅くとも1歳の頃には，かなりの模倣能力を持つことが知られている（Tomasello, 1999）。

これらの事実はヒトには乳幼児の頃からミラーシステムが備わっていることを示唆するが，これについてはこれまでにごくわずかの報告があるのみである。筆者らは，生後6〜7ヶ月の赤ちゃんが他者運動を観察しているときの脳活動を調べる実験を行った（図**4.7**）（Shimada & Hiraki, 2006）。実験ではお母さんの膝の上に座った赤ちゃんの頭部に近赤外分光法（NIRS）の光プローブを設置

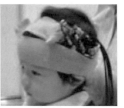

NIRSによる乳児のミラーシステムの計測

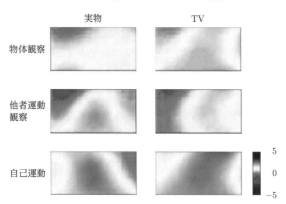

図 4.7　乳児のミラーシステム（Shimada & Hiraki, 2006）
（カラー図は口絵 1 参照）

し，目の前のモデル（他者）がおもちゃで遊んでいる様子を見てもらった（他者運動観察条件）。対照条件としては動いている物体（ボール）を呈示した（物体観察条件）。その結果，他者運動観察条件では運動野で有意な活動が見られたが，物体観察条件では運動野の活動は見られなかった。また別のセッションで赤ちゃん自身がおもちゃで遊んでいるときの脳活動を計測したところ（自己運動条件），他者運動観察時に活動していたのと同じ領域（運動野）が活動していることが確かめられた。TV 画面上に刺激を提示した場合にも，これに準ずる結果が得られた（ただし，他者運動観察条件と物体観察条件での差は，実物のモデルのときのみ有意だった）。こ

の結果は遅くとも生後6ヶ月の赤ちゃんの脳にはミラーシステムが存在していることを示している。その後の研究で，Southgateら(2009)も脳波を用いた実験で，9ヶ月の赤ちゃんを対象に同様の結果を得ており，乳児にもミラーシステムが備わっていることが確かめられている。

4.3.2 合理的模倣

前節で乳児のミラーシステムについて見たが，一般的には乳児の脳活動を計測することは難しく，まだ研究は限られている。一方で，乳児の模倣に関する行動心理学的研究は数多くなされており，そこから得られる知見も多い。ここではそのうちのいくつかを取り上げて紹介したい。

前節で6ヶ月の乳児にミラーシステムが備わっていることを見たが，6ヶ月というのは発達的には到達把持運動（物体に手を伸ばして掴む）ができるようになる時期である。鹿子木らは，このころの乳児が他者の運動をどのように見ているかを調べる研究を行った（図 4.8）(Kanakogi & Itakura, 2011)。実験では，二つある物体のうちのどちらかに他者の手が伸びて物体を把持する映像を乳児に呈示した。このときの視線を計測し，運動のどの時点で目標となる物体へ視線が移動するかを調べた。その結果，6ヶ月児よりも大きい乳児では実際の運動よりも先に目標物体へ視線が移動する先読み行動が見られたが，4ヶ月児ではそのような視線移動は見られなかった。このことから鹿子木らは，他者運動のゴールを予測する能力は，自らの運動能力の発達と関係していると結論している。これは4.2.2節で見た運動レパートリーの議論とも整合している。

14ヶ月になると，乳児は模倣を選択的に行うことが示されている (Gergery et al., 2002)。子どものおもちゃに，電球の部分を押すと点いたり消えたりするランプがある。この実験では，大人の

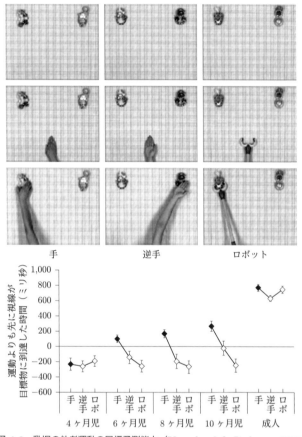

図 4.8 乳児の他者運動の目標予測能力（Kanakogi & Itakura, 2011）

実験者がこのランプを頭で押して点ける様子を乳児に見せる（図4.9a,b）。このとき，実験者の手が毛布でくるまっていて使えない条件 (a) と，両手が空いているのにあえて頭で押す条件 (b) の二つがあった。すると，実験者の手が使える映像を見せた条件では，乳児自らも頭でランプを点けるという模倣行動が見られたが，実験者

150 | 第 4 章 ミラーシステム

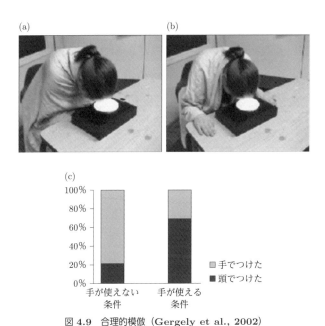

図 4.9 合理的模倣 (Gergely et al., 2002)

の両手が使えない映像を見せた条件では,そのような模倣は見られず,自らの手を使ってランプを点けるという行動が観察された(図4.9c)。

これは実験者が手を使えない条件では,本来であれば手で点けられたことを乳児が理解し,自らは手で点けるという合理的な行動を選択したことを意味する。逆に実験者が手が使えるのにあえて頭で点ける様子を観察した場合には,乳児はそのランプは「頭で」点けなければならないのだと理解し,自らも頭でランプを押すという行動を選択したのだと考えられる。このように 14 ヶ月になると,乳児は盲目的に大人の行動を模倣するのではなく,それを見たとおりに模倣するのが合理的な場合にだけそうするのだと考えることができる。

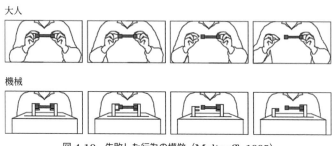

図 4.10 失敗した行為の模倣 (Meltzoff, 1995)

これと似たような乳児の能力として，18 ヶ月の乳児が大人の失敗した行為を「正しく」模倣することも知られている (Meltzoff, 1995)。この実験では，大人の実験者が棒の両端に輪がついているおもちゃを両手で左右に引っ張って輪を抜こうとする様子を乳児に観察させる (図 4.10 上段)。このとき，輪を抜こうとした手が滑って抜けない様子を見せてから，同じおもちゃを乳児に手渡すと，乳児は大人の動作を「模倣」して，正しく輪を抜くことができる。運動を文字通り「模倣」するのであれば，手を滑らせて輪を抜かないという動作になるはずであるが，乳児が正しく輪を抜くことができたということは，運動の見た目ではなく，むしろ実験者の運動の意図を読み取り，その意図に見合った行為を再現したと考えるべきである。実際，機械が同じことをする様子を見せても模倣は起こらない (図 4.10 下段)。これは 4.2.3 節で見たミラーシステムの他者意図に対する選択性とも整合しており，乳児は運動そのものよりも他者の意図を模倣していることがわかる。

4.3.3 自閉症スペクトラムのミラーシステム

発達障害の一つである自閉症スペクトラム (ASD) では社会性認知能力の低下が指摘され，その症状の一つとして模倣能力の低

下が挙げられている。ASDでは自然発生的（spontaneous）な模倣が見られないこと，無意味な運動や顔の表情の模倣の精度が悪いことが指摘されている（Williams et al., 2004）。こうした知見からASDではミラーシステムが機能不全に陥っているという「壊れた鏡（broken mirror）」仮説が提唱されている。つまりASDにおける社会性能力低下の原因はミラーシステムがきちんと機能していないことにあるというものである。

しかしながらその一方で，ASDにも模倣能力が備わっていることを示す知見も数多く報告されるようになっている。ASDでも健常者と同じように，視覚的に運動を呈示することによって自動的な運動促進が，逆に非整合的な運動の場合には運動成績の悪化が起こることが報告されている。また模倣するように明示的に教示さえすれば，ASDでも模倣ができることは繰り返し指摘されている。これらのことからSouthgate & Hamilton（2008）はASDのミラーシステムは「壊れていない」と主張している。ASDのミラーシステムについて調べた脳機能イメージング研究のメタ分析によると，ASDのミラーシステムが健常者よりも活動が弱いことを示すデータにはあまり一貫性がない（Hamilton, 2013）。ただし顔の表情模倣など，感情的な刺激を用いた研究では健常者とのミラーシステムの活動の違いが比較的ロバストに見られるようである。これらのことから，ASDでもミラーシステムをトップダウンに制御する能力は有しているが，社会的な手がかりから自動的に（ボトムアップに）ミラーシステムを制御する能力は低下していることが示唆される。

4.4 ミラーシステムの機能的モデル

4.4.1 ダイレクトマッチング

前節まででミラーシステムの特徴をさまざまな角度から見てきたが、ここでミラーシステムとは何を行っているシステムなのかということを、機能的モデルをいくつか紹介しながらあらためて考えてみたい。

ミラーニューロンを発見したRizzolattiらのグループは、他者運動の視覚入力がそれと同等の自己の運動表現を直接に賦活させるという「ダイレクトマッチング仮説」を提唱している（Rizzolatti, et al., 2001）。これは第2章で出てきたアフォーダンスとも呼応する考え方であり、途中に概念的な表象を介さずに、視覚入力が直接運動表現を賦活させるというモデルである。彼らは同じ意味で、他者運動の視覚入力が観察者の運動表現と「共鳴（resonance）」するとも表現する。

これと似た考え方として、新生児模倣を発見したMeltzoffは、能動的感覚間マッチング（active intermodal matching）と呼ばれるメカニズムを提唱している。これは、脳内には視覚や聴覚などの単一感覚ではなく、超感覚的な（supra-modal）運動表象が存在し、何らかの感覚入力によってこの超感覚的運動表象が賦活するとその運動が実行されるというものである（Meltzoff, 2002）。

Rizzolattiらのダイレクトマッチング仮説と、Meltzoffの能動的感覚間マッチング説は、視覚入力がほぼダイレクトに運動表現を賦活させるという意味で似たようなものとなっている。しかしながら、脳がどのような経緯でそのような神経回路を獲得するに至ったのかという点については、必ずしも明らかではない。新生児模倣が行われるためには、生まれたときからそのような神経回路が備わっていることが示唆されるが、どのようにしてそのようなことが可能

になるのかという点については疑問が残る。

Heyes はこれらに対して，ミラーシステムは視覚入力と運動の連合学習で形成されると主張している（Heyes, 2001）。つまり乳児は自分の動きを養育者（大人）が模倣するのを見ることで，自分の運動と他者の身体動作の関係を連合学習できるとする説である。これは鏡に映る自分の身体像を用いて視覚と運動の関係を学習する連合学習も含んでいる。Heyes らはこれを示すために，ロボットハンドの動きと被験者の手の動きの連合学習を行うことによって，ロボットハンドの動きに対しても運動の促進が起こるようになることを報告している（Press et al, 2007）。

Heyes らの議論は，ダイレクトマッチング仮説で説明されるようなミラーシステムがどのように形成されるのかのメカニズムを説明しようとしている点で評価は出来る。しかしながら筆者は，たしかにそのような連合学習も起こりうるだろうが，それだけでミラーシステムの形成のすべてを説明するというのは難しいだろうと考えている。乳児の動きを養育者が模倣することはあるだろうが，いつでもというわけではないし，また毎回正確に模倣するわけでもないだろう。そのような「気まぐれな」フィードバックを元に，これだけロバストな学習が早期に成立するとは考えにくい。また乳児が鏡を見る機会も限られている（そもそも鏡の中の自己像を自己だと認識するのは 1 歳半以降だと考えられている）。そう考えると，すべてを生まれた後の視覚－運動連合学習で説明するのは不自然であり，何かしら生得的なものか，あるいはもっと堅固な学習基盤を想定しなければならないだろう。

4.4.2 目的論的推論説

前節で述べたダイレクトマッチング仮説では，ミラーシステムは他者の動作を「見たとおりに」再現することが前提とされている。

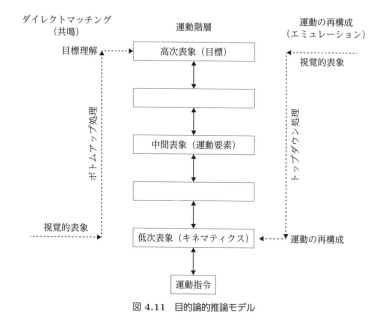

図 4.11 目的論的推論モデル

Csibra はこの点について批判を行い，他者運動の不完全な呈示でも他者の意図は理解できるという「目的論的推論説 (teleological reasoning)」を提唱している (Csibra, 2007)。つまり他者運動を内的にシミュレーションできた後に，はじめて他者の意図が理解できるのではなく，むしろ他者の意図の理解が先にあり，そこから運動表現へと活動が伝搬していくというモデルである。ダイレクトマッチング説がボトムアップ処理のモデルだとすれば，目的論的推論説はトップダウン処理のモデルだと言うこともできる（図 4.11）。

これと似た理論として，観念運動理論 (ideomotor theory; Prinz, 1997) がある。これはミラーシステムを説明するために提案されたものではないが，運動を表現する「観念」が存在し，運動を行うためにはこの観念が活性化する必要があるというモデルである。左

下頭頂葉を損傷するとしばしば「観念運動失行」という症状が現れるが，これは言語的に指示された動作を行うことができなくなるというものであり，道具の操作が稚拙になる症状も伴う（第2章）。このような症例は，言語のような観念が運動と深く関連していることを示している。

Csibraの目的論的推論における「意図」は，この観念の賦活によると考えることもできる。また前節で述べたMeltzoffの「超感覚的表現」を「観念」だと読み替えるのであれば，むしろこちらの範疇に加えた方が良いのかもしれない（が，Meltzoffの場合には意図や観念などの高次概念はそれほど含まれていないように読める）。いずれにしても，運動表現よりも抽象度の高い表象（運動観念または他者意図）を経由して，視覚入力が運動表現へ変換されるという考え方であり，ダイレクトマッチングとは異なる仮説だといえる。たとえばUmiltàらの実験（4.2.3節）やMeltzoffの運動エラー模倣（4.3.2節）などでは，不完全な運動の呈示から「正しい」運動への模倣ないしミラーシステムの活動が見られたが，これを説明するにはダイレクトマッチング説よりは目的論的推論説のほうが分が良いといえる。しかしながら，一方で，被験者が模倣しているという意識がない無意識模倣などでは，果たして「観念」が介在しているのかについては疑念もある。また自閉症スペクトラムの例では，自動的な模倣は起こりにくいが，意図的には模倣できることを見たが，これはダイレクトマッチングの経路は障害があるが，観念運動の経路は健常であるということで説明できるかもしれない。そう考えると，どちらかの説が正しいというよりは，両方の経路が存在すると考えるのが妥当であるように思われる。

4.4.3 予測コーディングモデル

4.2節で見たように，ミラーシステムの活動は他者運動に対して

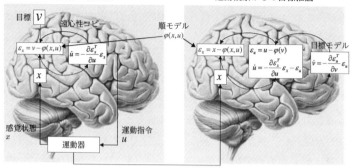

図 4.12　予測コーディングモデル (Kilner et al., 2007)

いつでも同じように起こるわけではなく，自己の運動レパートリーや他者意図の理解，あるいは運動エラーなどの要因によって変化する。ミラーシステムの活動のこのような変動を説明する一つのモデルとして予測コーディング (predictive coding) 仮説がある (Kilner, 2007)。これはミラーシステムは他者の運動を予測するための神経回路だというものである。ダイレクトマッチングにしろ，目的論的推論にしろ，ミラーシステムの活動は他者運動の視覚入力によって受動的に引き起こされているというニュアンスが強い。これに対して，予測コーディング仮説ではむしろ観察者が能動的に他者の運動を予測しながら観察するモデルだといえる。このモデルでは，観察者は自己の運動モデル（順モデル）を援用して他者運動に当てはめ，次の他者の運動（とその結果）を予測する。もし予測誤差が大きければ，他者の意図（目標）が観察者の想定と異なるとして，誤差が最小となる別の意図を新たに措定する（図 4.12）。

予測コーディングモデルに基づくと，他者の運動が観測者の予測と一致しているときにはミラーシステムの活動はそれほど大きくならないことが予想できる。一方で，観察者の予測と他者の運動の

間に少しの誤差が存在する場合，ミラーシステムは順モデルの修正や変更を行わなければならず，活動が亢進することが推測できる。この結果は，運動に少しの不自然さが存在するとき（Shimada & Oki, 2012）やエラー観察時（Aglioti et al., 2008; Shimada, 2009）にミラーシステムの活動促進が見られるという結果とも整合性がある。では観察者の予測と他者運動のずれがかなり大きい場合にはどうなるのだろうか。筆者らのロボット観察実験の結果（Shimada, 2009）から推測すると，ミラーシステムはもはや他者行為や意図の予測を行わなくなり，活動が抑制（deactivation）されてしまうのだと考えられる。

　予測コーディングモデルの優れたところは，ミラーシステムは他者運動の認識のために新たに生成されたわけではなく，元々あった自己の運動制御の神経回路が副次的に利用されるようになったとする点にある。Ikegami ら（2018）は最近行われたエレガントな実験でこのことを示した。実験ではピッチャーがボールを投げる映像を野球選手に観察させる。このときにピッチャーがどこに投げるかを教示する実験とそうでない実験を行った。教示のある実験では，ピッチャーは真ん中に投げるつもりだと教示されたが実際にはある特定の方向（右高めなど）に偏って投げる映像が提示された。これによって被験者に観察予測誤差を発生させている。その後に被験者に実際にボールを投げさせると，教示のない実験の後では，被験者はビデオのピッチャーが投げていたのと同じ方向（右高め）へ投げる傾向があったのに対し，（予測誤差が発生した）教示のある実験の後では，ピッチャーが投げたのとは逆の方向（左低め）に投球がずれるという結果が得られた。これは観察しているときの予測エラーが自分が投げるときにはそれを補正するように働いたことを示している。つまり他者のエラーを自己が補正するということが起こっているわけであり，ミラーシステムと自己の運動回路が重なっ

ていることを端的に示している。

予測コーディングモデルは，ミラーシステムがどのように獲得されたのかという疑問をうまく回避している。つまりミラーシステムとは自己の運動回路なのである。実際，ミラーシステムが他者運動の認識のためにわざわざ進化的に獲得されたというのはコスト的にもその複雑さ的にも考えにくい。自己の運動回路が他者の運動予測に転用されたとする予測コーディングモデルは，自己運動制御の神経回路とミラーシステムの脳領野の類似性から考えても，大きな説得力を持っているといえる。

4.5　ミラーシステムとは何か

本章の最後に，ミラーシステムと前章まで見てきた自己身体認識との関係について考察しておきたい。つまり，自他融合を行う脳と自他弁別を行う脳との関係である。これまで見てきたように，実はこれらの脳領野はかなりの部分で重なっており，どちらにおいても重要なのは運動野と頭頂葉のネットワークである。

ここで，主に視覚や聴覚などに由来する外在性身体情報と，体性

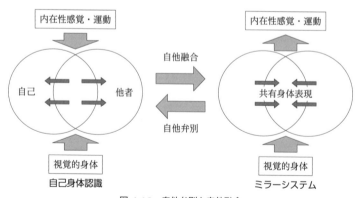

図 4.13　自他弁別と自他融合

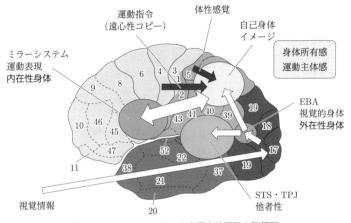

図 4.14 ミラーシステムと自己身体認識の脳領野
(カラー図は口絵 2 を参照)

感覚や運動指令に由来する内在性身体情報の 2 種類の身体情報を考えてみよう．すると，ミラーシステムは，外在性身体に対して内在性身体が反応するような脳メカニズムだということができる（図 4.13 右）．一方，自他弁別では外在性身体と内在性身体との比較が行われ，両者が整合しているときには自己身体としての処理が，そうでないときには他者身体としての処理が立ち上がる脳メカニズムだと考えられる（図 4.13 左）．

つまり外在性身体に整合するように内在性身体を活動させるのがミラーシステムであり，外在性身体と内在性身体の整合性をチェックするのが自他弁別の機能だといえる．このような二面性の機能を実現する脳メカニズムとして，筆者は次のようなモデルを考えている（図 4.14）．まず自他弁別から見ていこう．ここでは身体に関する視覚刺激が視覚野（後頭葉）へと入力され身体部位（外在性身体表現）として同定される．ここで，視覚野には身体に選択的に反応する EBA と呼ばれる領野が存在することがわかっている

(Downing et al., 2001; 第5章も参照のこと)。一方で, 体性感覚野等からの感覚情報および運動野由来の運動情報 (内在性身体表現) が頭頂葉へと投射される。この頭頂葉 (特に右半球) において, 時空間的整合性をベースとして外在性身体と内在性身体の情報の統合・マッチングが行われる (第1, 2章参照)。マッチングの結果, 内在性身体と整合性のある外在性身体が自己身体として認識され, 身体所有感や運動主体感が生起する。一方で時空間的不整合の検出された外在性身体は下頭頂葉ないしSTSへと処理が移り, 他者身体として知覚される (詳細は次章で述べる)。これが自他弁別の脳メカニズムである。

一方, ミラーシステムについては次のように考えられる。まず先ほどと同様に視覚野において外在性身体が同定され, 内在性身体との整合性がチェックされる。このとき, 自他弁別のようにその差異が意識化されるのではなく, むしろその差異が解消されるように内在性身体が自動的に調整される (運動指令が自動的に生成される)。これは運動が常に視覚フィードバックを元に無意識のうちに修正されていることを考えれば十分に可能だと推測できる。このメカニズムによって, 他者の運動を見ることによって自己の同じ運動が引き起こされることが説明できる。

また, 第1章で幻肢の患者において, 切断して存在しない手の視覚入力を補うことによって幻肢痛を除去できることを見たが (ラマチャンドランの鏡実験), これも同じような外在性身体による内在性身体の調整の結果だと考えることができるだろう。

注意しなければならないのは, ミラーシステムは他者の身体を自己の身体へと変換するものではない, ということである。ミラーシステムの定義は, ①自己が運動をしたときに活動し, ②かつ他者が同じ運動をするのを見たときにも活動する, ということである。もし変換するのがその仕事ならそもそも上の定義の①を満たす必要は

ない。ミラーシステムはあくまで他者と自己がマップされていることを示す「証拠」であり，必ずしもその変換メカニズムではない。ミラーシステムが存在するという事実から言えることは，他者身体の視覚的入力は自己の運動プログラムを駆動あるいは参照することが可能であるということである。この事実が示しているのは，メルロ゠ポンティの洞察したように，脳内の身体表象は「私の」身体だけに閉じているのではなく，他者身体の視覚入力も自己の内在性身体を呼び起こすことができるということであり，われわれの身体は視覚（感覚）を媒介として他者へと開かれているということである。すなわち，ミラーシステムはまさに自己と他者が「間身体性の器官」であることを表す脳メカニズムだといえる。

　他者をどのようにして理解できるかという問題を解く鍵は，ミラーシステムの表面的な挙動ではなく，むしろ外在性身体と内在性身体がどのように相互作用し，身体イメージないし身体スキーマへと統合されているのかという点にある。このような諸感覚の統合・相互作用のメカニズム，すなわち脳内身体表現のダイナミクスを考えていくことで自他弁別とミラーシステムという一見相反する二つの脳の機能を包括的に捉えることができるのだといえる。

参考文献

ドレイファス，H. L.（1991）『世界内存在—『存在と時間』における日常性の解釈学』（門脇俊介 監訳），産業図書（2000）．
ハイデガー，M.（1927）『存在と時間』（ちくま学芸文庫，細谷貞雄 訳），筑摩書房（1994）．
フッサール，E.（1931）『デカルト的省察』（岩波文庫，浜渦辰二 訳），岩波書店（2001）．
フッサール，E.（1952）『イデーン II』（立松弘孝，別所良美 訳），みすず書房（2001）．
メルロ゠ポンティ，M.（1945）『知覚の現象学』（竹内芳郎，小木貞孝 訳），みすず書房（1967）．
メルロ゠ポンティ，M.『哲学者とその影』（木田元，滝浦静雄 訳），みすず書房

(2001).

メルロ゠ポンティ, M.『幼児の対人関係』(木田元, 滝浦静雄 訳), みすず書房 (2001).

Aglioti, S. M., Cesari, P., Romani, M., Urgesi, C. (2008) Action anticipation and motor resonance in elite basketball players. *Nature Neuroscience*, **11**, 1109-1116.

Calvo-Merino, B., Glaser, D. E., Grezes, J., Passingham, R. E., Haggard, P. (2005) Action observation and acquired motor skills: an fMRI study with expert dancers. *Cerebral Cortex*, **15**, 1243-1249.

Chartrand, T. L., Bargh, J. A. (1999) The chameleon effect: The perception-behavior link and social interaction. *Journal of Personality and Social Psychology*, **76**, 893-910.

Chartrand, T. L., Maddux, W. W., Lakin, J. L., 2005. Beyond the perception-behavior link: The ubiquitous utility and motivational moderators of nonconscious mimicry. In: R. R. Hassin, J. S. Uleman, J. A. Bargh (Eds.) "The new unconscious". Oxford Univ. Press, 334-361.

Cross E. S., Hamilton A. F., Grafton S. T. (2006) Building a motor simulation de novo: observation of dance by dancers. *NeuroImage*, **31**, 1257-67.

Csibra, G. (2007) Action mirroring and action understanding: An alternative account. In: P. Haggard, Y. Rosetti, M. Kawato (Eds.) "Sensorimotor foundations of higher cognition: attention and performance XXII", Oxford University Press, 435-459.

de Waal, F. B. M, Ferrari, P. F. (2010) Towards a bottom-up perspective on animal and human cognition. *Trends in Cognitive Sciences*, **14**, 201-207.

Downing, P. E., Jiang, Y., Shuman, M., Kanwisher, N. G. (2001) A cortical area selective for visual processing of the human body. *Science*, **293**, 2470-2473.

Fogassi L, Ferrari PF, Gesierich B, Rozzi S, Chersi F, Rizzolatti G. (2005) Parietal lobe: from action organization to intention understanding. *Science*, **308**, 662-7.

Gazzola, V., Rizzolatti, G., Wicker, B., Keysers, C. (2007). The anthropomorphic brain: The mirror neuron system responds to human and robotic actions. *NeuroImage*, **35**, 1674-1684.

Gergely, G., Bekkering, H., Kiraly, I. (2002) Rational imitation in preverbal infants. *Nature*, **415**, 755.

Hamilton, A.F. (2013) Reflecting on the mirror neuron system in autism: A systematic review of current theories. *Developmental Cognitive Neuroscience*, **3**, 91-105.

Heyes, C. (2001) Causes and consequences of imitation. *Trends in Coginitive Sciences*, **5**, 253-261.

Iacoboni, M., Woods, R. P., Brass, M., Bekkering, H., Mazziotta, J. C., Rizzolatti, G., 1999. Cortical mechanisms of human imitation. *Science* **286**, 2526–2528.

Iacoboni M, Molnar-Szakacs I, Gallese V, Buccino G, Mazziotta JC, Rizzolatti G. (2005) Grasping the intentions of others with one's own mirror neuron system. *PLoS Biology*, **3**, e79.

Ikegami, T., Ganesh, G., Takeuchi, T., Nakamoto, H. (2018) Prediction error induced motor contagions in human behaviors. *eLIFE*, **7**, e33392.

Kanakogi, Y., Itakura, S. (2011) Developmental correspondence between action prediction and motor ability in early infancy. *Nature Communications*, **2**, 341.

Kilner, J. M., Paulignan, Y., Blakemore, S. J. (2003). An interference effect of observed biological movement on action. *Current Biology*, **13**, 522-525.

Kilner, J. M., Friston, K. J., Frith, C. D. (2007) Predictive coding: an account of the mirror neuron system. *Cognitive Processing*, **8**, 159-166.

Kohler E, Keysers C, Umiltà MA, Fogassi L, Gallese V, Rizzolatti G (2002) Hearing sounds, understanding actions: action representation in mirror neurons. *Science*, **297**, 846–8.

Heyes, C. (2001) Causes and consequences of imitation. *Trends in Coginitive Sciences*, **5**, 253-261

Meltzoff, A. N. (1995) Understanding the intentions of others: Reenactment of intended acts by 18-month-old children. *Developmental Psychology*, **31**, 838-850.

Meltzoff, A. N. (2002) Elements of a developmental theory of imitation. In: A. N. Meltzoff, W. Prinz, (Eds) "The imitative mind—Development, evolution, and brain bases". Cambridge University Press. 19-41.

Meltzoff, A. N., Moore, M. K. (1977) Imitation of facial and manual gestures by human neonates. *Science*, **198**, 74-78.

Oberman, L. M., McCleery, J. P., Ramachandran, V. S., Pineda, J. A. (2007). EEG evidence for mirror neuron activity during the observation of human and robot actions: Toward an analysis of the human qualities of interactive robots. *Neurocomputing*, **70**, 2194-2203.

Press, C., Gillmeister, H., Heyes, C. (2007) Sensorimotor experience enhances automatic imitation of robotic action. *Proceedings of the Royal Society B*, **274**, 2509-2514.

Prinz, W. (1997) Perception and action planning. *European Jouranl of*

Cognitive Psychology, **9**, 129-154.

Rizzolatti, G., Fogassi, L., Gallese, V. (2001) Neurophysiological mechanisms underlying the understanding and imitation of action. *Nature Reviews Neuroscience*, **2**, 661-670.

Shimada, S. (2009) Modulation of motor area activity by the outcome for a player during observation of a baseball game. *PLoS ONE*, **4**, e8034.

Shimada, S. (2010) Deactivation in the sensorimotor area during observation of a human agent performing robotic actions. *Brain and Cognition*, **72**, 394-399.

Shimada, S., Abe, R. (2009) Modulation of the motor area activity during observation of a competitive game. *NeuroReport*, **20**, 979-983.

Shimada, S., Hiraki, K. (2006) Infant's brain responses to live and televised action. *NeuroImage* **32**, 930-939.

Shimada, S., Oki, K. (2012) Modulation of motor area activity during observation of unnatural body movements. *Brain and Cognition*, **80**, 1-6.

Southgate V, Johnson MH, Osborne T, Csibra G. (2009) Predictive motor activation during action observation in human infants. *Biology Letters*, **5**, 769-72.

Southgate V, Hamilton, AF. (2008) Unbroken mirrors: challenging a theory of Autism. *Trends in Cognitive Sciences*, **12**, 225-229.

Tai, Y. F., Scherfler, C., Brooks, D. J., Sawamoto, N., Castiello, U. (2004). The human premotor cortex is 'mirror' only for biological actions. *Current Biology*, **14**, 117-120.

Tomasello, M. (1999) "The Cultural Origins of Human Cognition", Harvard University Press.

Umiltà, M.A., Kohler, E., Gallese, V., Fogassi, L., Fadiga, L., Keysers, C., Rizzolatti, G. (2001) I know what you are doing. a neurophysiological study. *Neuron*, **31**, 155-165.

van Schie, H. T., Mars, R. B., Coles, M. G. H., Bekkering, H. (2004) Modulation of activity in medial frontal and motor cortices during error observation. *Nature Neuroscience*, **7**, 549-554.

Vogt, S., Buccino, G., Wohlschläger, A.M., Canessa, N., Shah, N.J., Zilles, K., Eickhoff, S.B., Freund, H.J., Rizzolatti, G., Fink, G.R., (2007) Prefrontal involvement in imitation learning of hand actions: effects of practice and expertise. *NeuroImage*, **36**, 1371-83.

Williams, J. H. G., Whiten, A., Singh, T. (2004) A systematic review of action imitation in autistic spectrum disorder. *Journal Autism and Developmental Disorders*, **34**, 285-299.

第5章 脳のなかの「他者」
── それでも人の気持ちはわからない？

　前章ではミラーシステムによって他者を理解する際に自己の運動表現を用いたシミュレーションが行われることを見た。これによってわれわれは他者を自分と「同類」の存在であると受け容れることができた。しかしながら，果たしてこのようにして捉えた他者は本当の「他者」なのだろうか？　フッサールが言っていたように，このような他者はあくまで「もう一人の自己」でしかないのではないだろうか？　このような反論に答えるために，本章では，「もう一人の自己」ではない「他者」とはどのような存在なのかについて考えてみたい。

5.1　レヴィナスの「他者」

5.1.1　他者の了解不能性

　「他者」としての他者について徹底的に考察したのはレヴィナス（1906-1995）である。彼はフッサールやハイデガーに師事した後，フランスへ帰って彼らの哲学を広めるのに大きな役割を果たした（メルロ゠ポンティなどはレヴィナスによってフッサールらの現象学に初めて触れたといって良い）。レヴィナスは当初，フッサールやハイデガーの哲学に沿う形で自らの哲学を形成していくが，次第にそれらの哲学への反論という形で独自の発展をさせていく。

フッサールの現象学やハイデガーの存在論は，主体が存在を「了解（＝自己のうちに受け容れること）」できることを前提としている。しかしながら，果たして本当に主体は他者を他者以外の存在（たとえば道具）と同じように「了解」できるのだろうか。

　絶対的＜他＞，それが＜他者＞である。
　　レヴィナス（1961）『全体性と無限―外部性についての試論』
（合田正人訳，国文社，1989，p.40）

レヴィナスの出発点は，他者の絶対的な他者性である。われわれは真の他者を「了解」することはできない。他者は常にわれわれの理解を超えた存在だというのが，レヴィナスの根幹となる主張である。われわれが他者の意識や経験を直接経験できないことからもこれは正しいだろう。前章で見たミラーシステムにおいては，あくまで他者は自己のシミュレーションであった。レヴィナスはそのようなシミュレーションではない真の他者に徹底的にこだわる。レヴィナスは第1の主著『全体性と無限』の中で，このような他者を「無限」と表現する。

　無限の観念においては，思考にとってつねに外的であり続けるものが思考されるのだ。
　　レヴィナス（1961）『全体性と無限―外部性についての試論』
（前掲書，p.21）

無限とはどのようなものなのだろうか。ここでレヴィナスはフッサールの志向性の概念を持ち出す。意識における志向性とは，意識は常に何かに対しての意識であり，自己と対象との関係性から生起するものであった。つまり志向性においては意識と対象が合致し

ている。ところがいま問題にしている他者はそのような把握が不可能な存在であり，フッサールの志向性の考え方では，他者を十分に捉えることができない。したがって，ここでは従来の志向性，存在の了解，対象の認識という仕方とは異なる方法で他者を捉える枠組みが必要になる。レヴィナスの第2の主著である『存在するとは別の仕方で または存在の彼方へ』（文庫本最新版では『存在の彼方へ』）というタイトルは，他者のそういった特異性を捉える新たな哲学体系を創り出そうという意図を表している。

5.1.2 顔：＜他者＞の現出の仕方

レヴィナスは，主体に対して他者が現れる現れ方を「顔」と表現する。われわれは他者を「了解」することはできない。そうすると他者は「了解」すなわち「存在として」とは異なる仕方で現出しなければならない。このような他者の特異性をレヴィナスは「顔」という言葉で代替する。

> 私の内なる＜他人＞の観念をはみ出しつつ＜他人＞が現前する仕方，この仕方をわれわれはここで顔と呼称する。
> レヴィナス（1961）『全体性と無限―外部性についての試論』
> （前掲書，p.60）

他者は常に「了解」をはみ出る。このような「了解」をはみ出しつつ現れる現れ方が「顔」である。他者の無限性が顔である。当然ながら，この「顔」は，われわれ認知科学者が対象とするいわゆる「顔」とは異なる。いわゆる顔認識研究でいうところの顔は了解可能であろう。顔写真を見て，その顔は誰の顔なのかを言い当てることもできるし，顔の部分部分の特徴を言い表すこともできる。これに対してレヴィナスの「顔」は，イメージとして意識に捉えられる

前の，表象できない何者かとしての他者の現出の仕方を指す。

> 顔は内容となることを拒むことで現前する。この意味において，顔は了解し内包することのできないものである。顔は見られもしなければ触られもしない。なぜなら，視覚や触覚においては，自我の自同性が対象の他性を包含し，その結果，この対象はほかでもない内容と化すからである。
> 　レヴィナス（1961）『全体性と無限―外部性についての試論』
> （前掲書，p.292）

> 隣人の顔は表象から逃れる。隣人の顔は現象性の欠陥にほかならない。とはいえ，それは，隣人の顔があまりにも不意に，あまりにも乱暴に到来するからではない。ある意味では，現れることさえできないほど薄弱な非現象であるがゆえに，現象「以下」のものであるがゆえに，隣人の顔は現象性の欠陥にほかならないのだ。
> 　レヴィナス（1974）『存在の彼方へ』
> （合田正人 訳，講談社，1999, p.212）

　ここで「内容」とは「意識化されたもの」という意味である。顔は意識化されることを拒むというのは，顔の無限性，了解不可能性を表している。顔を意識化することができないということは，顔とは視覚，触覚などどのような感覚で持っても明確に捉えられない何者かのことであり，それこそが他者の他者性だということになる。「自我の自同性が対象の他性を包含」するとは前章で説明したミラーシステムを彷彿とさせるが，それができないということは，顔とはミラーシステムでは表象できない何者かなのだと考えられる。
　他者は顔として主体に近づく。この顔がイメージとして表象さ

れたときにはすでに本来の他者としての他者性は失われてしまう。が，しかし顔は主体の中に何かしらの痕跡を残す。このような他者の近づき方をレヴィナスは「近さ」と表す。

> 他性は近き者であり，近き者の近さは，その純然たる他性によって「刺激する」ような社会性なのだ。
> レヴィナス（1974）『存在の彼方へ』
> （前掲書，p.52）

　このような他者の近さは，単独で存在し，世界を了解することに満足していた（ある意味デカルト的な）自己に対して，目を覚まさせるような衝撃を与える。私は急いで他者を捉えようとするが，それがイメージと化したときには，すでにその他者の他者性は通り過ぎてしまっている。つまり私の意識は他者の現れに常に遅れてしまい，他者性を捉えることができないのである。

> 隣人に対する遅れゆえに，私は隣人を表象することができない。
> レヴィナス（1974）『存在の彼方へ』
> （前掲書，p.214）

これがレヴィナス的な他者の現出の仕方であり，顔と呼ばれるものである。

5.1.3　意識・主体性と＜他者＞
　他者は，意識内容として表象された時点で，その他者性を失ってしまう。つまりそれはすでに自己の言葉で語られてしまっているのであり，その無限性（＝了解不可能性）は剥ぎ取られてしまって

いる。しかし，そうではなくて，実際の他者は顔として，表象不可能な無限として現れる。われわれの意識，主観性は，この無限を受け入れることによって，他者を迎接することによって生起するとレヴィナスは説く。意識が他者を捉え損ねるのではなく，他者こそが意識を主体にもたらすものであるという転回がここでは見られる。

> 無限の無限化は無限の観念が自我のうちに植え込まれることとして生起する。無限の無限化は想像を絶したある事態のうちで生起する。つまり，分離されみずからの自同性のうちに固定された存在としての＜同＞，＜自我＞が，みずからの自同性の力だけでは内包することも受容することもできないものを内包するのだ。主観性はこうした不可能な要求を満たす。主観性は内包しうるより以上のものを内包するという驚くべき事態を実現する。本書は＜他者＞を迎接するものとして，歓待性として主観性を提示するであろう。
> 　　レヴィナス（1961）『全体性と無限―外部性についての試論』
> 　　　　　　　　　　　　（合田正人訳，国文社，1989，p.23）

ここで，無限を内包するとはいかなる事態だろうか？　それは自我がみずから表象できない無限を自己に取り入れたときに起こるある種の動揺を受け入れることである。この動揺こそが意識を呼び覚ます。意識は無限の観念によって自己の平穏が崩され，それに対する現実活動性が揺り動かされたときに生起するのである。

> 意識の受肉は，観念と観念されたものとの合致を超えて観念されたものが観念を凌駕する場合，言い換えるなら無限の観念が意識を動かす場合にのみ理解されることになろう。無限の表象ならざる無限の観念が，ほかでもない現実活動性そのものを支

えているのだ。
　レヴィナス（1961）『全体性と無限―外部性についての試論』
(前掲書, p.24)

　この現実活動性は単なる意識として生起するだけでなく，それは＜語ること＞として主観性を始動する。この点は重要である。すなわちこれまでの現象学では対象をいかにして捉えるかという側面ばかりが考察されてきた。これに対してレヴィナスは他者の現出に対する主体の反応として＜語ること＞を引き出している。われわれは他者を単に受け入れることはできない。そうではなくて，他者は最初からわれわれの反応を要求するものとして到来するのである。他者はわれわれに，他者に対する責任を呼び起こす。

　＜他者＞に対する責任―私の自由に先だち，現在ならびに再現に先だっている―は，いかなる受動性よりも受動的な受動性であり，他人に対する曝露，当の曝露を引き受けることなき曝露であり，留保なき曝露，曝露の曝露であり，表出であり，＜語ること＞である。＜語ること＞の率直さ，その真摯さ，その実直さである。
レヴィナス（1974）『存在の彼方へ』
(合田正人 訳, 講談社, 1999, p.50)

　＜語ること＞，それは隣人に接近し，隣人に向けて「意味することの口を開く」ことである。このような＜語ること＞は，説話として＜語られたこと＞のうちに刻印される「意味の給付」に尽きるものではない。本来的な意味での＜語ること＞は，どんな対象化よりも先に他人に対して口を開ける意味することで

あって，諸記号の交付ではない。

レヴィナス（1974）『存在の彼方へ』
（前掲書，p.124）

　＜語ること＞とは決してその言語的内容のことではない。「意味の給付」でも「対象化」でもない。そうではなく，＜語ること＞が表しているのは，他者に対して口を開くこと，つまり他者に対して自己を差し出すその姿勢である。他者の到来は「他者のために」あるものとしての自己を生起させる。これをレヴィナスは「意味」と表す。

　　主体性は感受性であり，他人たちへの曝露であり，他人たちとの近さゆえの可傷性と責任であり，他人のために身代わりとなる一者，言い換えるなら意味である。質量（＝身体）とは「他のために」の場所そのものであり，同時性の体系—言語学的体系—のうちで＜語られたこと＞として現出するに先立って，意味が意味する仕方である。

レヴィナス（1974）『存在の彼方へ』
（前掲書，p.187）
※（ ）内は筆者による

　このように表現されるレヴィナスの「主体」は非常に倫理的である。主体は他者たちの下で生まれ，最初から他者へ捧げられているようである。このことからレヴィナスの哲学はしばしば倫理学に分類されることもある。このようにして，自己とは，他者の到来によって呼び起こされるもの，他者のためにあるものとして，すなわち「意味」として，確立される。大切なことは，自己は＜語られたこと＞＝言語＝意識が生まれるよりも前に，すでに「他者のため

に」という意味を帯びて存在しているということである。レヴィナスはここからさらに倫理的な考察を深めていくが，ここではこれ以上は取り上げない（なお，ここに至るまでの他のいくつかの大事な概念についても省略した。興味のある読者は原著を当たってほしい）。『全体性と無限』の最終章に出てくる次の文章は，フッサールやハイデガーの哲学に対するレヴィナスの回答として読むことができる。

> いまや志向性は発語への注意，顔の迎接，歓待性であって主題化ではない。
> レヴィナス（1961）『全体性と無限―外部性についての試論』
> （合田正人訳，国文社，1989，p.460）

5.2 他者認識の脳領野

さてレヴィナスの哲学における絶対的な他者について見てきたが，以下では認知脳科学的な観点から，これまで他者認識についてなされてきた研究を見ていきたい。以下に出てくる他者は，認識されてしまった他者であるので，レヴィナス的な無限性を持った他者では必ずしもないということを頭に置きつつ，しかしどこかの段階ではその無限性の迎接として現れているかもしれない脳活動について考えてみたい。

5.2.1 顔の認識

他者認識においてまず重要なのは顔の認識である。ここでいうのは，ひとまず，レヴィナス的な意味の「顔」ではなく，一般的な意味での顔認識である。顔は社会生活を送る上で重要な情報源である。われわれは日々さまざまな人たちと出会うが，多くの場合，そ

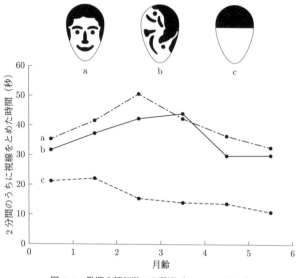

図 5.1　乳児の顔刺激への選好（Fantz, 1961）

れが誰であるかを顔を見て判断する。知り合いかどうかの判断だけでなく，顔の表情から相手の心的状態（感情状態）を推測することもしばしばである。初対面の人が信用できそうな人かどうかということも顔を見て判断するかもしれない。このようにさまざまな情報を顔から読み取るとすれば，脳においても顔の処理は特別な重要性を持つことが予想される。

　顔の重要性は生まれたばかりの新生児がすでに顔のような視覚刺激に対して選好を持つことからもわかる。Fantz（1961）は図 **5.1** のような顔およびパーツは顔と同じだが配置が異なっている図形を見せたときの乳児の選好を調べた。その結果，乳児は生まれた直後から顔に対する選好を示し，この傾向はその後も続くことがわかった。自分に対して身近に存在する顔の持ち主が自分を育ててくれる養育者である可能性が高いことを考えれば，乳児が生まれながらに

顔に対して選好を持つことは進化論的にも妥当である。これらのことから乳児は生得的に顔を認識する神経回路を持っていると考えられる。

　実際，脳には顔の認識を専門的に担う領野が存在する。紡錘状回と呼ばれる側頭葉の底面部にある領野は，単に複雑な視覚刺激を処理する領野というのではなく，顔の処理を専門的に行っている。これを明示的に示すために，紡錘状回顔領域（fusiform face area: FFA）と呼ぶこともある。この部位を損傷すると，顔を認識することができない相貌失認（prosopagnosia）と呼ばれる症状が現れる。ただし相貌失認の患者でも，自分の見ているものが顔であることや，目や鼻などの顔のパーツの特徴を言い表すことはできる。にもかかわらず，それが誰であるのかを識別することはできない。他の物体認識には支障がないことから，FFAは（パーツではなく個体識別のための）「顔」の処理を専門に行っていると考えられる。

　fMRI等を用いた脳活動計測実験では，顔の視覚的呈示によってFFAを含めたいくつかの領野が強く活動することが繰り返し示されている（Haxby et al., 2000; O'Toole et al., 2002）。これにはFFAのほかに，後頭葉顔領域（occipital face area: OFA）と上側頭溝後部顔領域（posterior superior temporal sulcus face

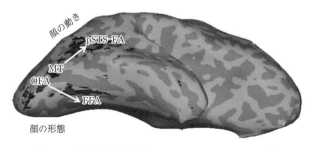

図 5.2　顔認識の脳領野（Bernstein & Yovel, 2015）

area: pSTS-FA）が含まれる（図 **5.2**）。OFA は顔のパーツなどの比較的低次の要素に反応し、FFA へと出力を投射している。一方、pSTS-FA は、一般的な視覚的動きを認識する MT 野からの入力を受け取り、顔の表情など動的な情報に反応する。最近の優れたレビュー論文（Bernstein & Yovel, 2015）によれば、顔認識は以下のような二つの経路で処理される。一つ目は OFA から FFA と流れる腹側経路で、FFA では顔の構造的な特徴に基づいたアイデンティティの認識（その顔は誰の顔なのか）を主に行っている。もう一つは MT 野から pSTS-FA へと流れる背側経路で、顔の動的特徴（動き）に基づいた顔表情や視線、口の動きなどの認識を主に行う。ただし、FFA も静的なイメージ（写真）の顔表情に反応したり、pSTS も顔の動きのクセなどからアイデンティティの判別に関連する活動を見せるので、FFA と pSTS の違いは、アイデンティティと表情というよりは、静的な刺激と動的な刺激の処理の違いだといえる。

5.2.2 身体の認識

　顔認識が重要であるのと同様に、手や足などの身体の知覚も他者認識においては重要である。それを反映するように、顔処理と同じく、脳内では身体の視覚的情報も物体と区別して処理されている。高次視覚野の中にある EBA（Extrastriate Body Area）と呼ばれる小さな領域は、身体もしくは身体部位の視覚刺激に対して選択的に活動する（図 **5.3**）（Downing et al., 2001）。EBA はそれが身体であれば、写真でも絵でも線画や影のようなものでも反応するが、物体の視覚刺激に対しては反応を示さない。また顔や動物の身体に対しては中程度の活動を示す。このことから、顔の場合と同様に、身体は物体とは異なるカテゴリーとして特異的に処理されていることがわかる。

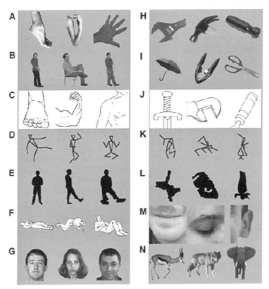

図 5.3 EBA の反応する刺激(左)とそうでない刺激(右)
(Downing et al., 2001)

　その後の研究から,紡錘状回にも同様に身体に対して特異的に反応する領域が発見され,紡錘状回身体領域(fusiform body area: FBA)と呼ばれるようになった。fMRI を用いた研究によると,FBA と FFA,すなわち紡錘状回上の身体と顔の処理に関わる領野は近接しているもののはっきりと分離されることが示されている(図 5.4)(Moro et al., 2008)。また EBA は MT 野とは近接しているが,pSTS とは重ならない(Thompson & Parasuraman, 2012)。このことは脳内では身体の処理と顔の処理は別々の領野で担われていることを示す。と同時に,近接している領野であることから情報のやり取りを容易に行えることも示唆される。

　EBA と FBA の機能の違いについては,EBA は身体のパーツに対して反応することが多いのに対して,FBA は身体全身の刺激に

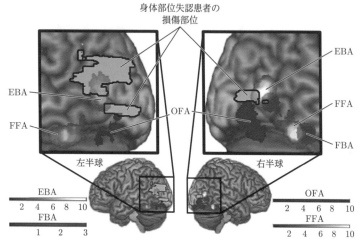

図 5.4 顔と身体の視覚刺激に反応する脳領野（Moro et al., 2008）
（カラー図は口絵 4 を参照）

対して反応することが多い。しかしながら，FFA と pSTS-FA に見られたような静的／動的な情報などの機能的な違いは今のところ報告されていない。むしろ，身体の静的な情報（形状）については EBA/FBA が，身体の動き情報（運動）の認識には左運動前野（ミラーシステム）や STS が関係していることが報告されている（Moro et al., 2008）。EBA／FBA に視覚的身体の知覚以上の機能（たとえばアイデンティティや感情の認識など）があるかを調べた研究もあるが，そのような機能の存在をサポートする一貫した結果は得られていない（Downing & Peelen, 2011）。したがって EBA／FBA は身体の形状知覚の初期段階を担当しており，高次の領野へその情報を送る役割を担っていると考えられる。

5.2.3 他者運動や視線の認知

ここまで顔と身体の認識の脳内処理について見てきたが，この

中のFFAやEBA/FBAは比較的静的な他者のイメージの認識に関わっていた。一方，顔，身体，視線，口などのダイナミックな動き，すなわち動的な他者認識に深く関わる脳領野は，上側頭溝（STS）である（Yovel & O'Toole, 2016）。STSは他者運動を観察したときにも活動するので，研究者によってはミラーシステムの一部として数えることがあるが，これは正しくない。ミラーシステムは他者の運動を観察したときだけでなく，自分が運動するときにも活動する必要があるが，STSは自己運動時には活動しない。つまりSTSは自己ではなく，他者に対して特異的に活動する領域である。この意味で，レヴィナス的な，自己に収拾できない他者の他者性の処理に関わっている可能性があるといえる。

われわれはある種の動きに「生き物らしさ」を感じる。動物や虫などの動きは当然ながら，枯れ葉が風に舞う様子を見てもそのように観じることがある。このような生物的な物の動きをバイオロジカルモーションと呼び，その知覚には上側頭溝（STS）が深く関わっている。たとえばわれわれはヒトの関節につけた光点の動きの情報のみから人物の動き（歩いているとかイスに腰掛けようとしているとか）を容易に知覚することができる（Johansson, 1973）。このとき，どのような動作をしているかだけでなく，その人物が男性なのか女性なのか，元気溌溂としているのか落ち込んでいるのかなどの違いを読み取ることもできる。このことは身体の外見的な特徴がなくても，動き情報のみから他者についてかなりの多くの情報を知覚できることを示している。バイオロジカルモーション刺激に対してSTSは強く反応するが，速度情報を変えずに点の位置をランダム化した映像（スクランブル刺激）や上下反転した映像に対しては反応を示さない（Hirai et al, 2003）。STSよりも後頭部側にあるMT野はバイオロジカルモーションに対しても活動するが，むしろ視覚的動き情報全般に反応し，バイオロジカルモーションに特化

するものではない。これに対してSTSはバイオロジカルモーションに対して選択的な活動を示す（Grossman et al., 2005）。このことからもSTSは単に複雑な動きに対して反応しているのではなく、他者（生き物）の動きを検出しているのだといえる。

STSはバイオロジカルモーションだけでなく、表情や視線、口の動きなどの他者情報に対しても反応することが知られている（Allison et al., 2000; Hein & Knight, 2008; Yovel & O'Toole, 2016）。たとえばFFAは顔の動的な動きに対してはあまり反応選択性を持たないのに対して、STSは強い選択性を持つ。視線情報に対しても強く反応し、こちらを向いている視線（顔）に対しては、少し横を向いた視線よりも強い反応を示す。特にSTSの前方部（anterior STS: aSTS）では視線の向きの検出を行っているという報告がある（Carlin & Calder, 2013）。また、声から人物認識を行ったり、声と顔の統合などを行う際にもSTSは関わっている（Yovel & O'Toole, 2016; Perrodin et al., 2015）。

Hein & Knight（2008）によれば、STSの活動は前部のaSTSと後部のpSTSにクラスタリングされ、aSTSは声・発話の処理および「心の理論」（次節で詳説する）に関わっている一方で、pSTS

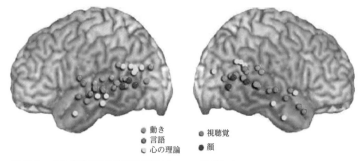

図 5.5 さまざまな他者情報に対する STS の活動（Hein & Knight, 2008）
（カラー図は口絵 3 を参照）

は身体，顔の認識，視覚―聴覚統合および「心の理論」に関わっている（図 5.5）。それほど顕著ではないものの，どちらかといえば身体の動きの認識には右の pSTS が強く反応する一方で，「心の理論」については左 STS が強く反応する傾向がある。

まとめると，STS はさまざまな種類の他者情報を統合して，他者の認識を行う領野である。これは静的な情報と動的な情報，視覚と聴覚，顔，口，身体，声などの情報，さらには心的状態（「心の理論」）を含みうる。ここでは自己の（ミラーシステム的な）情報に還元されていない，「他者」としての他者が現れているようにも考えられる。

5.3 「心の理論」

5.3.1 「心の理論」と社会脳仮説

明示的に他者の心的状態を扱う認知処理は「心の理論」と呼ばれ，動物比較心理学，発達心理学，認知脳科学などの分野で多くの研究がなされてきた。ここで「心の理論」と括弧つきで表記するのは，そのような学術的な理論が存在するという意味ではなく，個々人が独自に持っている，他者の心についての「（素朴な）理論」の特徴について扱うのだということを表すためである。

ある程度の高等な動物（特に霊長類）においては，脳はこのような社会性能力を高めるために進化してきたという「社会脳仮説」が提唱されている（Brothers, 1990）。動物が形成する集団サイズの大きさはその種の持つ社会性能力の高さを反映していると考えられるが，実際に，霊長類の作る集団サイズと脳における皮質の割合は比例することが報告されている（図 5.6）（Dunbar & Shultz, 2007）。チンパンジーなどの霊長類では数十匹が一集団のサイズの限度であるが，人間では 150 人程度のグループを形成することが

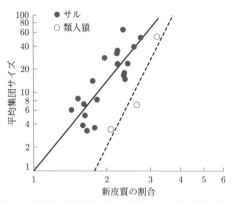

図 5.6 霊長類の集団サイズの大きさと皮質の割合の関係
(Dunber & Shultz, 2007)

できる（さらに人間の場合は，そのようなグループに複数所属することもできる）。

「心の理論」について初めて述べられたのは Premack & Woodruff（1978）による「チンパンジーは心の理論を持つか？」と題する論文においてである。「心の理論」とは，個体が他の個体が見ていることや感じていること，考えていることを理解し，それに基づいて他個体の行動を予測できる能力のことを指す。たとえば，チンパンジーに，バナナの隠し場所を見ることができる位置にいたトレーナーと見えない位置にいたトレーナーのどちらに助けを請うかをテストすることで，トレーナーがバナナの隠し場所に関する知識を持っていることをチンパンジーが理解しているかどうかについて調べることができる（プレマック & プレマック, 2002）。ここで大切なことは，自分の知らないことを他者が知っていることがありうるということの理解である。チンパンジーは他者の心の状態のいくつかはわかっていると考えられ，上述の「見ること」のほかに，他者の目的や意図の理解ができることが示されている。これに

は，問題を解決しようとしている他者の様子（手の届かない高いところにあるバナナを取ろうとしている）を見せた後で，その後に予想される行動を表した写真（イスに上がっている）を選ばせる課題などで調べることができる．チンパンジーはこのような課題において，問題を正しく解決している写真を選ぶことができる．

ではチンパンジーは人と同じように「心の理論」の能力を持っているといえるのだろうか？ これには多くの反論があり，その一つ

図 5.7　誤信念課題（サリー・アン課題）（Cohen et al., 1985）

として挙げられるのはチンパンジーは誤信念を持てないというものである。誤信念とは「現実とは異なるが，他者が持っている誤った信念」のことである。たとえば誤信念課題として代表的なものにサリー・アン課題がある（図 5.7）。この課題では，①まずサリーとアンがいる，②サリーが自分の荷物をかごの中にしまう，③サリーはそのまま部屋から出て行く，④アンはサリーのいない間に，かごの中の荷物を箱の中へ入れ替える，⑤アンはいなくなり，サリーが部屋に戻ってくる，という漫画を見せる。この後で，「さてサリーはかごと箱のどちらに自分の荷物が入っていると思っていますか？」という質問を行う。正解はもちろん「かご」であるが，誤信念を持てない場合，つまり自分が知っていることはアンも知っていると解釈してしまうと（つまり自分とアンが異なる心的状態を持ちうることを理解していないと）この問題に正しく答えることができない。実際に人間の子どもでも 4 歳くらいにならないとこの課題をパスできない。5 歳で約 90％ の子どもが誤信念課題にパスするといわれている。また，自閉症スペクトラム（ASD）では誤信念を他者へ帰属する能力が発達的に大きく遅れていることが示されている。また，チンパンジーを含めた霊長類においても誤信念課題をパスするという信頼できる報告はない（Call & Tomasello, 2008）。

　誤信念課題は非常に高度な概念操作を必要とする課題であるが，より初歩的な他者の意図や感情の理解というレベルであれば，乳児やチンパンジーも持っていることは広く確かめられつつある。さらに最近では，チンパンジーも誤信念課題を明示的に解くことはできないが，暗黙的な指標（どちらを先に見るかなど）では理解している可能性も示されている（Krupenye et al., 2016）。「心の理論」という用語でどのような能力を指すのかについてはより精緻な議論が必要であるといえる。

5.3.2 自閉症スペクトラム（ASD）

自閉症スペクトラム（ASD）は社会性認知に困難を持つことが知られている。一方で，IQ や言語能力などには個人差があり，低機能の古典的自閉症から IQ が高くかつ言語発達に遅れのないアスペルガー症候群までその症状はさまざまである。スペクトラムと呼ぶのはそのような症状の幅を含意している。一方で，ASD に共通する特性は「社会的コミュニケーションの困難」と「限定的な行動・興味・反復的行動」の二つである（バロン＝コーエン，2008; DSM-5, 2014）。

たとえば「社会的コミュニケーションの困難」として
- 他者への極端な無関心
- アイコンタクトの異常（目を合わせなかったり，逆に長時間見つめたりする）
- 相互関係の欠如（役割交代の不在，独り言など）
- 他者の心的状態の予測の困難
- 他者の行動にどのように反応したら良いのかわからない
- 言葉を文字通りにしか理解できない
- 言語発達の遅れ（古典的自閉症のみ）

などがある。一方，「限定的な行動・興味・反復的行動」には
- 興味あるものへのこだわり
- 高頻度の反復行動
- 変化に対するひどいかんしゃく
- 同一性への希求

などがある。

どちらも自閉症スペクトラムの診断には必須であるが，なぜこの二つが同時に起こるのかについての定まった解釈はまだない。反復行動の日常的な例としては，いつも同じことを同じやり方で繰り返しやりたがったり，日課と違うことをしなければならないときにひ

どく動揺してしまったり，同じ服・同じ食べ物・同じ場所に固執してしまったり，変化を嫌がったりする。1943年に古典的自閉症を最初に記述した精神科医であるKannerは，これらの症状を「同一性への希求」と呼んだ。さらにバロン＝コーエンはこれを「周りで起こる出来事を「システム化」し，予測可能なものにしようとする強い動機」の表れだとしている。レヴィナスは他者を「絶対に自己と同一化できないもの＝無限」として定義したが，他者を理解できないという社会的コミュニケーションの障害と，このような同一性への執着としての反復的行動が同時に現れることは非常に示唆的であるといえる。つまりASDにおいては，「世界」とは自己に完全に取り込める世界＝予測可能な世界でなくてはならないのだが，他者はその「世界」における特異点＝自己に取り込むことのできないものとして現れてくるのだと想像することができる。もちろん健常者もそのような傾向があることには変わりはないが，ASDのほうが「同一性への希求」が強いのだとも考えられる。

　ASDでは，誤信念課題を含めた「心の理論」の能力が一般の人に比べて劣るといわれている。これまでの研究によって，定型発達児と比べてASDでは，(1) 14ヶ月頃までに他者と同じ対象物に注意を向ける「共同注意」が見られないこと，(2) 2歳ころまでに「ふり遊び」ができないこと，(3) 3歳ころまでに「他者は見るという行為によって対象物（たとえば自分からは見えない位置にあるもの）を知ることができる」ということを理解できないこと，(4) 4歳ころまでに誤信念課題をパスできないこと，および「だまし」を理解できないこと，(5) 6歳ころまでに2次の誤信念課題をパスできないこと，(6) 9歳ころの時点で，ある言い回しが失礼であるかの判断が劣ること，(7) 同じく9歳ころの時点で，他者の目の表情を読み取る能力が劣ること，などがわかっている（バロン＝コーエン, 2008）。2次の誤信念課題というのは，「AさんはBさんが

○○だと思っていると思っている」というようなケースである。健常成人であれば3次や4次の「心の理論」も日常的に使っている。

　上述の症状に年齢が書かれているのは，ASDでも発達に遅れはあるが年齢が上がればある程度はできるようになることも多いからである。特にアスペルガー症候群は知能レベルが高いので，いろいろな場面をルールとして学習してしまうことで対応することができる。すなわち，アスペルガー症候群では「心の理論」能力を自動的に用いる処理が損なわれているが，能動的・意識的にであれば用いることができるという仮説が考えられる。たとえば，千住らは成人アスペルガー症候群者に誤信念課題を解かせたときの視線計測を行っている（Senju et al., 2009）。その結果，課題の正答率は健常者とアスペルガー症候群者で変わらなかったが，答える前に自発的に正解の箱へ目をやる確率を調べると，健常者と比べてアスペルガー症候群者は有意にそちらを見ないことがわかった。このことはアスペルガー症候群者は明示的に答えを求められれば正解することはできるが，自発的には「心の理論」を用いていないという仮説を支持する結果であるといえる。実際に次節で述べるような脳活動計測を行うと，「心の理論」に関連する脳領野の活動がASDでは低下していることが示されている。

5.3.3　「心の理論」の脳領野

　前節で「心の理論」について見てきたが，これには脳のさまざまな領域が関与していることがわかってきている。キャリントンら（Carrington & Bailey, 2009）による「心の理論」の脳機能イメージング研究のレビューでは，実験パラダイムや扱っている心的状態の違い，また言語的／非言語的課題による脳活動の違いについて詳細に検討している。この論文で取り上げている脳機能イメージ

ング研究（全40件）のうち，実に93％で内側前頭前野（mPFC）ないし前頭眼窩野（OFC）の賦活が見られた。さらにSTSは50％の研究で，帯状回前部（ACC）およびその周辺領野は55％の研究で，側頭頭頂接合部（TPJ）は58％で活動が見られた。

　実験パラダイムとしては，心的状態を表す単語（欲する，考える，信じるなど）の理解，顔写真からの感情状態の理解，物語・1コマまたは複数コマの漫画・アニメーション・ビデオの提示による登場人物の心的状態の理解，インタラクティブゲームなどさまざまあるが，これらで首尾一貫して活動していたのはmPFCだけであった。刺激の種類としては，言語的なものと視覚的なものの二つに大別されるが，視覚的な刺激提示を行った研究の約70％ではSTSの活動が見られた。STSはバイオロジカルモーションなど他者の身体動作の知覚と関わっており，「心の理論」においても重要な役割を果たしていることが示唆される。

　誤信念課題を扱った脳機能イメージング研究について見ると，やはりmPFCが一貫して活動していたが，これに加えてTPJの役割を強調している研究者もいる。mPFCとACCは誤信念だけでなく正しい信念に対しても活動したが，TPJは誤信念に対してのみ活動が見られた。このことからTPJは登場人物の心的状態の表現を現実から「分離」する役割を持っていることが考えられる（Sommer, 2007）。Frith & Frith（2003）は，誤信念には「世界から分離された信念の表象」の形成が重要であると述べており，目の前にいる他者が行っている運動の意図の理解とは質的に異なると考えられる。TPJがこのような誤信念の形成に関わっている可能性は十分にある（第1章で見た体外離脱との関連も興味深い）。

　Carrington & Bailey（2009）は，mPFCが活動しない数少ない例外的な研究として，第4章で述べたIacoboniら（2005）の意図推測課題を挙げている。この研究では，飲み物を飲むためにコップ

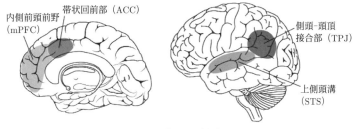

図 5.8 「心の理論」領野

に手を伸ばしているのか,あるいは後片付けをするためにコップに手を伸ばしているのかを推測させている。このときに活動するのは,運動前野や頭頂葉にあるミラーシステム領野であり,mPFCの活動は見られなかった。このように比較的単純な運動意図の理解には「心の理論」領野は不要であることが示唆されている。

ASD を対象とした「心の理論」の脳機能イメージング研究では,mPFC の活動低下が繰り返し報告されている。Castelli ら (2002) は幾何学図形のエージェントが動いているアニメーションを見せて,それぞれに心的状態を割り当てる課題を行ったときに,ASD では mPFC や STS の活動が健常者よりも低下していることを報告している。また,Wang ら (2006) は皮肉を含んだ文章を理解させる課題において,ASD では mPFC の活動が弱いことを報告している。これらの研究は,ASD では心の理論課題を行うときの mPFC の機能が低下していることを繰り返し示しており,健常者と顕著な違いが見られなかったミラーシステムの場合(第 4 章)とは対照的である。

これらをまとめると,「心の理論」においては mPFC/OFC を中心として,STS や TPJ,ACC といった領野が重要であるということがわかる(図 5.8)。すなわち前頭内側部の領野と側頭頂領野のネットワークが「心の理論」の機能を実現していると考えられ

る。ここで心に留めておいてほしいことは，これらの部位はミラーシステム（運動前野—頭頂葉ネットワーク）とは重なっていないということである。これについて 5.4 節でさらに検討する。

5.3.4 自己と他者の「心の理論」

前節で見た「心の理論」領野は，他者の心的状態を推測する際に活動する領野であった。では自分の内面を考えるとき（「自分は一体どのような人間なのだろうか」など），これらの領野は活動するのだろうか？　別の言い方をすれば，内側前頭前野は「他者」に特化した領野なのだろうか？　それとも自己の心的状態を内省するときにも同様に関わっているのだろうか？

Vogeley ら（2001）は，他者の心的状態の理解を必要とするストーリーと自分の心理を内省させるストーリーを聞かせ，それぞれの心的状態を推測する課題を行わせた。その結果，他者の心的状態を考えるときには内側前頭前野が予想通り活動したが，これと全く同じ領野が自己の内省時にも活動することがわかった（図 5.9）。これは非常に興味深い結果である。自分の心的状態は自分でもよくわからないので，他者の心的状態を推測するのと同種の脳活動が必要になるということなのだろうか。それとも他者の心的状態を推測するということは，自分だったらどう考えるかという自己参照の枠組みで推論しているということなのだろうか。

Mitchell ら（2006）は，「他者」の中にも自分と考え方が比較的近い他者とそうでない他者がいることに着目し，それぞれの心的状態を推測しているときの脳活動を比較した。実験では，アメリカの民主党（リベラル派）支持者と共和党（保守派）支持者が被験者として呼ばれ，それぞれリベラル派の他者と保守派の他者の心的状態を推測する課題が遂行された。その結果，どちらも自分と同じ派の他者に対しては腹内側前頭前野（vmPFC）が，違う派の他者に対

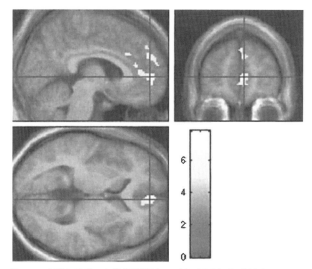

図 5.9 自己と他者の心的状態推測での共通活動部位（内側前頭前野）(Vogeley et al., 2001)

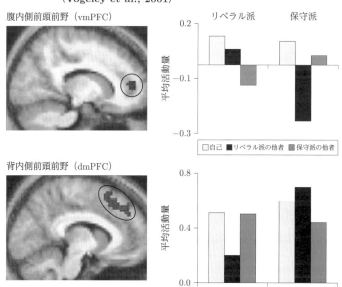

図 5.10 自己に近い他者と異なる他者に対する脳活動（Mitchell et al., 2006）

5.3 「心の理論」

しては背内側前頭前野（dmPFC）が活動することがわかった（図5.10）。前者は上述の Vogeley らの研究とほぼ同じ領野である。すなわち，自分と近い他者の心的状態を推測する場合は，自己の内省を行うときと同じ領域が活動するが，自分とは異なる他者を推測する場合には，より背側の内側前頭前野が，すなわち自己の内省とは異なる領野が活動することが示唆される。

5.4　ミラーシステムと「心の理論」領野

　社会性認知の脳内基盤に関する研究は，第4章で見たミラーシステムによるシミュレーション仮説と，本章で見た「心の理論」仮説の二つの流れに大きく分かれている。シミュレーション仮説を採る立場は，行動・感覚・感情を処理する際の自己と他者の共有脳内表現，いわゆるミラーシステムに焦点を当てている。一方，心の理論仮説を採る立場は，他者の心的状態を表象（メンタライジング）する際に活動する mPFC，STS，TPJ，ACC などの領野に着目する。興味深いことに，これらの領野は通常重なっておらず，したがって，それぞれ異なる機能を実現していると考えられる。重要なことは，両者のどちらが正しいかではなく，これらの二つの脳領野はどのように活動を切り替えるのか，もしくは相互作用するのかであろう（Keysers & Gazzola, 2007; 嶋田，2011）。

　社会性認知は直感的なもの（intuitive）から熟慮を伴うもの（reflective）までさまざまである。たとえば，ある人が転んで足をぶつけて痛そうな表情になったのを見たときに，自分も足をぶつけて痛みを感じたような気がした（共感），というのは直感型の例である。このような場合，運動野や頭頂葉が行動の，体性感覚野が感覚の，そして島皮質や帯状回が感情（痛み）のシミュレーションを行い，他者の身体状態が自己の身体状態へと重ね合わせられていると考えられる（共感については次章でまた詳しく扱う）。これらの

プロセスは，前熟慮的（pre-reflective）であり，直感的であり，感覚的であり，意識的な努力を必要としない。一方，どんなプレゼントをしたら海外から来た仕事相手が喜ぶかを考える，というのは熟慮型の例である。このような場合，相手の国や文化について思いを巡らし，相手の好みそうなものを相手の立場に立って推論しなければならない。このように他者の心的状態について熟慮をするときに必要となるのが「心の理論」領野である。たとえば誤信念課題は熟慮的推論の典型的な例である。

　以上のように，直感型と熟慮型社会性認知の違いを考えれば，それぞれに異なる脳領野が関与していることはそれほど不思議ではない。問題を複雑にしているのは，社会性認知はいつでも純粋に直感型や熟慮型であるわけではなく，しばしば両者が混合していることである。Keysers & Gazzola（2007）は，これを説明するために図 5.11 のようなモデルを提唱している。ここではまず自己の前熟慮的表象（＝感覚運動表象）を担う領野として感覚運動野や島皮質を，そこから「内省」によって立ち上がる熟慮的表象（＝意識的・言語的表象）を持つ場所として mPFC を挙げている（ここでは「内省」が具体的に何のことなのかについては深入りしないこととする）。他者を見たときに，ミラーシステムによって他者を前熟慮的にシミュレートできれば，そこから「社会的内省」によって他者の熟慮的表象も賦活しうる。一方，そのようなミラーリングが起こらなかった場合には，自己ではない他者を「知識」として認識し，背内側前頭前野が活動する。そこから他者を自己に類似していると再認識できれば他者の熟慮的表象の賦活も起こりうる。つまり他者の熟慮的表象を得るためのルートは二つあり，ミラーシステム経由と「心の理論」経由である。他者理解のためのこの二つのルートについては，次章でもう一度詳しく取り上げる。このようにミラーシステムと「心の理論」を統合したモデルを考案し，両者の橋渡

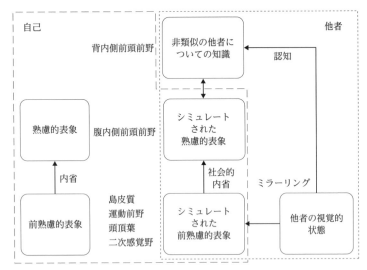

図 5.11 自己と他者の前熟慮的（直観的）表象と熟慮的表象
(Keysers & Gazzola, 2007 を一部改変)

しを行っていくことが，今後の社会性認知研究の一つの大きな方向性となっていくだろう。

参考文献

バロン゠コーエン，S.（2008）『自閉症スペクトラム入門—脳・心理から教育・治療までの最新知識』（水野薫，鳥居深雪，岡田智 訳），中央法規出版（2011）．

嶋田総太郎（2011）ミラーシステムと心の理論に関する認知神経科学研究の文献紹介. 認知科学, **18**, 343-351.

プレマック，D., プレマック，A.（2002）『心の発生と進化—チンパンジー，赤ちゃん，ヒト』（長谷川寿一 監修，鈴木光太郎 訳），新曜社（2005）．

レヴィナス，E.（1961）『全体性と無限—外部性についての試論』（合田正人 訳），国文社（1989）．

レヴィナス，E.（1974）『存在の彼方へ』（講談社学術文庫）（合田正人 訳），講談社（1999）．

Allison, T., Puce, A., McCarthy, G. (2000) Social perception from visual cues: Role of the STS region. *Trends in Cognitive Sciences*, **4**, 267-278.

Bernstein, M., Yovel, G. (2015) Two neural pathways of face processing: A critical evaluation of current models. *Neuroscience and Biobehavioral Reviews*, **55**, 536-546.

Brothers, L. (1990) The social brain: A project for integrating primate behavior and neurophysiology in a new domain. *Concepts in Neuroscience*, **1**, 27-51.

Call, J., Tomasello, M. (2008) Does the chimpanzee have a theory of mind? 30 years later. *Trends in Cognitive Sciences*, **12**, 187-192.

Carlin, J. D., Calder, A. J. (2013) The neural basis of eye gaze processing. *Current Opinion in Neurobiology*, **23**, 450-455.

Carrington, S. J., Bailey, A. J. (2009) Are there theory of mind regions in the brain? A review of the neuroimaging literature. *Human Brain Mapping*, **30**, 2313-2335.

Castelli, F., Frith, C., Happer F., Frith, U. (2002) Autism, Asperger syndrome and brain mechanisms for the attribution of mental states to animated shapes. *Brain*, **125**, 1839-1849.

Cohen, S. B., Leslie, A. M., Frith, U. (1985). Does the autistic child have a "theory of mind"?. *Cognition.* **21**, 37-46.

Downing, P. E., Peelen, M. V. (2011) The role of occipitotemporal body-selective regions in person perception. *Cognitive Neuroscience*, **2**, 186-226.

Downing, P. E., Jiang, Y., Shuman, M., Kanwisher, N. G. (2001) A cortical area selective for visual processing of the human body. *Science*, **293**, 2470-2473.

Dunbar, R., Shultz,S. (2007) Evolution in the social brain. *Science*, **317** 1344-1347.

Fantz, R. L. (1961) The origin of form perception. *Scientific American*, **204**, 66-73.

Frith, U., Frith, C. D. (2003) Development and neurophysiology of mentalizing. *Philosophical Transactions of the Royal Society of London, B: Biological Sciences*, **358**, 459-473.

Grossman, E. D., Battelli, L., Pacual-Leone, A. (2005) Repetitive TMS over posterior STS disrupts perception of biological motion. *Vision Research*, **45**, 2847-2853.

Haxby, J.V., Hoffman, E.A., Gobbini, M. I. (2000) The distributed human neural system for face perception. *Trends in Cognitive Sciences*, **4**, 223-233.

Hein, G., Knight, R. T. (2008) Superior temporal sulcus—It's my are: Or is it? *Journal of Cognitive Neuroscience*, **20**, 2125-2136.

Hirai, M., Fukushima, H., Hiraki, k. (2003) An event-related potentials study of biological motion perception in humans. *Neuroscience Letters*, **344**, 41-44.

Iacoboni M, Molnar-Szakacs I, Gallese V, Buccino G, Mazziotta JC, Rizzolatti G. (2005) Grasping the intentions of others with one's own mirror neuron system. *PLoS Biology*, **3**, e79.

Johansson, G. (1973) Visual perception of biological motion and a model of its analysis. *Perception & Psychophysics*, **14**, 202-211.

Kanner, L. (1943) Autistic disturbances of affective contact. Nervous Child, 2, 217-250.

Keysers, C., Gazzola, V. (2007) Integrating simulation and theory of mind: from self to social cognition. *Trends in Cognitive Sciences*, **11**, 194-196.

Krupenye, C., Kano, F., Hirata, S., Call, J., Tomasello, M. (2016) Great apes anticipate that other individuals will act according to false beliefs. *Science*, **354**, 110-114.

Mitchell, J. P., Macrae, C. N., Banaji, M. R. (2006) Dissociable medial prefrontal contributions to judgments of similar and dissimilar others. *Neuron*, **50**, 655-663.

Moro, V., Urgesi, C., Pernigo, S., Lanteri, P., Pazzaglia, M., Aglioti, S. M. (2008) The neural basis of body form and body action agnosia. *Neuron*, **60**, 235-246.

O'Toole, A. J., Roark, D. A., Abdi, H. (2002) Recognizing moving faces: a psychological and neural synthesis. *Trends in Cognitive Sciences*, **6**, 261-266.

Perrodin, C., Kayser, C., Abel, T. J., Logothetis, N. K., Petkov, C. I. (2015) Who is that? Brain networks and mechanisms for identifying individuals. *Trends in Cognitive Sciences*, **19**, 783-796.

Premack, D., Woodruff, G. (1978) Does the chimpanzee have a teory of mind? *Behavioral and Brain Sciences*, **4**, 515-526.

Senju A., Southgate V., White S., Frith U. (2009) Mindblind eyes: an absence of spontaneous theory of mind in Asperger syndrome. *Science*. **325**, 883-885.

Sommer, M., Dohnel, K., Sodian, B., Meinhardt, J., Thoermer, C., Hajak, G. (2007) Neural correlates of true and false belief reasoning. *Neuroimage*, **35**, 1378-1384.

Thompson, J., Parasuraman, R. (2012) Attention, biological motion, and action recognition. *NeuroImage*, **59**, 4-13.

Vogeley, K., Bussfeld, P., Newen, A., Herrmann, S., Happe, F., Falkai, P.,

Maier, W., Shah, N. J., Fink, G. R., Zilles, K. (2001) Mind reading: Neural mechanisms of theory of mind and self-perspective. *NeuroImage*, **14**, 170-181.

Wang, AT, Lee, SS, Sigman, M, Dapretto, M. (2006) Neural basis of irony comprehension in children with autism: the role of prosody and context. *Brain*, **129**, 932-943

Yovel, G., O'Toole, A. J. (2016) Recognizing people in motion. *Trends in Cognitive Sciences*, **20**, 383-395.

第6章 共感から we-mode へ
――「われわれ感」の脳メカニズム

　ミラーシステムにおける自他融合を見た後で，自己とは異なる存在としての（レヴィナス的な）他者を見た。しかし，それらのどちらが正しく，どちらが間違っているというよりは，それらの間を行ったり来たり，もしくは相手や状況によって変化するというダイナミックな様相が実際のところのように思われる。本章では，ブーバー（1878-1965）の「我と汝」の哲学を見た後で，共感と共同行為に関する研究を取り上げ，自己と他者の「一体化」が強く起こる場合とそうでない場合を見ていく。そこから近年，認知科学で提唱されている we-mode 認知について考えてみたい。

6.1 ブーバーの「我と汝」

6.1.1 ＜われ―なんじ＞と＜われ―それ＞
　ブーバーの著作『我と汝』（1923）は，断定的な表現で読者を引き込む独特な文章で構成されており，以下のように始まる。

　　世界は人間のとる二つの態度によって二つとなる。人間の態
　　度は人間が語る根源語の二重性にもとづいて，二つとなる。根
　　源語とは，単独語ではなく，対応語である。根源語の一つは，
　　＜われ―なんじ＞の対応語である。他の根源語は，＜われ―そ

れ＞の対応語である。この場合，＜それ＞の代わりに＜彼＞と＜彼女＞のいずれかに置きかえても，根源語に変化はない。したがって人間の＜われ＞も二つとなる。なぜならば，根源語＜われ―なんじ＞の＜われ＞は，根源語＜われ―それ＞の＜われ＞とは異なったものだからである。

ブーバー（1923）『我と汝・対話』
（植田重雄 訳，岩波書店，1979，p.7)

　ここでいう「根源語」とは，自己の本質的なあり方と捉えれば良いだろう。第1章でギャラガーの最小自己の概念を取り上げ，そこでは身体所有感と運動主体感が自己の最小要素であった。第3章のアンリの場合は情感性こそが自己の本質であった。ブーバーの根源的な自己のあり方はそれらとは異なり，「他者（なんじ）へ向かう自己」と「物（それ）へ向かう自己」の二つだということである。ただし，ここで「なんじ」とはあくまで自己といままさに対面している二人称的な他者のことを指しており，三人称的な「彼」や「彼女」としての他者は「それ」と同じだと述べられている。
　このように＜われ―なんじ＞の自己と＜われ―それ＞の自己が導入されたわけだが，ブーバーはこの中でも＜なんじ＞と向き合う自己に重きをおく。

＜なんじ＞を語るひとは，対象といったようなものをもたない。（中略）＜なんじ＞が語られるところでは，＜なにかあるもの＞は存在しない。＜なんじ＞は限界をもたない。（中略）＜なんじ＞を語るひとは，関係の中に生きるのである。

ブーバー（1923）『我と汝・対話』
（前掲書，p.9)

このあたりの＜なんじ＞と向き合う自己の切迫さはレヴィナスを彷彿とさせる（というよりはレヴィナスの著作の中にブーバーに言及する箇所が見られるのであるが）。「＜なんじ＞を語るひとは，対象を持たない」とはどういうことだろうか？　それは，＜なんじ＞はけっして「対象」として捉えられることはなく，ただ＜われ＞が全存在をもって向き合うことができるだけだということである。そこにあるのは「関係」であり，＜われ―なんじ＞の関係こそが真の生だとブーバーは主張している。

　少し先に進めてみよう。

> 人間は＜なんじ＞に接して＜われ＞となる。向かい合う相手は現れて，消えてゆく。関係の出来事が集まっては，散ってゆく。こうした変化の中で何度も成長しながらも，つねに同一のままの相手である＜われ＞の意識が，しだいに明らかになってくる。なるほど＜われ＞の意識は，つねに＜なんじ＞に対する関係の網の目の中で＜なんじ＞を捉えようとし，しかも＜なんじ＞自身とはならない認識可能な存在者として現れるが，しかし，ますます強く＜われ＞が現れ，ついには結合のきずなを断ち切って，＜われ＞自体を分離させ，一瞬，＜なんじ＞と同じように自己の＜われ＞と向かい合い，やがて＜われ＞を自己の所有物として把握し，それ以後，意識的に自己自身との関係に入るようになるのである。
>
> 　　　　　　　　　　　　ブーバー（1923）『我と汝・対話』
> 　　　　　　　　　　　　　　　　　　　（前掲書，pp.39-40）

　＜なんじ＞との出会いが＜われ＞を生起させ，＜われ―なんじ＞の出会いの繰り返しの中から次第に＜われ＞が分離していく様子が描かれている。この＜なんじ＞との出会いが＜われ＞を生起さ

せるというのは重要であり，他者の自己に対する優位性を意味している。といっても，他者がまずあってそれが自己を呼び起こすというのではなく，他者と出会うことで＜われ―なんじ＞としての＜われ＞が＜なんじ＞と未分化のまま立ち上がるのである。

> 原初的な関係の出来事において，まだ自己を＜われ＞として認める以前に，前形体的在り方ではあるが，彼らはすでに根源語＜われ―なんじ＞をきわめて自然に語っている。これに反して，根源語＜われ―それ＞は，おそらく自己を＜われ＞と認識して，すなわち，＜われ＞の分離によってはじめて可能となる。
> おそらく第一の根源語は，＜われ＞と＜なんじ＞に分解できるであろうが，しかし二つの要素が一つになって生じたものではない。この根源語は＜われ＞より先のものである。第二の根源語は，＜われ＞と＜それ＞の二つを一つにして成り立つ。これは＜われ＞より後のものである。
>
> ブーバー（1923）『我と汝・対話』
> （前掲書，p.32）

＜われ―なんじ＞としての未分化な自己が次第に＜われ＞としての自己を分離し，その後で初めて＜われ―それ＞が現れる。ブーバーの＜われ―それ＞における＜われ＞は「意識」とかなり近く，デカルト的な自己とも重なる。一方の＜それ＞は意識的内容であり，ブーバーの言葉を借りるとそれは常に「過去」の出来事に属する。つまり＜われ―それ＞の＜われ＞は常に世界から一定の距離を隔てたところに存在している。この意味で＜われ―なんじ＞は＜われ―それ＞よりも根源的な自己のあり方であると言える。

しかし一方で，ブーバーは＜われ―なんじ＞と＜われ―それ＞が

静的にきれいに分けられるものだという見方を否定する。同じ対象であってもそれが＜なんじ＞となることもあれば＜それ＞となることもあり，どちらも人間的なあり方である。つまり＜われ―なんじ＞と＜われ―それ＞のダイナミックな姿を見極める必要がある。

> ＜それ＞の世界は時間と空間に関連を持っている。＜なんじ＞の世界は時間と空間になんら関連を持たない。個々の＜なんじ＞は，＜われ―なんじ＞の関係が終わりに達すると，＜それ＞とならなければならない。個々の＜それ＞は，関係のなかにはいってゆくことにより，＜なんじ＞となることができる。
> ブーバー（1923）『我と汝・対話』
> （前掲書，pp.45-46）

ここには社会的な存在としての自己と，意識を持った主体としての自己が交錯する姿が垣間見える。後者についてはわれわれの持つ意識のあり方から想像はできる。一方で前者の＜われ―なんじ＞における＜われ＞のあり方についてはまだ一つ曖昧としている。これについてもう少し詳しく見てみよう。

6.1.2 ＜なんじ＞へ向かう＜われ＞

前節で＜われ―なんじ＞と＜われ―それ＞としての自己の違いを見たが，＜われ―なんじ＞の自己は＜なんじ＞に対してどのように向き合うのだろうか。

ブーバーは＜われ―それ＞の世界の強力さを強調する。これは人間の知性の絶頂であり，しばしば人間は＜われ―それ＞の世界の完全さに安住してしまう。これに対して＜われ―なんじ＞は儚く一瞬で消え去ってしまう。このような事態は人間の持つ＜われ―なんじ＞の関係を結ぶ力を減衰させる原因となってしまう。ここでブ

ーバーは，われわれの真の人生は＜われ―なんじ＞の中にあると説く。

> 人間の中に告知される精神とは，＜なんじ＞にたいする人間の応答である。（中略）精神は言葉である。（中略）精神は＜われ＞のなかにあるのではなく，＜われ＞と＜なんじ＞の間にある。（中略）人間が精神の中に生きることができるのは，ひとえに＜なんじ＞と関係する力に応じてきまる。
> ブーバー（1923）『我と汝・対話』
> （前掲書，p.50）

ここでいう「精神」とは＜われ＞から＜なんじ＞へ向かう志向性の中に存在する何かであり，意識とは混同しない方が良い。ブーバーは明らかに，この「精神」の中に人間生活の中心となる何かを見ている。しかしながら，＜われ＞が＜なんじ＞と関係を持とうとすると，そして＜なんじ＞へ応答しようとすると，「応答はすべて＜それ＞の世界に＜なんじ＞を閉じ込めてしまう（前掲書，p.51）」，すなわち＜なんじ＞は対象となり＜それ＞の世界へと変容してしまう。これはレヴィナスの哲学で見たように，われわれは永遠に他者に出会うことができないという事態に似ている。しかしながら，ブーバーは，この＜それ＞となってしまった＜なんじ＞はまた再び＜なんじ＞となる機会を持っているのだという。

> ＜なんじ＞はここでさらに深い神秘の中から，人間に現れ，暗黒のなかから語りかけ，人間は生命をかけてその語りかけに答える。（中略）それはいつまでも彼らのために＜なんじ＞となり，＜なんじ＞の世界を開く準備をしている，いや，準備をしているだけではなく，たえず彼らのもとに近づき，彼らに触れ

るのである。

> ブーバー（1923）『我と汝・対話』
> （前掲書, p.54）

　一方，＜われ＞のほうも＜なんじ＞と再び結びつくための「種子」を内包している。

> たとえ＜われ＞が，＜なんじ＞との関係の出来事から分離してゆき，分離の自意識に陥ることがあっても，＜われ＞の現実性は失われることはない。関与は＜われ＞の中に備わっているものであり，生き生きと保存されているものである。（中略）その種子はその人の中にあるのである。この種子こそ＜われ＞が，結合と分離をひとつであると悟る主体性の領域である。純粋な主体性とは，孤独の心理の中における＜われ＞の羽ばたきとして，動的に理解すべきである。
>
> ブーバー（1923）『我と汝・対話』
> （前掲書, p.81）

　＜われ―なんじ＞から分離した＜われ＞が，＜われ―それ＞の世界に住むようになっても，＜われ＞はいつでも＜なんじ＞と結びつくための「種子」を持ち続けており，機に応じて＜われ―なんじ＞へと動的に移行するのである。
　ところでこのように＜なんじ＞と共にある＜われ＞はどのような存在なのだろうか。

> 人間の衝動は，＜なんじ＞から分離しないかぎり，悪い衝動ではない。＜なんじ＞と結び，＜なんじ＞によって決定される衝動は，社会生活の原形質である。これに対し，＜なんじ＞から

の分離は社会生活の解体となる。

ブーバー（1923）『我と汝・対話』
（前掲書，p.62）

＜なんじ＞との関係に立つものは，＜なんじ＞と現実を分かち合う。たんに自己のうちだけでも，またたんに自己の外だけでもない存在を分かち合うのである。すべて現実とは，わたしが他の存在とともに分かち合う働きであり，わたしだけで自分のものとすることはできない。関与のないところには，現実はない。自己独占を行うところには，現実はない。

ブーバー（1923）『我と汝・対話』
（前掲書，p.80）

　＜なんじ＞とともにある＜われ＞は自己のためだけに判断しないし，行動しない。現実を＜なんじ＞と分かち合うことによって，＜なんじ＞にとっても＜われ＞にとっても良い選択を行うのである。＜なんじ＞とともにある＜われ＞は，＜われわれ＞としてあり，したがって＜われわれ＞のために判断し，＜われわれ＞のために行動するのではないだろうか。

6.2　共感

6.2.1　共感とミラーシステム

　ブーバー的な＜われ―なんじ＞を支えるものとして，まず思い浮かべられる現象は「共感」である。共感においては，自己は他者と感情や経験を共有する。共感によってわれわれは他者と世界を分かち合うことができるのであり，そこから他者のために行動を起こそうという気持ちが現れてくる。

第4章で見たミラーシステムによる他者運動の把握は，他者の意図や感情を推測し，他者に共感する能力へと発展していくことが考えられる（Gallese, 2003）。ミラーシステムが他者の運動をシミュレートすることにより，他者が感じているのと同様の感情が自己の中に引き起こされることは十分に考えられる。Preston & de-Waal（2002）は，他者がある感覚状態にある様子を観察すると，観察者の感覚系および自律神経系が自動的に活性化するという共感の神経モデルを提唱している。実際に，いくつかの脳機能イメージング研究により，運動だけでなく他者の感覚状態についても自己と他者で同じような脳活動を示すことが報告されている。たとえば，Keysersら（2004）は，自分の足が触られたときと他者の足が触られるのを見たときで，ともに二次体性感覚野（S2）が活動することを報告している。S2は感覚野の一部であるので自分の足が触られたときに活動するのは理解できる。一方，他者の足が触られるのを見ただけで活動するというのは，他者身体の視覚的情報が何らかの形でS2まで届いていると考えなければ説明がつかない。つまりS2には感覚のミラーシステムといえるものが存在することを意味している。Blakemoreら（2005）は同様の研究で，一次感覚野（S1）も感覚のミラーシステムといえる活動を示すことを報告している。さらにCarrら（2003）は顔の表情の写真を見せたときに，運動野の顔領域だけでなく島皮質にも活動が見られることを報告している。これは，ミラーシステム（運動野）を介して島での情動処理，すなわち共感が引き起こされている可能性を示唆している。ただし，ミラーシステムと情動処理・共感の関係性を調べた研究は意外にもまだ数が少なく，今後の更なる検証を待ちたい。

6.2.2　痛みへの共感

　ここでミラーシステムから少し離れて，他の共感研究を眺めてみ

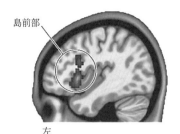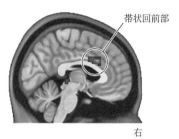

島前部　　　　　　　　　　　　　　　　　　帯状回前部

　　　　左　　　　　　　　　　　　　　　　　　　　右
図 6.1　痛みへの共感に関連する脳部位（Bernhardt & Singer, 2012）

よう。脳機能イメージングによって共感が起こっていることを示すには，本人が何かを経験したときに活動する（特に情動関係の）脳領野が，他者が同じ経験をしているのを見たときにも同様に活動することを示せば良い。共感の脳機能イメージング研究でよく用いられるのは，他者の「痛み」に対する共感である。これらの研究では，自分が痛みを感じたときと他者が痛みを被っているのを見たときの両方で，島前部（anterior insula）および帯状回前部の後方部（posterior anterior cingulate cortex, pACC）が活動することが繰り返し報告されている（Bernhardt & Singer, 2012）（図 6.1）。

　たとえば Singer ら（2004）は男女のカップルに実験に参加してもらい，パートナーが痛みを伴う電気刺激を受けている様子を女性被験者に観察させ，このときの脳活動を fMRI で計測した。また，自分自身が電気刺激を受けているときの脳活動も計測した。その結果，自分またはパートナーが痛みを受けているときの両方で，pACC や左右島の活動が見られた。興味深いことに，体性感覚野は自分が痛みを受けているときには活動したが，パートナーの痛みを観察しているときには活動しなかった。つまり他者の痛みへ共感しているときには，痛みの感覚自体に関する脳活動は起こらずに，痛みの感情処理に関わる領野だけが活動するといえる（これについ

ては,前述の Carr ら(2003)によるミラーシステムから情動処理が導かれた結果とは矛盾しており,検討が必要であろう)。

その後にまとめられた Bernhardt & Singer(2012)のレビュー論文によると,自身が痛みを被っているときに活動するのは運動前野,前頭前野,一次および二次体性感覚野,帯状回,島などである。これらのうち,体性感覚野および島後部は痛みの感覚要素のコード化をしていると考えられ,痛みの物理的な強さと関連した活動を示す。一方,島前部と帯状回は痛みの感情的な側面を反映しており,被験者が主観的に感じた痛みの強さと相関した活動を示す。前述の通り,共感に関連する領野として同定されているのは主に後者であり,共感は痛みの感情的・主観的処理と関わっているといえる。

島前部は,第3章でも触れたように,内受容的および情動的な情報の統合を行っている。Craig ら(2009)のモデルによると,身体の生理的状態が島後部に入力され,それを意識的にアクセス可能な情動表現に変換したものが島前部でコード化されている。一方,帯状回はさまざまな課題での活動が報告されており,多様なプロセスのモニタリングや制御に関わっている。特にネガティブな情動や痛み,競合モニタリングなどでの活動が多く報告されている。このように,島前部と帯状回を中心とした内受容感覚と情動処理に関わる部位が他者の情動状態を処理するのにも利用されていることが推測できる。島前部と帯状回の共感に関する活動は,痛みのほかに嫌悪や不安,味などについても報告されており,たとえば,他者が嫌悪の表情をしているのを見たときと自分で嫌なにおいを嗅いだときの両方で島前部が活動することなどが報告されている(Wicker et al., 2003)。

6.2.3 痛みへの共感と身体知覚

前節で,共感には必ずしもミラーシステムの活動が必要ないことを見たが,一方で共感と身体感覚処理が深く関係していることを示す興味深い二つの研究を紹介しておきたい。一つは第3章でも触れたアレキシサイミアを対象とした研究である(Bird et al., 2010)。自閉症スペクトラム(ASD)では健常者に比べてアレキシサイミアの確率が高いことが知られている。この研究では,ASD者の共感能力の欠如がアレキシサイミアによるものなのかを調べるために,アレキシサイミアの症状を持つASD者と同程度のアレキシサイミアを持つASDではない被験者が集められた。被験者はすべて男性であり,アレキシサイミアの程度や年齢,IQについて厳密な統制が取られた。ASD者はすべて高機能自閉症またはアスペルガー症候群と診断されている。実験パラダイムはSingerら(2004)と同じであり,被験者はパートナー(恋人に限らず,家族や親友も含まれる)とともに実験に参加した。その結果,共感に関する左島前部の活動がアレキシサイミアの程度が強まるについて弱くなることがわかった。興味深いことに,アレキシサイミアの影響が統制された後では,ASD者と統制群に差は見られなかった。このことは共感に関する脳活動はASD傾向ではなく,むしろアレキシサイミアの程度によって強く影響を受けることを示している。Moriguchiら(2007)もアレキシサイミアの程度の強い被験者は,他者が痛みを受けている画像を見たときに帯状回などの痛み関連領野の活動,すなわち共感的脳活動が健常者よりも低いことを報告している。ただし,この研究ではアレキシサイミア者では右島前部および下前頭葉の活動が健常者よりも高かった。この右島前部の活動は,Birdら(2010)の報告している左島前部の活動低下とは異なる結果となっており,島前部の左右半球の機能差や被験者の方略の違いなどを反映しているのかもしれない。

もう一つは先天的に痛みを感じない患者が共感している時の脳活動を調べた研究である（Danziger et al., 2009）。これらの患者は生まれつき痛みを感じないので，他者の痛みを「ミラーリング」することはできない。実際に他者が痛みを受けている写真から痛みの程度を推測させる課題では，表情などの手がかりがない場合には，有意に健常者よりも低いスコアをつける。しかしながら，fMRIを用いて痛み画像刺激に対する反応を見ると，これらの被験者も帯状回や両側島前部で強い活動が見られた。さらに興味深いことに，これらの患者では腹内側前頭前野（vmPFC）でも活動が見られ，その活動量は共感尺度と相関していた。前章でも見たようにvmPFCは心の理論やメンタライジングに関連する領野であり，痛みを感じない患者が他者の痛みへ共感的反応をするためには，ミラーリングではなく心の理論を用いた推論が必要になることを示唆している。裏を返せば，心の理論による推論を経由した経路でも，帯状回や島の痛みシステムを作動させることは可能だといえる。

6.3　情動的共感と認知的共感

　前節の最後の研究（Danziger et al., 2009）からも示唆されるように，共感には二つのシステムが存在していると考えられる。一つは情動的共感（emotional empathy），もう一つは認知的共感（cognitive empathy）とよばれるものである。Preston & de Waal (2002)によれば共感（empathy）の語源であるドイツ語の感情移入（Einfühlung，自己投入などとも訳される）には1900年頃にはすでに二つの意味が形成されつつあった。一つ目は観察者が対象に自分自身を投入することによって得られる理解という意味であり，他者の視点取得（perspective taking）を通した認知的共感へつながる流れである。もう一つは，他者の情動的なジェスチャーの知覚が，高次の認知的なプロセスを経ずに直接，観察者の同じ情動を活

性化するというものである。これは他者の動作や表情の知覚が，観察者の無意識的で自動的な模倣を引き出し，それが情動状態をも引き起こすという情動的共感へとつながる流れである。情動的共感は自動的・無意識的に起こるのに対し，認知的共感は意識的な努力を必要とするという分類もできる。

　Shamay-Tsoory ら（2009）は，共感に関わる脳領野を，共感のベースとなる情動伝染システム（emotional contagion system）とより高度な認知的視点取得システム（cognitive perspective taking system）の二つに分け，それぞれ前者をミラーシステム，後者を「心の理論」領野に対応すると仮定した。先の用語では，前者が情動的共感，後者が認知的共感に対応する。脳損傷患者として，ミラーシステムの主要部位である下前頭回（IFG），および「心の理論」領野の主要部位である腹内側前頭前野（vmPFC）を損傷した 2 群および健常群に実験に参加してもらった。まず共感性について調べるために，多次元共感性尺度（Interpersonal Reactivity Index, IRI; Davis, 1983）に答えてもらった。IRI は四つの下位尺度があり，「視点取得」と「想像性」の二つが認知的共感に関する尺度，「共感的配慮」と「個人的苦痛」の二つが情動的共感に関わる尺度である。その結果，vmPFC 群では認知的共感の得点が，IFG 群では情動的共感の得点が他群よりも有意に低かった。次に情動認識課題として目の写真から感情を答える課題を，「心の理論」課題として物語文から他者の心的状態を推定する課題を行った。その結果，vmPFC 群では「心の理論」課題の成績が，IFG 群では情動認識課題の成績が他群よりも有意に悪かった。IRI と課題成績を得点化して解析した結果，群（IFG vs. vmPFC）と共感の種類（認知的 vs. 感情的）の間に交互作用が見られ，vmPFC 群では認知的共感が，IFG 群では情動的共感が有意に低いことが示された。これらの結果は，vmPFC と IFG は二重乖離の関係にあり，それぞれ

認知的共感と情動的共感を独立に処理していることを示唆している。

　Zakiら（2009）は，共感の「正確さ」を調べるユニークな実験を行った。彼らの実験では，モデルとなる被験者に自身に起こった感情的な出来事について話してもらい，その様子をビデオ撮影する。その後，そのモデルにビデオを見ながらそのときの自分の感情を「とてもネガティブ」から「とてもポジティブ」までの9段階で時系列的に評価してもらった。このとき出来事自体に対する感情ではなく，話をしているときの自分の感情について評価するように教示した。つぎに観察者となる被験者にfMRIスキャナに入ってもらい，同じビデオを見ながらモデルがそのときどきで感じている感情の強さを同様に評価してもらった。このときにも出来事自体に対する感情ではなくモデルが感じている感情に注意するように教示した。得られた二つの評価時系列データ（モデルと観察者）の相関を取ることで，観察者の「共感の正確さ」が測定できる。その結果，mPFCやSTSといった「心の理論」領野および右下頭頂小葉や両側背側運動前野といったミラーシステムの領野が，共感の正確さに関連した活動を示した。しかしながら帯状回や島前部，第2次体性感覚野といったいわゆる「共感」の領野の活動は共感の正確さとは関係がなかった。このことから，他者の感情状態を正確に推定するのには，共感の領野そのものというより，むしろそこへ導く「心の理論」領野とミラーシステムが重要であることが示唆される。

6.4　共感のモジュレーション

　ここまで共感の神経基盤について見てきたが，共感は「いつでも誰に対しても」同じように起こるわけではないことも事実である。対象となる他者の性別や性格，あるいは自己と他者の間の親近感や感情的繋がり，そのときの二人の状況などによっても共感の程度

は変わってくる。ここではそのようないくつかの例について紹介する。

Singerら（2006）はフェアな他者とアンフェアな他者に対する共感の違いについて報告している。まず被験者に繰り返し囚人のジレンマゲームをしてもらい，フェアにふるまう他者およびアンフェアにふるまう他者と対戦させた。その結果，被験者はフェアな他者に対してはアンフェアな他者に対してよりも強い好感度を抱いた。次にfMRI実験を行い，先ほどのフェアな他者とアンフェアな他者が痛み刺激を受ける映像を呈示した。その結果，女性被験者ではどちらの他者に対しても共感の脳活動が見られたが，男性被験者はフェアな他者に対しては島前部で活動が見られた一方で，アンフェアな他者に対してはそのような活動は見られなかった。さらに男性被験者では，アンフェアな他者が痛み刺激を受けたときには報酬系の一部である左側坐核が活動していた。このことは共感が，その他者への信頼度や好感度に強く影響を受けることを示している。

Heinら（2010）はサッカーのファンを被験者として集め，同じチームのファン（内集団メンバー）と異なるチームのファン（外集団メンバー）に対する共感反応を調べた。その結果，内集団メンバーに対してのほうが外集団メンバーに対してよりも共感が起こりやすいという，Singerら（2006）とほぼ同様の結果を得ている。

ここで述べたような研究は，他者が自分と同じグループに所属しているか，社会的に好ましい特徴を持っているかなどの高次の属性が，共感の脳活動に影響を与えることを示している。このことから，自動的に起こる情動的共感と高次認知を介した認知的共感のダイナミックな相互作用が存在し，その結果として共感が生起していることがわかる。

6.5 代理報酬と応援

6.5.1 代理報酬

　他者が何らかの報酬を受け取るのを観察したときに，自らに快感情が得られる現象を「代理報酬（vicarious reward）」という。たとえばスポーツ観戦で応援しているチームや選手が活躍することに狂喜したり，ドラマや映画の主人公に感情移入してハッピーエンドの結末に嬉しくなったりすることは，われわれがいかに日常的に代理報酬を受け取っているかを示す良い例である。ここまで見てきた共感は痛みや嫌悪などネガティブな情動に対するものが多かったが，代理報酬はポジティブな情動に対する共感だと捉えられる。

　Mobbs ら（2009）は，代理報酬は自己に似ている他者からのほうがそうでない他者からよりも受け取りやすいことを報告している。実験では，二人のモデルが個人的，社会的，倫理的な質問に対して，社会的に好感度の高いもしくは低いやり方で答えているビデオ映像を呈示する。その後，モデルがギャンブル課題を行う様子を fMRI スキャナの中で被験者に観察させた。その結果，好感度の低いモデルよりも好感度が高いモデルが成功したときのほうが報酬系の主要部位である腹側線条体（VS）の活動が強くなっていた。またモデルが自分にどれだけ似ているか（類似度）を評定させたアンケート結果と腹内側前頭前野（vmPFC）および腹側前帯状回（vACC）の活動に相関が見られた。さらに報酬獲得時の VS と vACC の機能的結合の強さが自己との類似度に相関することがわかった。これらの結果は，他者が自分と類似していると感じるほど代理報酬を受けやすく，報酬系が強く活動することを示している。

6.5.2 他者の報酬と腹内側前頭前野

　代理報酬と深く関連する認知機能として観察学習が挙げられる。人間を含めた多くの動物は自らが実際に行わなくても他個体が行

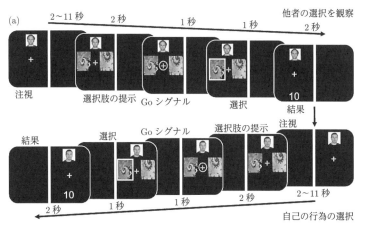

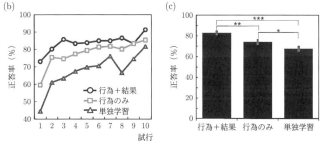

図 6.2 観察学習の効果（Burke et al., 2010）

って得た報酬を観察するだけで，自らの行動を学習することができる。Burke ら（2010）は確率的に報酬が与えられる 2 枚のカードのうちから 1 枚を選択する課題を自己と他者が交互に行うような実験を行い，観察学習の脳活動を調べた（図 6.2）。被験者は試行が進むにつれて確率を学習し，より高い報酬を得ることができる。実験では (1) 単独学習条件，(2) 他者行為観察条件，(3) 他者行為結果観察条件の 3 条件を用意した。ここで条件 2 は，他者がカードを選択するところまでは観察できるが，受け取る報酬は観察でき

ない条件である。条件3は受け取った報酬を含めて他者行為のすべてを観察できる。

　すべての条件において被験者は学習を行うことができたが，学習効率は条件1＜条件2＜条件3の順であった。条件2でも条件1よりも成績が良いのは，他者の行為を模倣する割合が多かったことが関連している。すなわち他者行為の結果まで観測できなくても，他者が多く選択するカードを自らも選択（模倣）することがポジティブに働いたことを示しており，他者も独立に学習を進めていることを考えれば妥当な結果だといえる。次にfMRIによる脳活動計測の結果をみると，条件1において自己の報酬予測誤差に対してVSが活動することが示された。これは強化学習に関する先行研究とも一致する結果である。条件2では他者行為の予測誤差に対して背側前頭前野（dlPFC）が活動を示した。条件3では他者報酬の予測誤差に対してvmPFCが活動することがわかった。これらの結果は，自己の報酬および他者の行為と報酬がそれぞれ脳の異なる部位で処理されていることを示唆している。特に自己の報酬がVSで，他者の報酬がvmPFCで別々に表現されていることは興味深いといえる。他の研究でも類似の結果が得られている（Suzukiら，2012など）。

　これらの研究は，他者の報酬をコードするのに報酬系，特にvmPFCが深く関わっていることを示している。vmPFCは抽象度の高い報酬情報を処理する領野として知られており，他者報酬のコードに関わっていることは十分にありうる。一方で，vmPFCは「心の理論」領野としても重要な部位であり，このあたりの機能的重なりを詳細に調べ，そのメカニズムを検討していくことは今後の重要な課題である。

6.5.3 応援の脳メカニズム

スポーツや将棋，クイズ番組などの対戦ゲームを視聴することはわれわれの最もポピュラーな娯楽の一つである。このような対戦ゲームを見たいという欲望は，他者の感情や身体感覚を共有する社会性能力，すなわち共感の能力に強く依存しており，代理報酬とも関連している。これまで見てきたように，報酬系がこのプロセスに深く関わっていることが示されているが，ミラーシステムはどうであろうか？ ミラーシステムが他者運動観察に関わっていることを考慮すれば，他者が報酬を受け取るのを観察する際にも活動することは十分に考えられる。

ここで第4章でも触れた「応援」に関する筆者らの研究について，その後行ったいくつかの実験も含めて再度取り上げたい。この研究では，ジャンケンをしている二人のプレイヤーの映像を被験者に呈示し，一方のプレイヤーを応援しながら見てもらうように教示した。このときのミラーシステムの活動を近赤外分光装置（NIRS）を用いて測定したところ，応援していたプレイヤーが勝ったときには負けたときやあいこのときよりもミラーシステムが大きく活動していた（Shimada & Abe, 2009; 2010）。このことからミラーシステムの活動は代理報酬によって促進されることが示唆された。

続いて，応援におけるミラーシステムと報酬系の関連を調べるためのfMRI実験を行った（Shimada et al., 2016）。この実験ではまず実験者によって指定されたプレイヤー（青または黄色の手袋をしている手）を応援しながらジャンケン映像を見てもらい，被験者とプレイヤーの一体感を促進させた（実験1，図 **6.3**a）。次に応援していたのと同じまたは異なるプレイヤーが一人でストップウォッチ課題を行っている映像を観察させた（実験2，図 6.3b）。ストップウォッチ課題では，プレイヤーがストップウォッチの針を

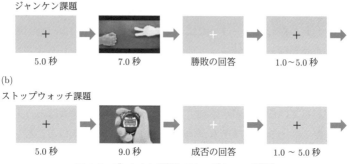

図 6.3 ジャンケン課題とストップウォッチ課題

5 ± 0.05 秒の中で止められれば成功であり，報酬系の課題としてしばしば用いられる（Murayama et al., 2010）。実験 2 では被験者はどちらかを応援するようには教示されず，ただ映像を視聴していた。

その結果，まず実験 1 ではミラーシステム（運動前野）がプレイヤーの運動を観察しているときに活動することを確認した（図 6.4a）。この活動の強さは実験後に尋ねたプレイヤーとの一体感の強さと有意な相関を示した（図 6.4b）。さらに実験 2 では，実験 1 で応援していたプレイヤーがストップウォッチ課題に成功したときに失敗したときよりも vmPFC が強く活動することがわかった（図 6.4c）。興味深いことに，vmPFC の活動は応援していなかったプレイヤーに対しては失敗したときのほうが成功したときよりも活動が大きかった。続いて，この vmPFC とミラーシステムの機能的結合性を調べたところ，応援していたプレイヤーが成功したときには失敗したときよりも有意に結合性が高まっていた（図 6.4d）。このような違いは応援していなかったプレイヤーに対しては見られなかった。

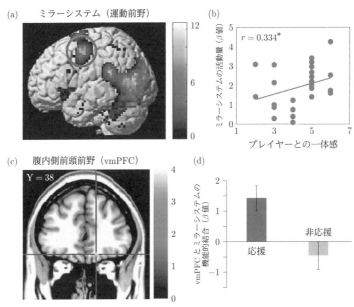

図 6.4 代理報酬におけるミラーシステムと報酬系の機能的結合
(Shimada et al., 2016)(カラー図は口絵 5 を参照)

　これら一連の結果は，応援時には，他者運動の観察によってミラーシステムが活動し，さらに代理報酬を受け取る際にミラーシステムと報酬系との機能的結合が形成されることを示している。つまり応援している他者が成功したのを見たときには，感覚運動（ミラーシステム）的にも感情（報酬系）的にも自己と他者の一体化が起こっており，これによって他者との経験の共有と代理報酬の獲得が起こるのだと考えられる。

6.5.4　応援時の二者脳活動計測

　前節の実験において応援しているときの脳活動がわかったが，このときの応援者とプレイヤーの一体感はどこから生まれてくるのだ

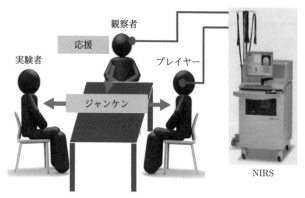

図 6.5　NIRS ハイパースキャニング実験

ろうか？　一つの仮説は，一体感を感じているときには二者の脳活動も「一体化」している，というものである。これを直接的に検証できる手法として，二者の脳活動を同時に計測する「ハイパースキャニング」法がある（6.5.4 節で詳述）。筆者らは，前述の応援課題時のプレイヤーと応援者の二者の脳活動を NIRS を用いてハイパースキャニングした（Koide & Shimada, 2018）。

実験ではプレイヤーと実験者が実際にジャンケンをしているときの，プレイヤーと観察者の左感覚運動野を NIRS で同時計測した（図 6.5）。観察者は応援群と統制群に振り分けられ，応援群ではプレイヤーを応援するように，一方の統制群ではプレイヤーと実験者が後出しをしないかをジャッジするように教示された。実験後に観察者にアンケートを取ったところ，応援群では実験者よりもプレイヤーに対して強い一体感を抱いていたが，統制群ではそのような差は見られなかった。

観察者がプレイヤーのジャンケン動作を観察しているときと自らがジャンケン動作をしているときの脳活動を計測したところ，応援

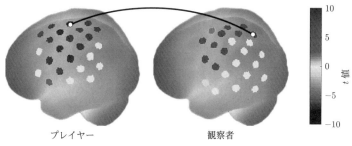

図 6.6 応援時のプレイヤーと観察者の脳間の機能的結合
(Koide & Shimada, 2018)
(カラー図は口絵 6 を参照)

群では運動前野，一次運動野と上頭頂小葉が，統制群では運動前野のみがミラーシステムとして同定された。これは応援群では，応援をすることによって自己とプレイヤーの一体化が起こり，自己身体イメージに関わる前頭―頭頂ネットワーク（第 1 章）が広く活動したのに対し，統制群では他者の動作をジャッジするという少し醒めた視点からの観察だったので，そこまで広範な活動が生じなかった可能性がある。興味深いことに，応援群のミラーシステムでは，前節の結果と同様に，プレイヤーが勝ったときに強い活動がみられたが，負けやあいこのときには活動が見られなかった。統制群にはそのような条件間の違いは見られなかった。

次にプレイヤーと観察者の脳間の機能的結合を調べたところ，プレイヤーの運動野と観察者のミラーシステム（上頭頂小葉）の間に強い結合が見られた（図 6.6）。この結合はプレイヤーが負けたときよりも勝ったときのほうが強く，また統制群よりも応援群で有意に強かった。さらにこの結合の強さは，応援群の観察者がプレイヤーに対して感じた一体感のスコアと有意な相関を示した。これらの結果は，応援をすることによってプレイヤーと観察者の一体感が形成され，この一体感の程度はプレイヤーと観察者の脳間の機能的結

6.5 代理報酬と応援 | 223

合の強さから推測できることを示している。

6.6　we-mode 認知

　前節で見た応援は，＜われ―なんじ＞的な関係の一つの在り方ではあるが，どちらかといえば，観察者からプレイヤーへの一方通行の一体化であるともいえる。日常生活では，友達同士で盛り上がったり，チーム一体となって仕事や課題へ取り組んだり，複数人で音楽を演奏したりなど，双方向的な相互一体化も多数存在する。このような双方向的な「一体感」はどのようにして研究の俎上に乗せることができるだろうか？　近年，そのような観点から「we-mode」という用語がしばしば用いられるようになってきた（Gallotti & Frith, 2013; 板倉, 2016）。we-mode 認知とは，双方向的な相互作用をしている最中の個体の認知を指す用語である。近年では二者（以上）で行う共同行為中の we-mode 認知を調べたものや，そのときの脳活動を計測したハイパースキャニング研究も増えつつある。本節ではそのあたりの動向について見ていきたい。

6.6.1　共同行為と創発的協調

　共同行為とは，「二人以上が時空間的に行動を調整して環境に対して働きかけるあらゆる形式での社会的インタラクション」のことを指す（Sebanz et al., 2006）。Knoblich ら（2011）の分類によれば，共同行為はさらに創発的協調と計画的協調に分けられる。計画的協調は，共同行為の目標やそれぞれの役割についての表象を参加者が共有して実行される共同行為である。一方，創発的協調はそのような表象なしで，結果的に二人以上の協調的（に見える）行動が現れてくるものをいう。別の観点から言えば，創発的協調は潜在的・自動的なプロセスであるのに対し，計画的協調はより高次の課題の目標や他者視点に関する表象を必要とする認知プロセスであ

る。狭い意味での we-mode 認知はしばしばこの計画的協調のみを指す（佐藤，2016）。

　創発的協調は計画や表象を必要としない個体間の行為の協調のことを指し，引き込みや知覚—行為照合，共通アフォーダンス，行為シミュレーションなど，自動的・無意識的な協調的行為が含まれる（Knoblich et al., 2011）。引き込みによる対人同期や知覚—行為照合による模倣や行動促進などは，これまでも多くの研究がなされており，特にその神経基盤としてミラーシステムやアフォーダンスなど運動関連の脳領野の関与が指摘されている（Schilbach et al., 2013）。実際，創発的協調のいくつかはたしかにミラーシステムやアフォーダンスの枠組みで説明できる。たとえば会話している二人の動作が似てくるのは無意識的模倣の結果であり，そこにお互いの動作を真似ようという意図や計画はない（Chartrand & Burgh, 1999）。また一緒に歩いている二人の足踏みのタイミングが揃ったり（Honma et al., 2008），聴衆の拍手のタイミングが同期したり（Neda et al., 2000），あくびが伝染したりするのもこの枠組みで説明がつく。興味深いことに ASD や統合失調症の患者ではこのような創発的協調が起こらないことも多く報告されている（Senju et al., 2007; Varlet et al., 2012; Fitzpatric et al., 2016）。

　一方で，創発的協調だけで説明できる共同行為はそれほど多くないことにも注意が必要である。たとえば，二人が交互に鋸を挽かなければうまく遂行できない二人挽き鋸のような簡単な共同行為を考えてみよう。ここで必要なのは，相手とのタイミングや力の調整を行う協調制御である。ミラーシステムが単純に観察したのと同じ運動を促進するものだと考えると（ただし実際にはそれほど単純ではないことは第 4 章で見た），二人挽き鋸の共同行為は実現できないことがわかる。なぜならば，ミラーシステムによって，二人はお互いに引く運動もしくは押す運動を促進し合うので，同時に鋸を引き

合ったり押し合ったりしてしまい，結局，鋸を交互に引くことはできなくなる。もちろんこれはやや極端な考えであるので，もう少し緩めて，ミラーシステムは近接した時間内に他者と同じ行為を取ることを促進するのだとしても，それだけでは時空間的に調整された協調を行うのにはやはり不十分であり，二人で交互に鋸を挽くためのタイミングや力に関する何らかの「共有表象」（暗黙的なものを含む）が必要になると考えられる。

このように，複数人が同じ動作を同じタイミングで行うだけで実現される共同行為というのは実は少なく，二人挽き鋸のような単純な共同行為でさえ，ある種の共有表象を必要とする。同様に音楽演奏やサッカーなどで起こる「即興」や「アドリブ」のプレイも創発的協調に数えたくなるが，これも Knoblich らの定義だと計画的協調だということになるだろう。いずれにしても共同行為がミラーシステムやアフォーダンスの理論だけで説明できるというのは少し単純化しすぎであるという点にここでは注意してほしい。

6.6.2 共同行為における「表象」

前節では創発的協調について述べたが，we-mode 研究ではむしろ計画的協調に焦点が当てられることが多い。計画的協調では，「共同行為の結果やそれへの個々の貢献に関する表象」に基づいた協調が行われる。ここでいう「表象」には課題のゴールや自分の貢献するパート，他者の視点などが含まれる。

計画的協調について考える上で，二人で課題を行うときのサイモン効果に関する研究が興味深い（Sebanz et al., 2003）。サイモン効果とは，たとえばターゲットが画面の右側に出たときには右ボタンで答える方が逆の左ボタンで答えるときよりも反応時間が短くなるというものであり，刺激と運動器の左右方向の整合性の効果である。Sebanz らの実験では，被験者二人で役割分担して右ボタ

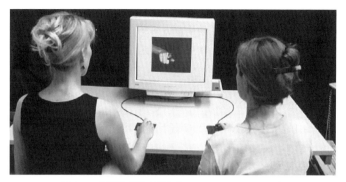
図 6.7 共同サイモン効果 (Sebanz et al., 2003)

ンを押す人と左ボタンを押す人を決めておく（図 6.7）。このようにすると被験者一人ひとりにとっては，自分に関係のある刺激が出たときにボタンを押し，そうでない刺激のときには何もしないという Go/NoGo 課題の一種だといえる。一方，被験者二人が一体化してあたかも一人であるかのようにふるまうと考えれば，それぞれの役割と刺激の整合性によって反応時間が変わる「共同サイモン効果」が得られることが期待できる。実験の結果，まさにこのような「共同サイモン効果」が見られた。さらにこの効果は，実際に他者が隣にいなくても，他者と共に課題を遂行しているということを認識させるだけで起こることがわかった。逆に，隣に他者がいてもボタン押し運動が実験者によって受動的に引き起こされるのを見ている条件では共同サイモン効果は現れず，他者が能動的に運動するのを観察しているときでなければ効果が現れないことが示されている (Stenzel et al, 2014)。

共同サイモン効果に似た現象は，フランカー課題 (Atmaca et al., 2011) や Navon 課題 (Bockler et al., 2012) でも報告されおり，課題の種類に限らず他者と一緒に課題を遂行するという状況

が，個々の被験者の中で問題遂行に関する何らかの表象を自動的に生成し，成績に影響を与えることが示されている（これについては6.6.5節でもう一度考察する）。

6.6.3　共同行為中の運動主体感

共同行為中の運動主体感について調べた研究もある。Obhi & Hall（2011）は，被験者二人で同じキーボードのスペースバーを押して音フィードバックを聞くという意図性バインディング課題（第2章）を行った。このとき二人は自由なタイミングでスペースバーを押せ，自分が先に押した場合にはそのままで良いが，相手が先にスペースバーを押したのを感じたら自分も即座にスペースバーを押すように教示された。このときにスペースバーを押した時刻と音を聞いた時刻を答えさせた。またこのときの運動主体感についても尋ねた。すると，先にスペースバーを押した被験者は有意に運動主体感を感じていたのに対し，後からスペースバーを押した被験者は運動主体感を感じていなかった。しかしながら，意図性バインディング効果を調べてみると，どちらの被験者でも有意にバインディングが起こっていること，すなわちスペースバーを押した時刻は実際よりも遅く，音が聞こえた時間は実際よりも早くなっていることがわかった。このことは，共同行為によって，運動主体感がない場合にも意図性バインディングが起こることを表している。主観的な自己感と無意識的な客観的指標に乖離が見られることを示しており，興味深い。

似たような現象は感覚減衰（第2章）でも見られ，他者が音を鳴らす様子を観察させたときには，自分で音を鳴らしたのと同じような感覚減衰が見られることが報告されている（Sato, 2008）。この場合も当然，他者の運動に対する運動主体感は感じていない。この実験はいわゆる共同行為ではないが，他者の運動観察が，主観的

な運動主体感は引き起こさなくても,運動主体感の客観的指標の一つである感覚減衰を引き起こすことは興味深い。

上述の研究では他者運動に対して客観的な運動主体感指標は見られたが,主観的な運動主体感は感じられなかった。これに対して,主観的な「共同運動主体感 (joint agency)」について調べた研究がある。この研究では,自己と他者が交互にボタンを押して音を鳴らす交互タッピング課題が用いられている (Bolt et al., 2016)。このとき課題を単独で行っている感じがしたか,運動を「共有」している感じがしたかを聞くと,先にボタンを連続して数回押し,それから相手に順番が変わる連続条件よりも,1回ずつ交互にボタン押しが変わる交互条件のほうが,有意に共同運動主体感は高かった。また先にボタンを押すリーダー (leader) と後にボタンを押すフォロワー (follower) に分けて解析したところ,フォロワーのほうが共同運動主体感は高かった。これに続く実験では,相手の運動が予測しやすいほど共同運動主体感が高くなるという結果も得られている (Bolt & Loehr, 2017)。

このように複数人で課題を遂行しているときの共同運動主体感は we-mode の指標として有効であると考えられる。ただし共同行為はいつでも共同運動主体感を生み出すわけではなく,たとえば両者の意図に競合が見られる場合には,共同運動主体感が生起しにくいことも報告されている (van der Wel, 2015)。共同運動主体感が生起する条件をさらに精緻化していくことは今後の重要な研究の方向性の一つであるといえる。

6.6.4 ハイパースキャニング

近年,二人(以上)の脳活動を同時に計測するハイパースキャニングと呼ばれる手法を用いた研究が増えてきている。ハイパースキャニング研究では,二人で協力し合う課題などを行い,そのときに

二者の脳のどの部位同士が「同期した」活動を示すかを解析する。その手法は，単純な相関から，位相同期やコヒーレンス解析，因果解析など多岐に渡るが，まだスタンダードな手法が定まっているとはいえない。そこで以下では，手法の違いはひとまず脇に置いて，どのような課題においてどの脳部位間で「同期」現象が見られるのかを概観したい。これまでの研究では主に，感覚運動野（前頭葉から頭頂葉にかけて），前頭葉，そして側頭頭頂接合部（TPJ）の三つの部位での同期が多く見られている。

　まず感覚運動野の例から見ていく。双方向ビデオシステムを使って互いの手のジェスチャを観察できる環境で，自然発生的に相手のジェスチャの模倣が起こる場合の脳波を計測した研究がある（Dumas et al., 2010）。その結果，お互いの運動リズムが同期していたときに，二者の頭頂葉や運動野の間で脳波の μ 波や β 波，γ 波帯域の同期が見られた。ただし自然発生的に模倣が起こったときに特に同期が強まった領域というのは見つからなかった。この結果は両者の運動リズムの同期が感覚運動野の活動同期として観測できることを示している。また別の研究では，恋人同士に実験に参加してもらい，一方に痛み刺激を加えたときの痛みの強さを調べている（Goldstein et al., 2018）。このとき，二人が手を繋いだ状態で痛み刺激を受けると痛みが「軽減」されるのだが，これと関連して二者間の感覚運動野の μ 波帯域での同期も高まっていることがわかった。他にも，前節で紹介したように，応援中のプレイヤーと応援者の間で運動関連領野の脳活動が機能的結合することも示されている（Koide & Shimada, 2018）。このように運動課題や感覚課題を二人で協調して行っているときには両者の感覚運動野間のカップリングが起こりやすいのだと考えられる。

　二者で課題を行っているときの前頭葉の同期を報告している研究も多い。Yun ら（2012）は，お互いに人差し指を向け合わせると

いう単純な課題を行わせたときに，指の動きが同期するペアほど，前頭葉の θ 波の活動の同期が強いことを報告している。またギターを複数人で演奏しているときの脳活動を計測した研究でも，同様に前頭葉 θ 波の同期が報告されている（Lindenberger et al., 2009; Muller et al., 2018）。アイコンタクトを行っているとき（Hirsch et al., 2017）やそこから共同注意課題を行っているとき（Saito et al., 2010; Tanabe et al., 2012），交互に発話する課題を行っているとき（Kawasaki et al., 2013）などでも前頭葉の活動同期が報告されている。さらには，二人で同時にボタンを押す課題（Cui et al., 2012）や合唱・ハミングをしているとき（Osaka et al., 2015），face-to-face で会話をしているとき（Jiang et al., 2012）やジェンガゲームを行っているとき（Liu et al., 2016）など，さまざまな課題において二者間の前頭葉の同期が報告されている。その機能やメカニズムの詳細はまだ明らかではないが，二者間の行動のタイミング等の調整に前頭葉の同期が関わっているのではないかと考えられる。

　最後に，前章で見た「心の理論」に深く関わっている TPJ 領域でも，脳活動の同期を報告している研究がいくつか存在する。たとえば社会的ゲームとしてよく用いられる囚人のジレンマゲームを行っているときに TPJ 領域で脳波の α 波帯域に同期が見られる（Jahng et al., 2017）。同様に最後通牒ゲームとよばれる社会的ゲームを行っているときにも TPJ 領域で脳血流反応が同期することが報告されている（Tang et al., 2016）。さらにもう少し複雑な課題として，三人の自由なコミュニケーションの中からリーダーとフォロワーの構造が生まれてくる際に，リーダー―フォロワー間の TPJ の脳間同期がフォロワー同士の脳間同期よりも強くなることが報告されている（Jiang et al., 2015）。これらは他者の心的状態を互いに読みあわなければいけないような課題においては TPJ 領

域の活動同期が見られることを示唆している。

ハイパースキャニング研究はまだ発展途上であるが，社会性認知に重要な領野である運動感覚野（ミラーシステム）とTPJ（「心の理論」領野）の活動同期が共同行為に重要な役割を果たしていること，さらにこれに加えて前頭葉の活動同期が関わっていることが示されつつあるといえる。

6.6.5　we-mode 認知の脳メカニズム

本節では，we-mode認知としての共同行為研究とハイパースキャニング研究について見てきた。ここでは，たしかに共同行為を行っている二者のカップリングといえる現象が見られ，個人単独での「I-mode」ではなく，「われわれ」としての「we-mode」認知が現れていたといえる。

このようなwe-mode認知が起こるためにはどのような「表象」が二人に共有されている必要があるのだろうか？　筆者は，それにはある種の身体表象が含まれているだろうと考えている。サイモン効果は自分にとって刺激が右に出てくるのか左に出てくるのかということが重要であるが，二人でやってもそれが生じるためには，もはや二人の身体は一体化して一人称複数の身体として脳内で処理されていると考えるしかない（6.5.2節）。ちょうどメルロ゠ポンティが「間身体的な器官」として並び合う二人の関係を説明していたのと同じように（第4章），この課題においては二人は一つの間身体的な器官として統合されているからこそ共同サイモン効果が起こるのである。we-mode認知を理解するためには，脳内で身体がどのように表現されているか，そしてこの表現がどのように他者を取り込むのかについて考えていくことが不可欠であろう。いずれにしても，共同サイモン効果のような現象は，既存のミラーシステムの枠組みでも「心の理論」の枠組みでも単純には説明ができない。

共同行為中の運動主体感に関する研究も，二者間の身体的カップリングを示唆している。他者の運動を観察しているときに，意図性バインディング効果や感覚減衰が起こることを見た。これは主観的には運動主体感を感じていないにもかかわらず，無意識的ないし身体的には一体化が起こっているので，客観的な運動主体感指標が観測されたのだと考えられる。また二者が交互に課題をこなすような場合には，主観的にも共同で運動を行っているという感覚，すなわち共同運動主体感が起こった。おそらくこのときにも二者間で身体イメージの共有が起こっているのではないだろうか。

　ハイパースキャニング研究はこのような問いに答えを与えられる可能性を持っている。本節で見たように，ハイパースキャニング研究はさまざまな共同行為において二者間の脳活動にカップリングが見られることを報告している。これは脳「内」表象から脳「間」表象に表象が拡張していることを示唆している。しかし，一体，二者の脳間にカップリングが生じるというのはどういうことなのだろうか。ここにはおそらく脳内で生成される他者の代理表象が介在している。AさんとBさんの脳がカップリングしているということは，A → Bへ送る情報とB → Aに戻ってくる情報がループを形成しているということである。しかし実際には二者の脳間で直接的に信号を送ることはできない。そうすると，Bの代理がAの中で

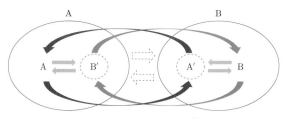

図 6.8　we-mode のモデル

シミュレートされていると考えられるのではないだろうか。すなわち，A の中には B の予測モデル (B′) が形成されているはずである（図 6.8）。同じように B 側にも A の代理 (A′) が存在していると考えられる。

そうすると，A は B′ と，B は A′ と自らの脳内でインタラクティブな処理をしているわけだが，ここで重要なのは B′ は B を，A′ は A をある程度忠実にシミュレートしていなければならないということである。シミュレーションがうまくいっていれば B′(A′) の活動は B(A) の活動とおよそ等しくなるので，B–B′ 間および A–A′ 間には事実上，脳間カップリングが生じる。と同時に A は B′ とインタラクションしているわけなので，A–B′–B のカップリングが生じるだろう。同様に B–A′–A のカップリングも出来上がる。このようにして A と B の間には脳間表象が形成されることになり，この状態が we-mode なのだと考えられる（図6.8）。

B′ と A′ は中身の詳細も完全なシミュレーションができていれば理想的であるが，この構図だけから考えれば，入出力の対応関係さえきちんと再現できれば，その中の処理までシミュレートできていなくても良いことがわかる。実際，サッカーや音楽演奏など，役割が細分化された高度な共同行為では，そのような簡略化がなされているのであろう。われわれの脳の持つフレキシビリティは，そのようにして「自分にできないことをできる他者」の能力を取り込んだ共同行為を可能にしており，それこそが we-mode の最大の利点なのだといえる。

ブーバー的な＜われ—なんじ＞もこのような構造から生じるのではないだろうか。一般にミラーシステムに関する議論は，一歩離れた場所から他者を観察してシミュレートする「三人称的」なものがほとんどであり，他者と場を共有する we-mode 的なミラーシステムの在り方についてはあまり考えられてこなかった。上で

見たように自己 (A) の中に他者 (B) とリアルタイムにカップリングした他者モデル (B′) を作り出し，さらに A と B′（あるいは B）を統合して昇華させた間身体的な「われわれ」もしくは「われ—なんじ」という表象を形成するということを，脳はおそらく遂行しているのだと考えられる。この新しい概念的枠組みをより精緻なものへと深化させていく試みは，今後の we-mode 認知研究にとって重要であるといえる。

参考文献

板倉昭二（2016）We-mode サイエンスの構築に向けて．心理学評論, **59**, 215-216.

佐藤德（2016）We-mode 研究の現状と可能性．心理学評論, **59**, 217-231.

ブーバー, M.（1923）『我と汝・対話』（岩波文庫）（植田重雄 訳），岩波書店，(1979).

Atmaca, S., Sebanz, N., Knoblich, G. (2011) The joint flanker effect: sharing tasks with real and imagined co-actors. *Experimental Brain Research*, **211**, 371-385.

Bernhardt, B. C., Singer, T. (2012) The neural basis of empathy. *Annual Review of Neuroscience*, **35**, 1-23.

Bird, G., Silani, G., Brindley, R., White, S., Frith, U., Singer, T. (2010) Empathic brain responses in insula are modulated by levels of alexithymia but not autism. *Brain*, **133**, 1515-1525.

Blakemore, S. J., Bristow, D., Bird, G., Frith, C., Ward, J. (2005) Somatosensory activations during the observation of touch and a case of vision-touch synaesthesia. *Brain* **128**, 1571-1583.

Bockler, A., Knoblich, G., Sebanz, N. (2012) Effects of a coactor's focus of attention on task performance. *Journal of Experimental Psychology: Human Perception and Performance*, **38**, 1404-1415.

Bolt, N. K., Loehr, J. D. (2017) The predictability of a partner's actions modulates the sense of joint agency. *Cognition*, **161**, 60-65.

Bolt, N. K., Poncelet, E. M., Schultz, B. G., Loehr, J. D. (2016) Mutual coordination strengthens the sense of joint agency in cooperative joint action. *Consciousness and Cognition*, **46**, 173-187.

Burke, C. J., Tobler, P. N., Baddeley, M., Schultz, W. (2010) Neural mechanisms of observational learning. *Proceedings of the National Academy of Sciences of the United States of America*, **107**, 14431-14436.

Carr L., Iacoboni, M., Dubeau, M-C., Mazziotta, J. C., Lenzi, G. L. (2003) Neural mechanisms of empathy in humans: A relay from neural systems for imitation to limbic areas. *Proceedings of the National Academy of Sciences of the United States of America*, **100**, 5497-5502.

Chartrand, T. L., Bargh, J. A. (1999) The chameleon effect: The perception-behavior link and social interaction. *Journal of Personality & Social Psychology*, **76**, 893-910.

Craig, A. D. (2009) How do you feel—now? The anterior insula and human awareness. *Nature Review in Neuroscience*, **10**, 59-70.

Cui, X., Bryant, D. M., Reiss, A. L. (2012) NIRS-based hyperscanning reveals increased interpersonal coherence in superior frontal cortex during cooperation. *NeuroImage*, **59**, 2430-2437.

Danziger, N., Faillenot, I., Peyron, R. (2009) Can we share a pain we never felt? Neural correlates of empathy in patients with congenital insensitivity to pain. *Neuron*, **61**, 203-212.

Davis, M. H. (1983) Measuring individual differences in empathy: evidence for a multidimensional approach. *Journal of Personality and Social Psychology*, **44**, 113-126.

Dumas, G., Nadel, J., Soussignan, R., Martinerie, J. Garnero, L. (2010) Inter-brain synchronization during social interaction. *PLoS ONE*, **5**, e12166.

Fitzpatrick, P., Frazier, J. A., Cochran, D. M., Mitchell, T., Coleman, C., Schmidt, R. C. (2016) Impariments of social motor synchrony evident in autism spectrum disorder. *Frontiers in Psychology*, **7**, 1323.

Gallese, V. (2003) The manifold nature of interpersonal relations: the quest for a common mechanism. *Philosophical Transactions of the Royal Society of London B: Biological Sciences*, **358**, 517-528.

Gallotti, M., Frith, C. (2013). Social cognition in the we-mode. *Trends in Cognitive Sciences*, **17**, 160-165.

Goldstein, P., Weissman-Fogel, I., Dumas, G., Shamay-Tsoory, S. G. (2018) Brain-to-brain coupling during handholding is associated with pain reduction. *Proceedings of the National Academy of Sciences of the United States of America.*, **115**, E2528-E2537.

Hein, G., Silani, G., Preuschoff, K., Batson, C.D., Singer, T. (2010) Neural responses to in-group and out-group members' suffering predict individual differences in costly helping. *Neuron*, **68**, 149-160.

Hirsch, J., Zhang, X., Noah, J. A., Ono, Y. (2017) Frontal temporal and parietal systems synchronize within and across brains during live eye-to-eye contact. *NeuroImage*, **157**, 314-330.

Honma, M., Kumada, T., Osada, Y., Nagai, M. (2008) Synchronized stepping—Automatic imitation behavior between persons. *The Japanese Journal of Psychonomic Science*, **27**, 127-128.

Jahng, J., Kralik, J. D., Hwang, D-U., Jeong, J. (2017) Neural dynamics of two players when using nonverbal cues to gauge intentions to cooperate during the Prisoner's Dilemma Game. *NeuroImage*, **157**, 263-274.

Jiang, J., Chen, C., Dai, B., Shi, G., Ding, G., Liu, L., Lu, C. (2015) Leader emergence through interpersonal neural synchronization. *Proceedings of the National Academy of Sciences of the United States of America*, **112**, 4274-4279.

Jiang, J., Dai, B., Peng, D., Zhu, C., Liu, L., Lu, C. (2012) Neural synchronization during face-to-face communication. *Journal of Neuroscience*, **32**, 16064-16069.

Kawasaki, M., Yamada, Y., Ushiku, Y., Miyauchi, E., Yamaguchi, Y. (2013) Inter-brain synchronization during coordination of speech rhythm in human-to-human social interaction. *Scientific Reports*, **3**, 1692.

Keysers, C., Wicker, B., Gazzola, V., Anton, J.L., Fogassi, L., Gallese, V. (2004) A touching sight: SII/PV activation during the observation and experience of touch. *Neuron*, **42**, 335-346.

Knoblich, G., Butterfill, S., Sebanz, N. (2011). Psychological research on joint action: theory and data. In: B. Ross (Ed.) "The Psychology of Learning and Motivation", 54, Academic Press, 59-101.

Koide, T., Shimada, S. (2018) Cheering enhances inter-brain synchronization between sensorimotor areas of player and observer. Japanese *Psychological Research*, **60**.

Lindenberger, U., Li, S-C., Gruber, W., Muller, V. (2009) Brains swinging in concert: cortical phase synchronization while playing guitar. *BMC Neuroscience*, **10**, 22.

Liu, N., Mok, C., Witt, E. E., Pradhan, A. H., Chen, J. E., Reiss, A. L. (2016) NIRS-based hyperscanning reveals inter-brain neural synchronization during cooperative Jenga game with face-to-face communication. *Frontiers in Human Neuroscience*, **10**, 82.

Mobbs, D., Yu, R., Meyer, M., Passamonti, L., Seymour, B., Calder, A. J., Schweizer, S., Frith, C. D., Dalgleish, T. (2009) A key role for similarity in vicarious reward. *Science*, **324**, 900.

Moriguchi, Y., Decety, J., Ohnishi, T., Maeda, M., Mori, T., Nemoto, K., Matsuda, H., Komaki, G. (2007) Empathy and judging other's pain: an fMRI study of alxithymia. *Cerebral Cortex*, **17**, 2223-2234.

Muller, V., Sanger, J., Lindenberger, U. (2018) Hyperbrain network properties of guitarists playing in quartet. *Annals of the New York Academy of Sciences*, **1423**, 198-210.

Murayama, K., Matsumoto, M., Izuma, K., Matsumoto, K. (2010). Neural basis of the undermining effect of monetary reward on intrinsic motivation. *Proceedings of the National Academy of Sciences of the United States of America*, **107**, 20911-6.

Neda, Z., Ravasz, E., Brechte, Y., Vicsek, T., Barabasi, A-L. (2000) The sound of many hands clapping. *Nature*, **403**, 849-850.

Obhi, S. S., Hall, P. (2011) Sense of agency and intentional binding in joint action. *Experimental Brain Research*, **211**, 655-662.

Osaka, N., Minamoto, T., Yaoi, K., Azuma, M., Shimada, Y. M., Osaka, M. (2015) How two brains make one synchronized mind in the inferior frontal cortex: fNIRS-based hayperscanning during cooperative singing. *Frontiers in Psychology*, **6**, 1811.

Preston, S. D., de Waal, F. B. M. (2002) Empathy: its ultimate and proximate bases. *Behavioral and Brain Sciences*, **25**, 1-72.

Saito, D. N., Tanabe, H. C., Izuma, K., Hayashi, M. J., Morito, Y., Komeda, H., Uchiyama, H., Kosaka, H., Okazawa, H., Fujibayashi, Y., Sadato, N. (2010) "Stay tuned": inter-individual neural synchronization during mutual gaze and joint attention. *Frontiers in Human Neuroscience*, **4**, 127.

Sato, A. (2008) Action observation modulates auditory perception of the consequence of others' actions. *Consciousness and Cognition*, **17**, 1219-1227.

Schilbach, L., Timmermans, B., Reddy, V., Costall, A., Bente, G., Schilicht, T., Vogeley, K. (2013) Toward a second-person neuroscience. *Behavioral and Brain Sciences*, **36**, 393-462.

Sebanz, N., Knoblich, G., Prinz, W. (2003). Representing others' actions: Just like one's own? *Cognition*, **88**, B11-B21.

Sebanz, N., Bekkering, H., Knoblich, G. (2006) Joint action: bodies and minds moving together. *Trends in Cognitive Sciences*, **10**, 70-76.

Senju, A., Maeda, M., Kikuchi, Y., Hasegawa, T., Tojo, Y., Osanai, H. (2007) Absence of contagious yawning in children with autism spectrum disorder. *Biology Letters*, **3**, 706-708.

Shamay-Tsoory, S. G., Aharon-Peretz, J., Perry, D. (2009) Two systems for empathy: a double dissociation between emotional and cognitive empathy in inferior frontal gyrus versus ventromedial prefrontal lesions. *Brain*,

132, 617-627.

Shimada, S., Abe, R. (2009) Modulation of the motor area activity during observation of a competitive game. *NeuroReport*, **20**, 979-983.

Shimada, S., Abe, R. (2010) Outcome and view of the player modulate motor area activity during observation of a competitive game. *Neuropsychologia*, **48**, 1930-1934.

Shimada, S., Matsumoto, M., Takahashi, H., Yomogida, Y., Matsumoto, K. (2016) Coordinated activation of premotor and ventromedial prefrontal cortices during vicarious reward. *Social Cognitive and Affective Neuroscience*, **11**, 508-515.

Singer, T., Seymour, B., O'Doherty, J., Kaube, H., Dolan, R. J., Frith, C.D. (2004) Empathy for pain involves the affective but not sensory components of pain. *Science*, **303**, 1157-1162.

Singer, T., Seymour, B., O'Doherty, J. P., Stephan, K. E., Dolan, R. J., Frith, C. D. (2006) Empathic neural responses are modulated by the perceived fairness of others. *Nature*, **439**, 466-469.

Stenzel, A., Dolk, T., Colzato, L. S., Sellaro, R., Hommel, B., Liepelt, R. (2014) The joint Simon effect depends on perceived agency, not intentionality, of the alternative action. *Frontiers in Human Neuroscience*, **8**, 595.

Suzuki, S., Harasawa, N., Ueno, K., Gardner, J. L., Ichinohe, N., Haruno, M., Cheng, K., Nakahara, H. (2012) Learning to simulate others' decisions. *Neuron*, **74**, 1125-1137.

Tanabe, H. C., Kosaka, H., Saito, D. N., Koike, T., Hayashi, M. J., Izuma, K., Komeda, H., Ishitobi, M., Omori, M., Munesue, T., Okazawa, H., Wada, Y., Sadato, N. (2012) Hard to "tune in": neural mechanisms of live face-to-face interaction with high-functioning autistic spectrum disorder. *Frontiers in Human Neuroscience*, **6**, 268.

Tang, H., Mai, X., Wang, S., Zhu, C., Krueger, F., Liu, C. (2016) Interpersonal brain synchronization in the right temporo-parietal junction during face-to-face economic exchange. *Social Cognitive and Affective Neuroscience*, **11**, 23-32.

van der Wel, R. P. R. D. (2015) Me and we: Metacognition and performance evaluation of joint actions. *Cognition*, **140**, 49-59.

Varlet, M., Marin, L., Raffard, zS., Schmidt, R. C., Capdevielle, D., Boulenger, J-P. Del-Monte, J., Bardy, B. G. (2012) Impairments of social motor coordination in schizophrenia. *PLoS ONE*, **7**, e29772.

Wicker, B., Keysers, C., Plailly, J., Royet, J. P., Gallese V., Rizzolatti, G. (2003) Both of us disgusted in my insura: the common neural basis of seeing and feeling disgust. *Neuron*, **40**, 655-664.

Yun, K., Watanabe, K., Shimojo, S. (2012) Interpersonal body and neural synchronization as a marker of implicit social interaction. *Scientific Reports*, **2**, 959.

Zaki, J., Weber, J., Bolger, N., Ochsner, K. (2009) The neural bases of empathic accuracy. *Proceedings of the National Academy of Sciences of the United States of America*, **106**, 11382-11387.

第7章 プロジェクションと物語的自己
―身体性の彼方へ

　ここまで認知脳科学と哲学の知見を交えながら，身体性と社会性のメカニズムについて見てきた。そこでは身体に関するさまざまな処理が自己や他者の認識ひいては社会性能力の基盤を与えていた。最終章となる本章では，ここまで何度か触れながらもきちんと取り上げなかった「意識」と身体性の関係について考えてみたい。これまで哲学者や認知科学者が何度も取り上げようと試みて，十分な答えが得られなかった問題であり，本書でももちろん答えを出すというところまではいかないが，いくつかの重要なヒントとなる題材を紹介することにしたい。その中でも本章の主題となるのは脱身体性としてのプロジェクション（投射）と物語的自己である。まずは身体性の世界と意識の世界の違いから見ていこう。

7.1　身体性と意識

7.1.1　「見えるもの」と「見えないもの」

　第1章でメルロ゠ポンティがフッサールの意識の哲学に対して，身体性の哲学を構築することで数々の哲学的困難を乗り越えようとする様子を見た。この身体性の哲学は，われわれに多くの地平を拓いてくれたのだが，その一方で，身体性の領野から意識がどうやって生まれてくるのかについては依然として謎に包まれたままであ

った。もちろんメルロ゠ポンティ自身もこの問題については承知しており，最後の著作「見えるものと見えないもの」でその答えを探ろうとしていた。残念ながら，メルロ゠ポンティはこの原稿を書いている途中で急逝してしまったので，最終的にどのような本に仕上げようとしていたのかは今となってはわからない。しかしながら，ここでは身体性の領野が「見えるもの」であるのに対して，意識は「見えないもの」として扱われようとしていたことが以下の文章からも伺える。

> 感覚的世界が思考の宇宙よりも「より古い」というのは，そうした内在的な意味や構造からしてのことである。なぜなら，前者は見えるものであり，比較的連続したものであるが，後者は見えないものであり，隙間だらけであって，それが一見したところ一つの全体であり，固有の真理をもっているように見えるというのも，実は前者の世界の諸構造を基準にし，それに支えられてのことでしかないからである。
> 　　　　　　メルロ゠ポンティ（1964）『見えるものと見えないもの』
> 　　　　　　　　　　　（滝浦静雄ほか 訳，みすず書房，1989, p.23）

身体性の領野＝感覚的世界が「見えるもの」であるというのは，文字通りであり，われわれは視覚を含めた感覚を通して世界を直接的に受容している。問題は意識の世界が「見えないもの」と表現されている部分だが，これはどういうことだろうか？　われわれは意識としては，その対象を見ているのである。しかしメルロ゠ポンティはなぜこれを「見えないもの」と表現するのだろうか？

> しかし世界のこの絶対的な近さは，それをよく検討し，言葉に表現しようとするやいなや，不思議なことに，埋めようもない

距離になるのである。
　　　　　　メルロ゠ポンティ（1964）『見えるものと見えないもの』
（前掲書，p.18）

知覚がやってくるや，身体は知覚の前から消え失せるし，知覚が，知覚しつつある身体を捉えることは決してないのだ。
　　　　　　メルロ゠ポンティ（1964）『見えるものと見えないもの』
（前掲書，1989，p.19）

第1章でも少し触れたが，メルロ゠ポンティはこのように身体性の領野と意識の間の埋めようもない距離を嘆いている。身体にとって世界は限りなく近いものであり，そこには何の隔たりもない。しかし意識（＝知覚）が現れるや否や，意識と世界の間には途方もない距離が現れるのである。意識の下には限りない無意識的な身体性の領野が拡がっているのだが，われわれにはこの無意識の領野を直接知覚することはできず，あくまで氷山の一角のように現れる断片的な「隙間だらけ」の意識だけが経験される。しかし，そうなってしまった後では，この意識から身体性の領野の全貌を窺い知ることはできないのだ。このことからメルロ゠ポンティは意識を「見えないもの＝現実と隔てられた世界」だといっているのである。

7.1.2　記号接地問題

　実は，意識と身体性がどのように繋がるのかという問題は，言語学でも大きな問題として注目されている。たとえば，中国語（外国語）を学ぶときに，中国語で書かれた辞書しか持っていなかった場合を想定してみよう。そうするとあなたはある中国語の言葉の意味を調べようとして辞書をめくると，意味のわからない中国語で書かれた説明を見る。するとまたその用語の意味を調べようとして…，

という具合に，いつまで経ってもその文章の意味を理解することができない。

これはハルナッドによって「記号接地問題」として提起され，言語はどこかの段階で感覚と接地されなければならないことが指摘されている（Harnad, 1990; 今井 & 佐治, 2014）。つまり，記号を記号によって定義するというのでは，いつまでも「意味」にたどり着けないのであり，われわれはどこかで記号を感覚的な「意味」に結びつけなければならない。逆に言えば，どこかで記号が意味と接地してさえいれば，そこを足がかりとしてそれ以外の記号の意味も理解することが可能となる。

この逆は谷口らによって提唱されている「記号創発問題」であり，われわれはいかにして感覚的世界から記号を創発させることができるのかという問題である（谷口, 2014）。これは身体性の世界からどのように意識が生じるのかというメルロ＝ポンティの指摘した問題とほぼ同じであり，非常に重要な論点を含んでいる。

いずれにしても記号と感覚的意味，意識と身体性の世界の間には不透明な隔たりが存在しており，これがこういった問題を引き起こしている。

7.1.3 メルロ＝ポンティの「肉」

メルロ＝ポンティは「見えるものと見えないもの」の中で，「見えるもの」，すなわち身体性の領野を捉えるために「肉」という概念を提唱している。これはメルロ＝ポンティの身体性の哲学の一つの到達点ともいうべきものであり，ここに意識と身体性をつなぐヒントが隠されているかもしれない。まずはこの「肉」の概念について見ていこう。

　　そんなわけで，見えるものが私を満たし，私を占有しうるの

は，それを見ている私が無の底からそれを見るのではなく，見えるもののただなかから見ているからであり，見る者としての私もまた見えるものだからにほかならない。一つ一つの色や音，肌ざわり，現在と世界の重み，厚み，肉をなしているのは，それらを把握している当の人間が，自分をそれらから一種の巻きつきないし重複によって出現して来たもので，それらと根底では同質だと感ずることであり，彼が自分に立ち返った見えるものそのものであり，その引きかえに見えるものが彼の目にとって彼の写しないし彼の肉の延長のごときものとなることなのである。

　　　　　メルロ゠ポンティ（1964）『見えるものと見えないもの』
（前掲書，p.158）

メルロ゠ポンティはここで，世界に存在するものと自らの身体の同質性に着目する。世界に存在するものも自らの身体も同じ物質からできているのであり，したがって私の感じる「色や音や肌ざわり」は物質側に取ってみても同じものであるはずである。これはある意味では，第3章で紹介した，他者の感覚を直接経験できるとする間身体性の概念の拡張である。われわれは物の感じる感触も直接経験できるということだ。

　世界の現前はまさに世界の肉の私の肉への現前であり，私は「それに拠って存在している」

　　　　　メルロ゠ポンティ（1964）『見えるものと見えないもの』
（前掲書，p.176）

これをメルロ゠ポンティは，世界は「肉」でできている，と表現する。世界を織りなすさまざまな物質は，根底では自らの身体と同じ

物で構成されているのであり，したがって私は世界を直接に，「肉」的に経験することができる。この考え方は，一見突飛に見えるかもしれない。われわれが他者の感覚を直接経験できるというところまでは何とか理解できるとしても，物の「感覚」というのは普通は考えないし，おそらく存在しないものであり，それを経験できるというのは想像が難しいかもしれない。しかし，以下のような表現ならどうだろうか。

　　眼差しはさまざまの見えるものを包み，触診し，それらと合体する。
　　　　　　　　　メルロ゠ポンティ（1964）『見えるものと見えないもの』
　　　　　　　　　　　　　　　　　　　　　　　　　　　（前掲書，p.184）

　　いかなる視覚も触覚的空間のどこかで起こっている
　　　　　　　　　メルロ゠ポンティ（1964）『見えるものと見えないもの』
　　　　　　　　　　　　　　　　　　　　　　　　　　　（前掲書，p.186）

　われわれは見ることによって，同時に触覚的経験もするのである。これは第2章で紹介した二種感覚ニューロンを思い出させる。二種感覚ニューロンは手に対する視覚刺激に対しても触覚刺激に対しても反応する。つまりここでは視覚経験が触覚経験を含むし，その逆もまた真である。つまり上のメルロ゠ポンティの主張の直接的な証拠だといえるのではないだろうか。もちろんサルの二種感覚ニューロンは自分の身体に関して起こるのであった。メルロ゠ポンティの「肉」の世界は，これを世界全体に広げるのである。われわれの「見る」世界はすべて触覚的世界を含んでいる。世界（間身体的な他者も含む）とは何らかの触覚的経験を引き起こす身体的な世界なのである。

見えるものと触れられるものとの転換可能性によってわれわれに開かれているのは，まだ無形のものではないとしても，少なくとも間身体的な存在であり，見えるものと触れられるものの推定的領域，私が実際に触れたり見たりしている物よりも広い拡がりをもった領域なのである。
　　　　メルロ＝ポンティ（1964）『見えるものと見えないもの』
　　　　　　　　　　　　　　　　　　　　　　　（前掲書，p.198）

　ところで，このような「肉」の世界がどのように意識に転化するのだろうか？　メルロ＝ポンティは，「われわれに知られる思考はすべて肉に生起する」と述べ，意識も肉から生じるという。とはいえ，肉と意識（理念）の関係はそれほど簡単ではない。「感覚的なものと対立するのではなく，その裏地であり奥行であるような理念」というように，メルロ＝ポンティは，理念が肉から生じる一方で，その理念が肉の裏地ともなっているというような双方向的な関係性を見極めようとしている。

　それでは，私の身体は物であろうか，それとも理念であろうか。それはそのどちらでもなく，物の測度なのだ。したがって，われわれは，肉と無縁ではなく，肉にその軸や奥行，次元を与えるような理念性というものを認めるべきであろう。
　　　　メルロ＝ポンティ（1964）『見えるものと見えないもの』
　　　　　　　　　　　　　　　　　　　　　　　（前掲書，p.210）

感覚的に与えられたものから理念が生まれる。と同時に，一度この理念ができあがると，今度は理念のほうが感覚の受け取り方を規定してくるようなあり方（ある種のフィルターのようなものだと思っても良いかもしれない）。ここには肉と理念のループ構造が見て

取れる。そしてこのようなあり方は言語の生起過程とも関連している。

> 沈黙した視覚が言語になるとき，あるいは逆に，言語が命名しうるものや語りうるものの領野を開きながら，その領野の適所に，その領野の真理に応じて記入される場合には，要するに言語が見える世界の構造を変身させ，みずから精神の眼差し，精神の直観となる場合には，そのようなことはつねに，無言の知覚と言葉とをともに支えている同じ転換可能性の根本現象によって起こるのであり，その現象は，肉の昇華によってと同様，観念のほとんど肉的とも言える事実存在によって顕現してくるのである。一言で言えば，もし人間の身体の建築術，その存在論的骨格を解明し，またいかにして人間の身体がおのれを見たりおのれを聞いたりするかを解明するならば，彼の無言の世界の構造は，そこにすでに言語のあらゆる可能性が与えられているといったふうになっていることが分かるであろう。
> メルロ゠ポンティ（1964）『見えるものと見えないもの』
> （前掲書，p.214）

残念ながらメルロ゠ポンティの考察はここで途絶えている。身体性と意識の間の隙間を埋めるために「肉」の概念を導入し，そこから理念へ至る道を探ろうとして，その双方向的な関係を指摘したところで，この著作は未完のまま終わっている。メルロ゠ポンティは「無言の世界の構造＝肉」の中に「言語のあらゆる可能性＝意識」が与えられているというが，それはどういうことなのだろうか？以下でもう少し考察を加えてみたい。

7.1.4　シンボルとシグナル

　前節のメルロ゠ポンティの考察では，意識，理念，思考，言語はほぼ同義のものとして可換的に使われていた。ここに共通しているのは，身体との断絶性であり，それはすなわちシンボル性（象徴性，記号性）である。

　メルロ゠ポンティはその最初の著書「行動の構造」（1942）の中で，行動を癒着的形態，可換的形態，象徴的形態の三つに分類している。わかり易い言葉で言い直せば，本能的行動，シグナル行動，シンボル行動ということになる。ここでシグナル（信号）とは，何かを代替的に，しかし時空間的に近いものとして表すものであり，たとえば煙は火の存在を表すシグナルである。行動の場合にはたとえば条件づけはこれに相当し，パブロフのイヌの実験のように，ベルの音が鳴るとエサがもらえるという経験を繰り返すことによって，ベルの音はエサのシグナルとなる。条件づけに限らず，何かの存在を指し示すシグナルの存在は動物の行動を引き起こすことができる。第 2 章で示したように，訓練されたサルやチンパンジーは，熊手や木の棒を道具として使用して，遠くのエサを取ることもできた。これらも広い意味でのシグナル行動として考えることができる。

　一方，シンボル（象徴，記号）とは，対象との時空間的な近さを持たない代理物のことであり，その最たるものは言語である。言語は任意の文字や音の組み合わせでその対象を表すものであり，対象との時空間的な近さとは無関係である。この恣意性がシンボルの大きな特徴である。言語は人間しか持っていないわけだが，他にシンボル行動を持つ動物はいないのだろうか。たとえばイスに飛び上がってより高い位置に移動することができるように訓練されたイヌでも，他に踏み台になるようなものがあってもそれを利用して高い位置に移動するようなことはしない。つまりこのイヌの学習は置かれ

ているイスに対してだけ成り立っているのであって,「高い位置に移動するために利用できるもの」というようなシンボル的な表現を獲得したわけではないのである。先の熊手を使ってエサを取ることができるサルも,熊手がエサと視覚的に近接している場合にだけ用いることができるのであって,それらが離れている場合には利用しようとはしないのである。熊手が使えるようになっても,画面上のポインタを使えるようになるにはまた別の学習が必要になるのである(第2章)。このようなシンボル行動の存在の有無が動物と人間を隔てるものであるとメルロ゠ポンティは指摘する。

> 同一主題をさまざまに表現しうるこの可能性,「パースペクティブの多様性」こそが,動物の行動に欠けていたものである。それこそが,行動の中に,認識という行為や自由な行為を導き入れるのである。
>
> メルロ゠ポンティ(1942)『行動の構造』
> (滝浦静雄ほか 訳,みすず書房,1964,p.184)

シグナルが「いまここ」の存在と切り離せないのに対して,シンボルの特徴は「いまここ」から自由に離れることの可能性である。つまりメルロ゠ポンティの分類によれば,動物的行動と人間的行動の違いは「いまここ」に縛られないシンボルを用いられるかどうかにあるといえる。筆者らはこの点について以前に議論を行っているので,もう一度ここで取り上げたい(橋田ら,2016)。

「いまここ」は人間以外の動物における大きな制約になっている。動物は基本的には「いまここ」に縛られている。別の言い方をすれば,動物の行動は身体と環境に密接に埋め込まれている。たとえば大きな病気にかかって動けなくなり,骨がむき出しになるほどの床ずれを負ったチンパンジーでさえも,それほど落ち込む様子が見ら

れなかったことが報告されている（松沢，2011）。これはチンパンジーは未来のことを考えないので，つまり「いまここ」の世界だけに生きているので，自分の将来に絶望することはしないのだと考察されている。一方で，人間は「未来」と「過去」を気にする。人間は「いまここ」を離れた行動や思考を行うことができる。われわれは未来の予定や過去の出来事を思って憂鬱になったり希望に溢れたりすることもあるし，いまここにいない友人のことを考えた行動をとることもできる。この「いまここ」から離れる能力は，言語あるいは意識の能力と深く関係している。「いまここ」の環境において適切な行動を行うためには，身体的知覚のレベル，アフォーダンスのレベルの知覚で十分であり，意識的な熟慮はおそらく必要ない。動物が言語を持っていなくても生き長らえることができることや，ハイデガーの哲学で意識を考えなくても人間の行動が説明できたことなどから考えれば，動物的生命にとってはこのような世界で十分なのだと考えられる。ここでは意味が実世界に接地しているといえよう。

　一方，「いまここ」の感覚運動ループが形成された後で，これを世界と切り離した脳内ループ＝「記号」として操作することができたらどうなるだろうか。もともとは「いまここ」に根ざしていた世界の断片を切り取って，「いまここ」に縛られない意味，すなわち記号を作り出すのである。人間の言語ないし意識の優れたところは，この「いまここ」に縛られない自由な脳内シミュレーションが行えるところにある。これがメルロ゠ポンティのいう「パースペクティブの多様性」の意味するところである。身体と世界の感覚運動ループを第2章で述べたような順モデルとして脳内に構成した後で，これを「いまここ」から分離し，記号化された意味として作り出す能力が人間には備わっているのではないだろうか。一度世界から分離された意味は「いまここ」を離れて自由に脳内でシミュレー

ションすることができる。これが言語ないし意識の本質的な機能なのではないかと筆者は考えている。

7.1.5 ヒトにおける道具使用

シンボルを操作する能力，ひいては言語能力がどのように生まれたのかについて考察する上で，道具使用行動を考えることは有意義である。第2章で見たように，失行症患者では左頭頂葉の損傷によって観念運動失行（言語による指示によって動作を開始できない）や道具使用に障害が出るケースがある。またサルに道具使用の学習をさせる際に頭頂葉（頭頂間溝）が重要な役割を果たしていた（2.1.3節）。これらのことから道具使用と頭頂葉には深い関係があり，また観念運動失行との関連から，さらに言語への繋がりが覗える。ここではこれらの関係についてもう少し詳しく見てみたい。

一般に動物は道具を使用しないか，するとしても限定的であり，人間の道具使用のそれとはかなり異なることが指摘されている（Reynaud et al., 2016）。動物の道具使用は偶発的な要素が強く，頻度も稀である。一方，人間の道具使用は頻度も種類も膨大であり，自発的に行う。道具を作るために別の道具を使用するのも人間だけである。さらに本質的に重要なのは，先にメルロ＝ポンティも指摘していたように，動物はある状況で学んだ道具使用を別の状況に応用することができない点である。この転移能力の有無はシンボル操作の観点からすれば重要な違いだと思われる。動物の道具使用行動は環境（文脈）に結びつけられているが，人間は道具を文脈から離れて自由に使うことができる。

失行症患者が損傷している下頭頂葉は縁上回と角回から成っているが，これらは進化的には人間だけに新たに加わった脳領野であり，サルの脳には存在しない。この部位が道具使用行動に関わっていることは，動物の道具使用と人間の道具使用の違いを考える上で

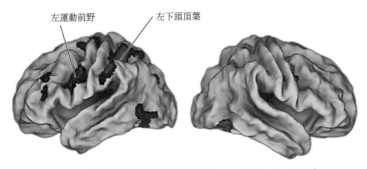

図 7.1　道具使用に関連する脳領野（Reynaud et al., 2016）

示唆的である。最近の脳機能イメージング研究によっても，ヒトの左下頭頂葉が道具使用において重要な役割を果たしていることは繰り返し示されている（図 7.1）（Reynaud et al., 2016; Ishibashi et al., 2016 など）。この左半球優位性は使用する手（左右）には依らないことも報告されている（Ogawa & Imai, 2016）。失行症における道具使用の障害には，ある特定の道具がうまく使えなくなる拙劣症や道具の選択自体を誤ってしまう（たとえば髪をとくのに歯ブラシを用いるなど）概念的誤反応があるが，これらの機能は左半球の異なる領野の損傷によることが示されており，前者が下頭頂葉，後者は側頭葉の領野による（森岡 & 嶋田, 2018）。このことは側頭葉にある道具の概念的知識と頭頂葉（頭頂間溝）にある道具の操作スキーマが下頭頂葉で統合されている可能性を示唆している（Reynaud et al., 2016）。

　サルも限定的ではあるが道具使用を学習でき，その際に頭頂間溝の細胞の活動に変化が見られること，ヒトが左下頭頂葉を損傷すると言語的・意識的に行為を開始できなくなったり道具使用に障害が出たりすること，ヒトでは言語の優位半球は左半球であり，左角回は言語中枢の一つ（読み書き）であることなどを考えると，道具

7.1　身体性と意識　｜　253

使用はシンボル行動とシグナル行動の繋ぎ目にある行動だとは考えられないだろうか。言語の起源もそれと密接に関わっているように思われる。

　第2章で物体は見ている者に対してそれに対する運動を誘発するというアフォーダンスの概念について見た。道具もその意味ではアフォーダンスを提供しているといえる。ただし通常の物体のアフォーダンスと異なるのは，道具の場合はその運動の対象が未確定だという点である。たとえばはさみはそれを握って何かを切ることをアフォードするが，切る対象（たとえば紙）までは直接は提示しない。つまり，はさみという道具は「切る」という，操作対象を明示しない「抽象的な運動」を表現しているといえる。この運動の抽象化はシンボル化の重要な一歩である。動物は道具と操作対象が同一空間になければ道具を使用しないというのは，このような運動の抽象化ができないからである。つまり道具とその操作対象が一緒に存在するときにだけ道具を使用することができる。一方，人間は運動の抽象化としての道具の表現を持っているので，すなわちその環境に依存しない「運動の可能性」としての道具を持っているので，その環境から離れて適切なときに道具を使用することができるのである。

　道具のシンボル化は，社会性にもつながる。メルロ＝ポンティが指摘したように（第4章），道具は他者の存在を直接的に感じさせる。道具は自己にも他者にも共通の「道具」であり，そこに近づけば誰でもが同じように使えるという意味で，間身体的なものなのであった。道具は他者とのつながりの可能性を表しているものだともいえる。このような道具の潜在的に持つシンボル性や社会性を脳が適切に処理できるようになったことが，ヒトの言語の起源に繋がっているのかもしれない。

　さてこの道具によって抽象化された運動能力を得たことは，道具

を「着脱可能な身体」として獲得したことでもある。つまりわれわれはいつでも必要なときに身体を拡張できるようになったのである（道具使用を続けることで頭頂葉の二種感覚ニューロンが道具に対してあたかも自分の身体であるかのような反応をし始めることはすでに見た）。この道具の「着脱可能な身体」としてのシンボル化は，今度は逆に自己の身体そのもののシンボル化をもたらす。身体が道具によって拡張可能なのであれば，身体そのものも相対的なものになる。絶対的な自己身体というのはなくなるのである。これによってわれわれは自己身体の脳内表現のダイナミック性を獲得できる。ラバーハンド錯覚やフルボディ錯覚が可能であるのも，この身体のシンボル性をベースにしているに違いない。第1章で見たように，ラバーハンド錯覚やフルボディ錯覚の強度が左半球の領野に反映されていたことは，この左頭頂葉のシンボル化の働きと関係している可能性がある。

7.1.6 ポランニーの暗黙知

シンボル化による「いまここ」から離れた世界の構築は，ポランニー（1891-1976）の著書『暗黙知の次元』にも見ることができる。まずポランニーは，メルロ゠ポンティと同様に，言葉の次元と身体性の次元の乖離を指摘し，身体性の次元の知を暗黙知と呼ぶ。

> 私は人間の知を再考するにあたって，次なる事実から始めることにする。すなわち，私たちは言葉にできるより多くのことを知ることができる。分かり切ったことを言っているようだが，その意味するところを厳密に言うのは容易ではない。
>
> ポランニー（1966）『暗黙知の次元』
> （高橋勇夫 訳，筑摩書房，2003，p.18）

この「言葉にできるより多くのこと」を暗黙知と呼ぶのだが，その源泉は身体的な知である。この身体的な知からどのようにして言語的な意味が構築されていくのだろうか。

> 私たちは，暗黙的認識において，遠位にある条件の様相を見て，その中に近位の条件を感知する。つまり，私たちは，A（＝近位項）からB（＝遠位項）に向かって注意を移し，Bの様相の中にAを感知するのだ。
>
> ポランニー（1966）『暗黙知の次元』
> （前掲書，p.30）

ここでポランニーは近位項という言葉で身体的な知を，遠位項という言葉で対象を表している。少しわかりにくい表現なので，次の探り棒を使う盲人の例で考えてみよう。

> 初めて探り棒を使う者は誰でも，自分の指と掌にその衝撃を感じるだろう。しかし，探り棒や杖を使って行く手を探るのに慣れるにつれて，手に対する衝撃の感覚は杖の先端が探りの対象に触れている感覚へと変化していく。かような具合に，ある種の翻訳的努力のおかげで，無意味な感覚が有意味な感覚に置きかえられ，もともとの感覚から隔てられていくのだ。注意を注いでいる探り棒や杖の先端に宿された意味に従って，私たちは自分の手に伝わる感覚を感知するようになる。
>
> ポランニー（1966）『暗黙知の次元』
> （前掲書，p.32）

ここでは杖から伝わる触覚情報（近位項）を用いて，杖の先で触れている対象（遠位項）のことを知るのである。そして慣れてくる

と，もはや杖から伝わる感触を探るというよりは，対象そのものを直に触っているように感じるようになる。このように，われわれは遠位項を知覚するときにそれを近位項に取り込みながら知覚しているのである。これは杖という道具を身体に取り込むプロセスともいえる。道具を使っているときには，身体（近位項）が道具の先まで延長しており，その先にある対象物（遠位項）を道具を介してあたかも直接身体で触れているかのように知覚することができる。このようにして近位項は遠位項へ移行可能なのであり，われわれは道具を用いることによって，自己身体を飛び越えて，遠位項の位置で知覚することができる。

そしておそらく，この自然な延長として，われわれは道具を介さなくても，ただ見ることによって遠位項を近位項に取り込んでもいる。

> 人が対象を見るときの見方は，その身内に生起する特定の努力，しかも当人にはそれ自体として感じることのできない努力を感知することによって決まる。私たちは，注目している対象の位置，形，運動を介して，そうした，自分の身内で進行している事態を感知する。言い換えるなら，そうした内部のプロセスから外部の対象が有する諸性質に向かって注意を移動させているのだ。この諸性質は，身体的プロセスが私たちに示す「意味」なのである。こうした，身体的経験が外部の対象の知覚へと転位される事態は，意味が私たちから転位していく事例であり，すべての暗黙的認識において，ある程度は出現する事態なのである。
>
> ポランニー（1966）『暗黙知の次元』
> （前掲書，p.33）

メルロ＝ポンティの「肉」も視覚的対象を触覚的に知覚するという意味で，これと近い考え方だと考えることもできる。だが，メルロ＝ポンティの場合には視覚情報が同時に触覚情報でもあるという転換可能性が強調されていたのに対して，ポランニーの力点は，対象を身体的に（近位項に）取り込む過程を通して，むしろ「意味」が内（近位項）から外（遠位項）へと投射されるとする点にある。ここでは身体的意味が対象の意味として暗黙的に投射されるのである。われわれが何かを見たときには，自分の内にそれに対するある種の「努力」が生起する（アンリなら情感性というだろうか）。この身体的経験が，自分にとってのとりあえずの「意味」である。そしてこの意味がいま自分が見たり触ったりしている対象に転位するのである。

> 私たちは，身体的過程が知覚に関与するときの関与の仕方を解明することによって，人間のもっとも高度な創造性を含む，すべての思考の身体的根拠を明らかにすることができるだろう，と。
>
> 　　　　　　　　　　　　　ポランニー（1966）『暗黙知の次元』
> 　　　　　　　　　　　　　　　　　　　　　　（前掲書，p.36）

　ポランニーはこのように身体的な意味が対象に投射される過程から，意識を含んだ人間の思考を明らかにしていく重要性を説いた。遠位項を見るときに近位項としての身体が用いられているにもかかわらず，近位項が見えなくなるという事態は，メルロ＝ポンティの指摘する事態と似ている。おそらく身体的意味が生起するときに，これに付随する認知的（シンボル的）意味も投射されるのだろうと考えることができるが，ここでのポランニーの議論はまだ身体に閉じているという印象がある。これをもう一歩，推し進めた概念が，

近年注目を集めている「プロジェクション」である。

7.2 プロジェクション

7.2.1 プロジェクションとは

プロジェクション（投射）とは，従来の人間の認識モデルである，「感覚 → 知覚 → 認識」という処理の流れに対して，内部表象を外部の対象に対して投射することで世界を認識するという逆向きの処理の流れを強調する考え方である（鈴木，2016; 2019）。ここで内部表象は必ずしも外の世界の正確なモデルである必要はなく，対象についての個々人の持つ内的イメージである。

従来，「知覚」や「認識」は（大まかに言えば）受け身のプロセスであると考えられてきた。すなわち，外界からの情報を感覚器が受け取り，それを脳が処理して意識や行動へ引き渡すという処理の流れである。この場合，外界からの情報が脳内の「表象」を賦活させると考える。一方，プロジェクションの場合には，自らの内の表象が先に賦活し，それを外界へ「投射」することによって世界を経験する。従来の「知覚」や「認識」という用語よりも，「プロジェクション」では自己から世界へ向かうアクティブなプロセスが強調される（図 **7.2**）。

「プロジェクション」の概念は，従来の認識モデルでは説明できなかった諸現象を説明できる可能性を持っている。すなわち，プロジェクションは，自己の内部モデル（内部表象）を世界の対象に対して拡張的に適用することによって，現実とは異なる可能性がある「意味」に彩られた世界を経験することを可能にする。たとえば，お墓参りをしたときに墓石に「おばあちゃんの存在」を感じた，という例を考えてみよう。これは，通常の認識論では説明できない。メルロ゠ポンティの「肉」の哲学を援用しても，墓石の硬さや冷た

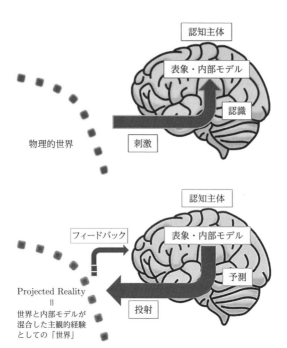

図 7.2 従来の「認識」(上) と「プロジェクション (投射)」(下)

さを肉的に感じることはできても、そこからおばあちゃんらしさは感じられようもない。これを実現するためには、そこ（墓）にはおばあちゃんが眠っているという知識があり、「おばあちゃん」の身体的感覚を伴った内的表象を墓石に投射することによって、「おばあちゃんらしさ」を墓石に感じるのである。

われわれが最初に世界へ到達する通路が肉的であったとしても、それが終わりではない。ポランニーがいうようにわれわれはその遠位項としての墓石の上に、近位項としてのおばあちゃんらしさを投射して世界を認識する。このような認知的な投射を通して世界は「意味」ある世界に彩られるのである。これが人間の言語的・意識

的世界であり，プロジェクション的な世界である。

プロジェクションは，身体性を超えた世界を与えるという意味で「脱身体的」であるといえる。これは決して身体性が必要ないというのではなく，あくまで身体性の世界をベースとした上で，それを認知的に装飾して身体性を「超越していく」という意味で脱身体的なのである。身体性をベースとしない世界は，デカルト的独我論の世界であり，初期の人工知能学者が唱えた記号主義的世界であり，現実的な世界ではない。プロジェクションは，一見デカルト的独我論的世界観に見えるかもしれないが，そうではない。プロジェクションは，動物的な身体性の世界の先に打ち立てられた，人間的な脱身体的世界を可能にする。それは「いまここ」を自在に離れた，「意味」に彩られた世界である。

7.2.2 予測モデルとプロジェクション

プロジェクションを行うためには，ある種の「予測モデル」が必要になる。プロジェクションはある瞬間に成り立てばそれで終わりというわけではなく，その対象と共にいる間，終始成り立っていなければならない。その対象が内部モデルに則った挙動をしている間，プロジェクションは成立し続ける。しかし，もしこの内部モデルから対象の挙動が逸脱したときにはどうなるのだろうか。それが軽微なものであれば例外として処理されたり，内部モデルが若干修正されたりして，プロジェクションが続くと考えられる。一方，その逸脱が大きかったときはどうか。その対象はもはやプロジェクションの対象ではなくなり，その対象に対する「認識」が変わるかもしれない。あるいはプロジェクションのほうが強力であれば，「現実（対象）」のほうが歪められてプロジェクションが続くかもしれない（たとえば，錯覚。これが病的なまでに拡大すると，統合失調症患者の幻覚や妄想になる）。このような内部モデルと対象の関係

性のダイナミクスを解明することがプロジェクションを理解するための一つの課題となるだろう。

　ここで「認識」はどのように生起するのだろうか。7.1.4節で述べたように，われわれは身体と世界のインタラクションをサイクル（＝記号）として内部に取り込む。これが内部モデルである。内部モデルは，環境および自己身体の状態を入力として，そこから外界への行動（出力）を導くモデルとなっている。重要なことは，この内部モデルは実際の入力や出力から切り離された状態で，すなわち意識の中で，シミュレーションできるようになっていることであった。

　プロジェクションは世界内の対象に対して起こるわけであるが，このとき脳内では内部モデルを用いてその対象の次の時刻の状態を予測するようなシミュレーションが遂行される。この予測と対象の状態がマッチしていれば，プロジェクションは成立し続ける。第2章の運動主体感における順モデルや，第4章のミラーシステムの議論の中で出てきた予測コーディングモデルはこれとほぼ同じものであり，そこでは対象が自己や他者の行動であった。つまり運動主体感やミラーシステムは，別の言い方でいえば，自己あるいは他者のプロジェクションだったといえる。

　さて，ここまで話をしてくると，プロジェクションなどという考え方は必要ではなく，順モデルや予測コーディングで十分ではないかという意見が出てくるかもしれない。これに対しては，プロジェクションが従来の予測モデルと異なるのは，それに認知的要素が付け加わることである，といえる。身体的意味として，すなわち内部モデルとして取り込まれた身体知は，ここで何らかの形でシンボル化され，言語的意味表象の世界とリンクしている（このメカニズムについては慎重な議論が必要であり，まさに「記号創発問題」である）。そうすると，この予測モデルは意味的世界を背景として持つ

ようになる。つまり、予測モデルを用いてプロジェクションを行うときには、その背後にある意味的世界も対象に対して投射されることになる。そうすると、予測モデルが対象の上で回り続ける限り、それに付随する意味的世界も成立し続ける。これが墓石におばあちゃんらしさを感じるメカニズムではないだろうか。これはまだ仮説に過ぎないし、理論的な隙間も多いのだが、ひとまずのアイデアの原型くらいにはなるだろう。今後の精緻化が期待される。

7.2.3 プロジェクションとしての自己と他者

さてここまでプロジェクションの概念について考えてきたが、これをもう少し掘り下げるために、以下では「表象」一般ではなく、「自己身体」のプロジェクションに限定して話を進めてみたい。プロジェクションは多くの場合、メルロ＝ポンティ的ないしポランニー的な身体の（「肉」の、もしくは近位項から遠位項への）プロジェクションを含意しており、自己身体のプロジェクションこそがプロジェクションの本質を理解する鍵となっているように思える。

まず取り上げたいのは第1章でも紹介したラバーハンド錯覚である。ラバーハンド錯覚は、目の前にある偽物の手（ラバーハンド）と直接見えない自分の手を同時にブラシなどで撫でることで、ラバーハンドが自分の手のように感じられてくるという自己身体認識に関する錯覚であった（Botvinick & Cohen, 1998）。一般には、視触覚統合によるボトムアップな認知プロセスだと考えられるが、自分の触覚と同期して撫でられているラバーハンドに対して自己身体としての「意味」を投射した結果だと考えることもできる。特に木片などよりも人の手の形をした物体や、人種・性別が被験者と同じ手に対してのほうが錯覚が起こりやすいことが知られており、このような認知的な効果は、ラバーハンド錯覚が視覚と触覚の統合による単なる受動的なボトムアップの錯覚ではなく、認知的な「意

味」を投射しやすい対象に対してのほうが錯覚が起こりやすいというトップダウンのプロセスも含んでいることを示している。

　自己身体のプロジェクションについて，もう一つ取り上げたいのは第4章で説明したミラーシステムである。ミラーシステムは，運動野や頭頂葉にある運動関連領野のネットワークに含まれ，自己が運動するときと他者がそれと同じ運動をするのを観察したときの両方で活動する。このことから，他者の行為は自己運動のシミュレーションを通して理解されると考えられた（シミュレーション仮説）。これは，他者の運動に対して自己の運動表現を投射しているとも考えられるので，その意味でミラーシステムが行っていることはプロジェクションそのものであるといえる。

　実際に，ミラーシステムは他者なら誰でも活動するという受動的なものではなく，たとえば自分の運動レパートリーに含まれる動作であったり他者の運動意図が理解できたりするなど，いくつかの選択性をもって活動することはすでに第4章で見た。また第6章では，他者を応援するなど能動的に他者と関わるときに，ミラーシステムの活動が亢進することを見た。これらの性質からも，ミラーシステムは単なる他者の受動的な「認識」ではなく，意味の投射というトップダウンのモジュレーションが関わるという意味で，他者に対する自己身体の能動的な「プロジェクション」として捉える方が良いだろう。

　ラバーハンド錯覚を自己身体の物体へのプロジェクション，ミラーシステムを自己身体の他者へのプロジェクションと捉えることによって，「身体を介した自己のプロジェクション」のメカニズムと機能が浮かび上がってくる。これまでにも述べてきたように，ここでは内部モデルによる予測とそのフィードバックを含んだサイクルが鍵となっている。そしてさらにそこに「意味」が深く入り込んでくるだろう。今後の研究を通じて，単なる「認識」とは異なる「プ

ロジェクション」の射程について明らかにしていくことが重要である。

7.2.4　バックプロジェクション（逆投射）

　プロジェクションというと主体の内部から外の環境へという一方向の投射が強調されがちであるが，環境から主体へというフィードバック情報の取り込みも重要であり，プロジェクションは，サイクルとしてのプロセスだと考えなければならない。実際に，投射した対象の状態がむしろ逆に主体内部の状態を変化させる「バックプロジェクション（逆投射）」と呼ばれる現象も報告されている。たとえば，怪我をしたラバーハンドに対して錯覚を起こした場合に痛みに対する閾値が下がること（Osumi et al., 2014）や，錯覚を起こしたラバーハンドに冷感刺激を与えると自分の手も冷たくなったように感じられること（Kanaya et al., 2012）など，錯覚によって自己の感覚処理が変容することも報告されている。これらの現象は，ラバーハンド錯覚は予測モデルをベースとした能動的なプロジェクションであり，ラバーハンド側の特徴が変化するとそれを積極的に予測モデルに取り込む（更新する）プロセスが含まれていると考えられることを示唆している。

　筆者が渋谷らと行った研究（Shibuya et al., 2018）では，図 **7.3** に示すような実験装置を用いて，実験者の手（以下では簡単のため「ラバーハンド」と表す）の映像をタブレット上に提示した状態で被験者に視触覚刺激を同時に与えることで，ラバーハンド錯覚を起こさせた。その後，被験者の手は静止した状態のまま，ラバーハンドの手の指が大きく開く様子を見せた。すると，錯覚が起こっていない場合には何も起こらなかったのに対して，錯覚が起こっている場合には被験者の手もつられて実際にピクッと動いたり，動かないまでも筋電位に有意な活動が現れたりした。さらにこのときの脳波

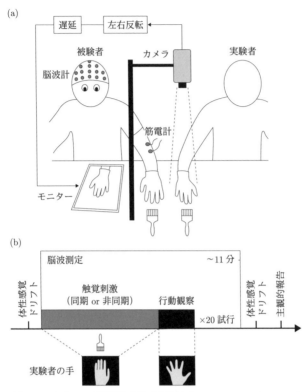

図 7.3 ラバーハンド錯覚における逆投射（Shibuya et al., 2018）

を測ると，錯覚が起こっている条件では起こらない条件に比べて運動野の活動が有意に大きくなっていた。

ここではまず被験者からラバーハンドへの自己身体のプロジェクションが起こっているわけだが，この状態でラバーハンドのほうを動かすと，今度はラバーハンドの状態が被験者の手に影響を与えるという，いわばラバーハンドから被験者の手への逆向きの投射（バックプロジェクション）が起こったと考えることができる。つまり

ラバーハンド錯覚は被験者からラバーハンドへの一方向の投射現象ではなく，被験者とラバーハンドの間に密接なリンクが確立される現象なのであり，ラバーハンドの変化は逆に被験者の手を変化させうるのである。

　前述の，怪我をしているラバーハンドに錯覚を起こさせると痛み閾値が下がる現象やラバーハンドに氷を近づけると自分の手も冷たくなったと感じる現象なども一種の感覚的バックプロジェクションであるといえる。上述の筆者らの研究は，感覚だけでなく運動のバックプロジェクションも存在することを示した例であるといえる。

　この意味では，ミラーシステムを介した模倣促進もバックプロジェクションとして考えることが可能であろう。つまり，ミラーシステムが作用する条件とは，ラバーハンド錯覚が起こる条件とほぼ同じであり，そこで起こっているのは自己身体のプロジェクションであり，他方の身体からのバックプロジェクションなのだと考えられる。これまでの章で見てきたとおり，ラバーハンド錯覚とミラーシステムに関わる脳領野は前頭—頭頂の運動関連ネットワークでほぼ一致しているわけだが，これは偶然ではない。それは両者の機能がほぼ同じだからなのであり，脳のメカニズムとしては区別する必要がないのかもしれない。両者に共通するのはプロジェクションのメカニズムである。その観点からいえば，上の例はラバーハンド錯覚を起こさせることによってミラーシステムの機能が促進されたのだともいえる。

　最近では運動障害を持つ患者へ対して，バーチャルハンド錯覚を応用した運動リハビリテーション法なども提案されているが，これなどもバックプロジェクションによる効果が期待できるものだといえる（大住ら，2019）。

7.2.5　認知的プロジェクション

さて，一方で，このような感覚・運動的プロジェクション／バックプロジェクションだけでは，プロジェクションの射程を十分に捉え切れていない。ここでは，より高次の認知的なプロジェクション／バックプロジェクションが起こる例をいくつか紹介したい。

まず，子どものアバターに対してフルボディ錯覚を起こさせると，物体のサイズが通常よりも大きく感じられるようになるという報告がある（Banakou & Slater, 2013）。これは被験者が子どもの身体へ自己身体の投射を行うことで，自らの「世界」が子どもの「世界」に近づく，すなわち被験者の世界の知覚が子どもの世界の知覚に似てくるのである。その結果，物体が通常よりも相対的に大きく感じられるようになる。

別の例として，仮想現実（VR）を用いてスーパーマンになる（空を自由に飛ぶ）経験をさせると，その後に他者に対する援助行動が増えるという報告もある（Rosenberg et al., 2013）。映画などを見た後に，主人公と同じような行動や考え方を取る人が増えることは日常的に経験があると思うが，それとも合致する。正義の味方であるスーパーマンに自己を投射することによって，スーパーマンの性質である「人を助ける」という行動が自己に逆投射されたのだと解釈できる。他にも，VRを用いて白人被験者に黒人になる経験をさせると人種差別バイアスが減少したり（Banakou et al., 2016），拒食症の患者にフルボディ錯覚を起こさせると自らの身体サイズに対する過剰評価が減少したりする（Keizer et al., 2016）。これらは単にある種の感覚入力を与えることで行動が変化するということではなく，あくまでプロジェクションを通じて自己をアバターへ投射することによって，今度はそのアバターの性質が逆投射するという点が重要である。つまり，最初のプロジェクションがなければ，バックプロジェクションは起こらない。内部モデルと世界を

プロジェクションを通じてリンクすることで，世界を自らの内部モデルに取り込む準備ができるのであり，そこから世界の認識の仕方や世界への反応の仕方が変化するのである。

実はポランニーもこのような現象があることにはすでに気づいていて，以下の文章から，プロジェクションが道徳教育などに応用できる可能性があることを示唆している。

> 内在化の広範な働きを示す例をもう一つ挙げてみよう。たとえば私たちは，道徳教育の浸透を「内面化」と呼ぶことがある。内面化するとは，自己と当該の教育内容を同一化することである。このとき道徳的な暗黙知が作動し，現実の教育内容は近位項としての機能を果たしている。これこそ，私たちが道徳的な行為と判断を行うときの暗黙的枠組みなのである。
>
> ポランニー（1966）『暗黙知の次元』
> （高橋勇夫 訳，筑摩書房，2003, p.39）

ここでの「教育内容」とは，たとえば規範となる他者（モデル）のことであり，自己と他者を「同一化」することによって内面化すると述べられている。これはつまり，自己を他者に投射することによって，他者の性質を自己の内部モデルに取り込む，すなわち逆投射が起こるということと本質的に同じである。このようにして取り込まれた内部モデル（＝近位項）が実際の場面での道徳的行為として利用されるわけである。

バックプロジェクションはプロジェクションの射程を理解する上で重要であると同時に，社会的な応用という側面から考えても今後重要性を増していくことは間違いないと考えられる。

7.3 物語的自己（ナラティブ・セルフ）

7.3.1 身体性と物語性

　最後に身体的自己としばしば対比的に扱われる物語的自己（デネット，1991; Gallagher, 2000）について見ておきたい。自己の「物語（フィクション）性」はこれまでにも多くの学者によって指摘されてきており，たとえば哲学者のデネット（1942-）は以下のように述べている。

> 私の理論によれば，自己というのは，何か昔からある数学的な点といったものではなく，かえって生きたからだの来歴を構成する無限の属性や解釈によって定義されるような一つの抽象なのであるが，また同時に，生きたからだの来歴の「物語的重力の中心」にもなっているのである。
>
> デネット（1991）『解明される意識』
> （山口泰司 訳，青土社，1998, p.505）

　われわれの身体が自己の源泉であることは本書でここまで見てきた通りであるが，それと同時にわれわれは言語を手にしたことによって自己に関する物語を日々生成したり獲得したりすることができるようになっており，このような物語の抽象的な「重力の中心」として自己を据えることも可能である。ここで「重力」という用語を使っているのは，自己が物語を紡ぎ出しているというよりは，むしろ作り出された物語たちが逆にその重心として「自己」を措定するからであり，デネットは「私たちの物語的自己性は，私たちのお話の所産ではあっても，私たちのお話の源泉ではない」（前掲書，p.495）としている。

　デネットの議論を受けて，ギャラガーは第1章，第2章で見た

身体所有感と運動主体感からなる最小自己（minimal self）のほかに，時間的に拡張した自己の一貫性を与えるものとして物語的自己（narrative self）を挙げている（Gallagher, 2000）。身体所有感や運動主体感はそのときどきでの「現在」における自己感を与えるものであったが，より時間的に拡張された「過去」の記憶や「未来」への意志などを持った一貫性を持った存在としての自己感もわれわれは持っている。この後者は感覚運動的にというよりはむしろ，「物語」として与えられており，ギャラガーは，人生の連続性を感じさせるのに物語は有効であるとしている。第3章で見たダマシオの「自伝的自己」もその瞬間の意識と関わる「中核自己」から発展生成したものであり，ここでの最小自己と物語的自己の関係と同じものだと考えて良い。物語的自己を構成することによってわれわれは「時間を超える」能力を身につけたのだということもできる。

7.3.2 物語的自己同一性

哲学者のリクール（1913-2005）は，時間を超えた自己の同一性を作り上げるのは物語（フィクション）の働きに他ならないことについて，以下のように述べている。

> 人生の物語的統一という概念については，やはりそこに作話の働きと生きた経験との不安定な混合を見るべきである。現実の生のまさに逃げやすい性格のゆえに，われわれはその生を事後に回顧しながら編成するために，フィクションの助けを必要とするのであり，そのために，フィクションや歴史から借用した筋立ての形象が修正可能で，一時的なものであっても仕方がないとするのである。そこで，読書を通してわれわれがなじんできた物語のはじまりの助けを借りて，語の強い意味でわれわれのとる率先行動がつくる現実のはじまりを安定したものにす

る。

リクール（1990）『他者のような自己自身』
（久米博ほか 訳，法政大学出版局，1996，p.209）

　ここで「読書」といっているのは，広く「他者の物語」（映画や口伝などを含む）と理解するべきであろう。われわれはありありとした生の経験を享受しつつも，そのような瞬間的な経験は失われやすく，これを引き止めるために「事後的に」既存の他者の物語の力を借りてそれらを繋ぎ合わせるのである。われわれは時間を超えて存在しているが，この各時点における自己の「生」は他者の物語を模倣する作話の働きによって結びつけられ，一つの「人生」の物語として編成される。これによって自己は時間を超えた同一性を獲得する。これがリクールのいう「物語的自己同一性」である。

　物語的自己同一性において，時間を超えた個人の同一性を担保するために重要なのは「性格」であり，これはその人物の「行為」の集合として捉えられる。この行為は「習慣」として蓄えられたものに加えて，「獲得された自己同定」も含まれる。「獲得された自己同定」というのは特異な用語であるが，個人や共同体の価値，規範，理想，模範，英雄などへ自己同一化のことを指し，いわば「他者」への自己同一化である。英雄に憧れるというのは，まさに他者へと自己を同一化することである。いずれの場合にも，性格は行為として表れる点を強調しておきたい。これによって，他者の性格と自己の性格は交換可能なものとして定義できるようになる（第4章のミラーシステムにおける他者の議論を思い出してほしい）。このようにして得られた「性格」を時間軸に沿って展開することで「物語」は繰り返し生成されていく。そして作られた物語たちの抽象的な重心として「物語的自己」が措定されることになる。

7.3.3 物語的自己とプロジェクション

さてここまでの物語的自己の議論を踏まえてあらためてプロジェクションについて考えると，プロジェクションには，身体的プロジェクションと，物語的プロジェクションの少なくとも二つがあると考えられる。身体的プロジェクションは，メルロ゠ポンティの「肉」あるいはポランニーの「近位項―遠位項」のレベルで起こり，これによってわれわれは対象（人物，物体）を身体的に感知することができる。前述の通り，ラバーハンド錯覚やミラーシステムはこのレベルで起こる現象だといえる。一方，物語的プロジェクションは，物語的自己を「他者」（ただし物体を擬人的に捉える場合も含まれるだろう）に対して投射することを指す。これは「自分がその人の立場だったらどうするか」という熟慮型のプロジェクションであり，「心の理論」や認知的共感はこれに相当するだろう。

しかしながら，重要なのはこれら二つのプロジェクションは必ずしも独立しているわけではないということである。より一般的には，物体や人物に対して身体レベルのプロジェクションが起こることによってそれに付随する「物語」が投射されうるし（これについては 7.2.5 節で例をいくつか挙げた），逆に物語的自己を投射することで身体レベルの感知が可能となることもある。筆者らは，冒頭ではストーリーがわかりづらく，次第に観客の理解が追いついてくるような類いの映画（「Dolls」北野武監督）を見せたときのミラーシステムの反応を調べたところ，ストーリーがよくわからない冒頭部では活動がほとんど見られなかったが，ストーリーがわかるにつれて主人公の動作に対してミラーシステムが反応するようになることを見出している（Ogawa & Shimada, 2016）。これは最初は物語的にも身体的にもプロジェクションが起こらない状態だったのが，物語的プロジェクションが可能になるにつれ，次第に身体的プロジェクションも可能となっていくことを示唆するものである。これら

の例は，身体的プロジェクションが物語的プロジェクションを導くケースもあれば，逆に物語的プロジェクションが身体的プロジェクションを可能とするケースもあることを表しており，これらのプロジェクションは密接に結びついているといえる。

また前節のリクールの議論における「獲得された自己同定」がなされるプロセスは，7.2.5 節の認知的バックプロジェクションそのものであることに気づいた読者もいるだろうと思う。憧れの「英雄」へ自己を投射することによって，英雄の「性格」が自己のうちに逆投射されるのであり，スーパーマンの例（Rosenberg et al., 2013）などはまさにそれである。更なる検証が必要ではあるが，他者への身体的プロジェクションが起こることによって他者の物語を自己へ取り込むという物語的バックプロジェクションが促進される可能性は大いにあるといえる。このようにして，われわれの物語は自己の経験だけでなく，他者の物語も取り込みつつ変容を遂げていく。

プロジェクションの特徴は，それによってわれわれは世界を「意味に彩られた世界」として認識できるところにある。おそらくこれには物語的自己が必要不可欠である。世界に対して身体的プロジェクションを行った上に物語的プロジェクションが重なることで，世界は本人の人生に対して意味を帯びた世界として現れる。つまり，世界が意味に彩られたものであることと，自己が物語的存在であることは分かちがたく結びついている。これは世界で出会うものたちが自己の物語を変えることは当然ながら，逆に自己の物語が変容することで世界の意味も変わってくることを意味している。

物語的自己の認知科学的研究はまだ始まったばかりであり，今後の展開が楽しみである。いずれにしてもプロジェクションが重要な役割を果たしていることは間違いない。プロジェクションは，意識と身体性，言語と感覚，さらに社会性や物語といった広範な認知プ

ロセスを包括的に理解するための枠組みを提供しており，その機能や役割の理解を進めるとともに脳メカニズムを解明することが今後重要になってくるだろう．

参考文献

今井むつみ, 佐治伸郎 (2014)『言語と身体性』(岩波講座 コミュニケーションの認知科学), 岩波書店.

大住倫弘, 信迫悟志, 嶋田総太郎, 森岡周 (2019) プロジェクション科学を痛みのリハビリへ応用する. 認知科学, **26**, 30-39.

鈴木宏昭 (2016) プロジェクション科学の展望, 日本認知科学会第33回大会論文集.

鈴木宏昭 (2019) プロジェクション科学の目指すもの, 認知科学, **26**, 52-71.

谷口忠大 (2014)『記号創発ロボティクス―知能のメカニズム入門』(講談社選書メチエ), 講談社.

デネット, D. C. (1991)『解明される意識』(山口泰司 訳), 青土社 (1998).

橋田浩一, 嶋田総太郎, 今井むつみ (2016) 仮説検証サイクルと記号設地. 認知科学, **23**, 65-73.

ポランニー, M. (1966)『暗黙知の次元』(ちくま学芸文庫) (高橋勇夫 訳), 筑摩書房 (2003).

松沢哲郎 (2011)『想像するちから―チンパンジーが教えてくれた人間の心』, 岩波書店.

メルロ=ポンティ, M. (1942)『行動の構造』(滝浦静雄, 木田元 訳), みすず書房 (1964).

メルロ=ポンティ, M. (1964)『見えるものと見えないもの』(滝浦静雄, 木田元 訳), みすず書房 (1989).

森岡周, 嶋田総太郎 (2018) 身体失認・失行症のリハビリテーション―身体意識の問題から捉える (第7章),『身体性システムとリハビリテーションの科学2 身体認知』(今水寛, 近藤敏之, 森岡周 編), 東京大学出版会, 205-248.

リクール, P. (1990)『他者のような自己自身』(叢書 ウニベルシタス) (久米博 訳), 法政大学出版局 (1996)

Banakou, D., Groten, R., Slater, M. (2013) Illusory ownership of a virtual child body causes overestimation of object sizes and implicit attitude changes. *Proceedings of National Academy of Sciences, U.S.A.*, **110**, 12846-51.

Banakou, D., Hanumanthu, P. D., Slater, M. (2016) Virtual embodiment of white people in a black virtual body leads to a sustained reduction in their implicit racial bias. *Frontiers in Human Neuroscience*, **10**, 601.

Botvinick, M., Cohen, J. (1998) Rubber hands 'feel' touch that eyes see. *Nature*, **391**, 756.

Gallagher, S. (2000) Philosophical conceptions of the self: implications for cognitive science, *Trends in Cognitive Sciences*, **4**, 14–21.

Harnad, S. (1990) The symbol grounding problem. *Physica D*, **42**, 335–346.

Ishibashi, R., Pobric, G., Saito, S., Ralph, M. A. L. (2016) The neural network for tool-related cognition: An activation likelihood estimation meta-analysis of 70 neuroimaging contrasts. *Cognitive Neuropsychology*, **33**, 241–256.

Kanaya, S., Matsushima, Y., Yokosawa, K. (2012) Does seeing ice really feel cold? Visual-thermal interaction under an illusory body-ownership. *PLoS ONE*, **7**, e47293.

Keizer, A., van Elburg, A., Helms, R., Dijkerman, H. C. (2016) A virtual reality full body illusion improves body image disturbance in anorexia nervosa. *PLoS ONE*, **11**, e0163921.

Ogawa, K., Imai, F. (2016) Hand-independent representation of tool-use pantomimes in the left anterior intraparietal cortex. *Experimental Brain Research*, **234**, 3677–3687.

Ogawa, Y., Shimada, S. (2016) Story understanding in non-explanatory film affects viewers' premotor activity and empathy for fictional characters. *Neuroscience and Neuroeconomics*, **5**, 37–44.

Osumi, M., Imai, R., Ueta, K., Nobusako, S., Morioka, S. (2014) Negative body image associated with changes in the visual body appearance increases pain perception. *PLoS ONE*, **9**, e107376.

Reynaud, E., Lesourd, M., Navarro, J., Osiurak, F. (2016) On the neurocognitive origins of human tool use: A critical review of neuroimaging data. *Neuroscience and Biobehavioral Reviews*, **64**, 421–437.

Rosenberg, R. S., Baughman, S. L., Bailenson, J. N. (2013) Virtual superheroes: using superpowers in virtual reality to encourage prosocial behavior. *PLoS ONE*, **8**, e55003.

Shibuya, S., Unenaka, S., Zama, T., Shimada, S., Ohki, Y. (2018) Spontaneous imitative movements induced by an illusory embodied fake hand. *Neuropsychologia*, **111**, 77–84.

おわりに

　「自己」と「他者」を巡る長かった本書の旅もひとまずこれで終わりである。本書を読んで頂いたことで，「自己」と「他者」,「世界」，あるいは「身体」と「意識」,「社会性」といった言葉に対する何らかのイメージが得られていたならば筆者としては本望である。

　本書の各章ではまとめというよりは今後まだ解明されなければならないことをいくつか示唆する形で終えてきた。それはこの分野の研究はまだ発展途上であり，中途半端なまとめを与えるよりはここからの発展の余地を残しておきたいと考えたからである。したがってここでも特にまとめということはせずに，簡単に振り返って本書を締めくくりたいと思う。

　前半の三つの章は「自己」を巡る考察であった。その中で身体所有感と運動主体感，そして情動的自己（情感性）が自己感の源であることを見た。身体所有感と運動主体感では運動前野と頭頂葉の感覚運動ネットワークが主要な役割を果たすことを見た。一方で情動的自己では島皮質が中心となる内受容感覚の処理系が重要であった。これらの外側の感覚運動ネットワークと内側の情動系ネットワークがどのように協調して自己感を形成するのかは今後の課題として残されている。また，第7章でも取り上げたが，ここでの身体と意識の関係もまだまだ解明されたというにはほど遠い。

　後半の三つの章は「他者」について取り上げた。「自己」と「他者」の近くて遠い，あるいは遠くて近い関係性が垣間見られたので

はないだろうか。第4章のミラーシステムで，他者がいわば自己の分身として捉えられる様子を確認した。実際にミラーシステムと呼ばれる脳領野と上述の自己に関わる領野のオーバーラップはきわめて大きい。続く第5章では自己の延長としては捉えられない「他者」について，レヴィナスの哲学の助けを借りながら検討を加えた。その結果，内側前頭前野やSTS，TPJといった脳部位が他者性の領野として浮上してきた。これらは「心の理論」など，熟慮型の他者認識と関わる領野であった。第6章ではこのような「自己」と「他者」が近づいては離れ，離れては近づくプロセスについて，共感のモジュレーションやwe-mode認知のダイナミクスを見ながら考察した。二者の脳の同期が「われわれ感」に関わっていることも示唆された。we-mode認知のメカニズム解明は今後のこの分野の重要な一つの方向性となっていくだろう。

　最後の第7章では，身体と意識の問題に立ち戻り，「プロジェクション」と「物語的自己」の概念を導入した。これらの研究はまだ端緒を開いたばかりであるが，「意味に彩られた世界」を認識する意識がどのようにして生起するのかについての重要な概念的枠組みを提供することが期待される。身体性と意識，物語，投射／逆投射などの概念がどのように結びつき，展開されていくのか，今後も検討を加えていきたい。

　本書のきっかけは，慶應義塾大学の梅田聡先生から，学部生・大学院生向けに身体性・社会性の講義（2015年度）をしてほしいというお話を頂いたところから始まる。試行錯誤しつつも楽しみながら半年間の講義をさせて頂いた。その後，筆者の勤務校である明治大学・大学院での講義や，研究会や他大学での講義などを通して少しずつ内容の改善を重ねていたところ，2017年に書籍化の話を日本認知科学会の鈴木宏昭先生から頂いた。さらに本稿が仕上げの

時期には板倉昭二先生からのお誘いで，本書の内容に沿って京都大学で集中講義（2018年度）をやらせていただいた。この間の講義等々での反応から，多少難しい哲学や最新の脳機能イメージング研究の話でも学生たちは興味を持って聴いてくれることに自信をつけた。また，本書の内容とは異なるが，同じ時期に横澤一彦先生のお声がけで東京大学で認知脳科学の講義（2018年度）を受け持たせていただいたことも大きかった（拙著『認知脳科学』を教科書として使わせて頂いた）。さらに本書の編者として，東京女子大学の田中章浩先生には執筆中を通じていろいろとアドバイスを頂いた。またここでは全員の名前は挙げられないが，多くの共同研究者や研究室の学生たちとの議論も本書を書くには欠かせなかった。このように本書の完成までには，多くの先生方，そして学生たちの声が反映されている。ここに感謝の意を述べさせて頂きたい。

　元を辿れば，本書で紹介した筆者の一連の研究は東京大学の開一夫先生のところへポスドク研究員として赴任したところから始まる。脳科学も心理学も大して知らなかった筆者（学生時代の専門は人工知能だった）に，研究のエッセンスをたっぷりと仕込んで頂き，大変楽しく刺激に満ちた時間を過ごさせて頂いた。そのときの優秀なメンバーと出会えたことも含めて，あの場所にいられたことは筆者にとっての幸運であった。

　また学生時代の恩師である安西祐一郎先生には，慶應義塾長や日本学術振興会理事長などを歴任され，大変お忙しい身であるにもかかわらず，日本認知科学会や研究室OB会などでお会いするごとに励ましのお言葉を頂き，勇気づけて頂いた。特に先生に毎年参加して頂いている日本認知科学会サマースクールでのご講演と議論は筆者にとって貴重な勉強の機会であり続けている。安西先生と開先生のお二人には常に感謝の念に堪えない。

最後に私事になるが，いつも研究生活を支えてくれている妻と子どもたち，そして両親にもお礼を述べて筆を置きたいと思う。

2019 年 3 月

嶋田総太郎

索　引

【欧文・略号】

ASD　　188, 189, 191, 225

deactivation　　145, 146

N1抑制　　61, 73

PPS　　32, 38

we-mode　　224, 226, 229, 232, 234

【ア　行】

アスペルガー症候群　　187, 189, 211
アフォーダンス　　49, 95, 129, 154, 225, 251, 254
アレキシサイミア　　107-114, 117, 211
アンリ　　94, 119, 201, 258
意図　　136, 137, 190, 208
意図性バインディング　　69, 72, 79, 80, 228
意図性バインディング効果　　233
意図的　　59
運動意図　　67, 70, 73, 79, 80, 264
運動エラー　　140, 142, 146, 158
運動主体感　　9, 10, 19, 53-87, 96, 110, 162, 201, 228, 233, 262, 271
運動準備電位　　67, 78
運動レパートリー　　134, 138, 142, 145, 149, 158, 264
エイリアンハンド症候群　　17
エラー観察　　159
遠心性コピー　　55, 57, 61
応援　　142, 219, 221-223, 264

【カ　行】

外在性感覚　　27
外在性身体情報　　160
解離性障害　　20
顔　　169, 170, 172, 175-177, 190, 208
カノニカルニューロン　　50
カプグラ症候群　　114
感覚減衰　　61, 228, 233
観察学習　　216
感情　　94, 97, 100, 107, 110, 114, 117-119, 210, 214
感情移入　　212, 216
間身体性　　130, 131, 163
観念運動　　157
観念運動失行　　157, 252

記号接地問題　244
記号創発問題　244, 262
逆投射　269
ギャラガー　8, 10, 53, 96, 201, 270
共感　110, 207, 208, 210-212, 214, 219
共同運動主体感　229, 233
共同行為　224, 228, 229, 232, 233
共同サイモン効果　227, 232
共鳴　154

計画的協調　224, 226
幻肢　12, 13, 15, 162
原自己　115, 117, 119

心の理論　183-185, 188-191, 194, 195, 212-214, 218, 231, 232, 273
誤信念　186, 188-190, 195
コタール症候群　112, 113
壊れた鏡仮説　153
コンパレータ　53, 54, 61, 65, 70, 74, 76, 77, 81

【サ 行】

最小自己　8, 201, 271
作為体験（させられ体験）　19
シグナル　249, 254
志向性　5, 47, 168, 175, 205
失行症　59, 252
視点取得　212
自伝的自己　115, 118, 271
自閉症スペクトラム　152, 157, 186, 187, 211
シミュレーション　168, 194, 234, 251, 262
シミュレーション仮説　133, 137
社会脳仮説　183
順モデル　61, 74, 158, 251, 262
情感性　94, 98, 100, 107, 117, 119, 201, 258
情動　94, 100, 101, 103, 107, 108, 111, 114, 117, 208, 210, 212
情動的共感　212, 213, 215
新生児模倣　147, 154
身体イメージ　9, 10, 12, 13, 25, 163, 233
身体失認　14, 18, 32
身体周辺空間　32, 38
身体所有感　9, 10, 12, 15, 17-19, 25, 33, 35, 38, 82, 84, 86, 96, 106, 110, 113, 162, 201, 270
身体スキーマ　9, 10, 163
身体保持感　9
シンボル　249, 252, 254, 255, 262

世界内存在　45, 129

創発的協調　224, 225
相貌失認　177
ソマティックマーカー仮説　103

【タ 行】

体外離　110
体外離脱　22, 24, 35-37, 109
体外離脱体験　20

代理報酬　216, 219, 221
ダイレクトマッチング　155, 157, 158
ダイレクトマッチング仮説　154
他者性　170, 171, 181
他者認識　175, 181
ダマシオ　100, 102, 114, 117, 119, 271

中核自己　115, 117, 118, 271
デカルト　2, 10, 96, 123, 261
デネット　270

道具　46, 50, 59, 129, 249, 252-255, 257
道具行動　18
統合失調症　19, 23, 32, 56, 77, 225, 261

【ナ　行】

内在性感覚　25, 27
内在性身体情報　161
内受容感覚　104-107, 113-115, 210

肉　244, 246-248, 258-260, 263, 273
二種感覚ニューロン　51, 246, 255
認知的共感　212, 215, 273

【ハ　行】

バイオロジカルモーション　181, 190
ハイデガー　44, 75, 94, 129, 168, 175, 251
ハイパースキャニング　222, 229, 232, 233
バックプロジェクション　266, 268, 274
バックプロジェクション（逆投射）　265

ブーバー　200, 234
フォワードモデル（順モデル）　53
不気味の谷　146
フッサール　5, 117, 125, 130, 168, 175
フルボディ錯覚　34, 38, 255, 268
プロジェクション　261-264, 266, 268, 273, 274
プロジェクション（投射）　259

報酬系　97, 216, 218, 219, 221
ポストディクション　74, 76
ポランニー　255, 263, 269, 273

【マ　行】

ミラーシステム　130, 133, 134, 137, 138, 143, 145-147, 149, 153, 154, 157, 159, 160, 162, 170, 180, 181, 183, 192, 194, 195, 208, 210, 213, 214, 219-221, 223, 225, 232, 234, 262, 264, 267, 272, 273
ミラーニューロン　132, 137, 154

無意識的模倣　225
無意識模倣　146

メルロ＝ポンティ　6, 10, 128, 130, 163, 167, 232, 241, 249, 251, 252, 255, 258, 259, 263, 273

目的論的推論　158
目的論的推論説　156
物語的自己　270, 271, 273, 274
物語的自己同一性　272
模倣　137, 138, 146, 147, 149, 152, 157, 218, 230, 267
模倣行動　18, 147

【ヤ　行】

予測コーディング　158, 159, 262
予測誤差　62, 158, 218
予測モデル　234, 261, 262, 265

【ラ　行】

ラバーハンド錯覚　25, 31, 38, 87, 105, 106, 255, 263-265, 273

リクール　271, 274
離人症　24, 109, 111, 114, 117

レヴィナス　167, 181, 188, 202, 205

ロボットハンド錯覚　83, 86

memo

memo

memo

memo

著　者

嶋田総太郎（しまだ　そうたろう）

2001 年　慶應義塾大学大学院理工学研究科計算機科学専攻後期博士課程修了
専門分野　認知脳科学
主要著書　『認知脳科学』（コロナ社，2017）（単著），『ソーシャルブレインズ―自己と他者を認知する脳』（東京大学出版会，2009）（分担執筆），『ミラーニューロンと＜心の理論＞』（新曜社，2011）（分担執筆）など
現　　在　明治大学理工学部 教授，博士（工学）

越境する認知科学 1

脳のなかの自己と他者
―身体性・社会性の認知脳科学と哲学

Self and Others in the Brain
―Cognitive Neuroscience and
Philosophy of Body and Sociality

2019 年 9 月 10 日　初版 1 刷発行
2023 年 9 月 5 日　初版 4 刷発行

検印廃止
NDC 007.1, 491.371

ISBN 978-4-320-09461-1

著　者　嶋田総太郎　Ⓒ 2019
発行者　南條光章
発行所　共立出版株式会社
　　　　郵便番号　112-0006
　　　　東京都文京区小日向 4-6-19
　　　　電話　03-3947-2511（代表）
　　　　振替口座　00110-2-57035
　　　　www.kyoritsu-pub.co.jp

印　刷　大日本法令印刷
製　本　ブロケード

一般社団法人
自然科学書協会
会員

Printed in Japan

JCOPY ＜出版者著作権管理機構委託出版物＞
本書の無断複製は著作権法上での例外を除き禁じられています．複製される場合は，そのつど事前に，出版者著作権管理機構（TEL：03-5244-5088，FAX：03-5244-5089，e-mail：info@jcopy.or.jp）の許諾を得てください．

越境する認知科学 全13巻

シリーズについて

これまでの研究領域や研究方法を**越境**して拡大・深化し続けている**認知科学**。野心的、かつ緻密な論理に貫かれた研究によって、ここに**知性の姿**が明らかになる。

[各巻] 四六版・上製本・税込価格

① **脳のなかの自己と他者** 身体性・社会性の認知脳科学と哲学
嶋田総太郎著・・・・・・・・・・・・・・・・・・・・・・・・302頁・定価3740円

② **創造性はどこからくるか** 潜在処理、外的資源、身体性から考える
阿部慶賀著・・・・・・・・・・・・・・・・・・・・・・・・174頁・定価2860円

③ **信号、記号、そして言語へ** コミュニケーションが紡ぐ意味の体系
佐治伸郎著・・・・・・・・・・・・・・・・・・・・・・・・312頁・定価3740円

④ **大人につきあう子どもたち** 子育てへの文化歴史的アプローチ
伊藤 崇著・・・・・・・・・・・・・・・・・・・・・・・・228頁・定価3520円

⑤ **心を知るための人工知能** 認知科学としての記号創発ロボティクス
谷口忠大著・・・・・・・・・・・・・・・・・・・・・・・・290頁・定価3740円

⑥ **創造するエキスパートたち** アーティストと創作ビジョン
横地早和子著・・・・・・・・・・・・・・・・・・・・・・・224頁・定価3740円

⑦ **よい判断・意思決定とは何か** 合理性の本質を探る
本田秀仁著・・・・・・・・・・・・・・・・・・・・・・・・176頁・定価2860円

⑧ **ファンカルチャーのデザイン** 彼女らはいかに学び、創り、「推す」のか
岡部大介著・・・・・・・・・・・・・・・・・・・・・・・・224頁・定価3080円

⑨ **顔を聞き、声を見る** 私たちの多感覚コミュニケーション
田中章浩著・・・・・・・・・・・・・・・・・・・・・・・・268頁・定価3520円

⑩ **なぜ壁のシミが顔に見えるのか** パレイドリアとアニマシーの認知心理学
高橋康介著・・・・・・・・・・・・・・・・・・・・・・・・264頁・定価3080円

続刊テーマ

人間らしさを超える社会
HAIの未来：人工他者性による人間社会の拡張・・・・・・・・・・・・・大澤博隆著

協同が上手く働くとき・・・・・・・・・・・・・・・・・・・・・・・清河幸子著

コラボレーションを科学する・・・・・・・・・・・・・・・・・・・・林 勇吾著

[日本認知科学会（編）鈴木宏昭（編集代表）・植田一博・岡田浩之・岡部大介・小野哲雄・高木光太郎・田中章浩（編集委員）]

共立出版　※定価、続刊の書名、著者名は予告なく変更される場合がございます